KB081245

엄마의
탄생

엄마의 탄생

대한민국에서 엄마는 어떻게 만들어지는가

김보성 · 김향수 · 안미선 지음

오월의봄

프롤로그

지금, 엄마는 어떻게 만들어지고 있나

:

"왜 아무도 지금의 엄마 노릇이 이렇다는 걸 설명해주지 않았지?"

책을 쓰자는 이야기가 나왔을 때 백일 된 아기를 안고 한 필자가 던진 질문이다. 처음으로 엄마가 되었을 때 어떻게 살아야 하는지 가르쳐주는 사람은 없었다. 난무하는 것은 '카더라' 통신뿐이었다. 그건 돌쟁이 아이를 데리고 나갔을 때 "벌써 늦었어요. 빨리 한글 시작해야 해요" 하고 회원 가입을 권하는 사교육 시장이었고, 애는 무조건 엄마가 3년 동안 키워야 한다는 출처 없는 윽박지름이었고, 살을 빼기 위해 유모차 앞에서 줄넘기를 하면서도 다른 아이와 자기 아이의 발육 상태를 비교하며 조바심 내는 얼치기 모성이었다. 세상일이 그렇듯 엄마가 된다는 건 경쟁이었고, 아이들은 벌써 줄서기에서 우위를 차지해야 하는 달리기 경주를 시작한 셈이었으며, 그걸 뒷받침해주는 것은 새로운 '엄마 노릇'이었다. 그 '엄마'가 되기 위해 우리 또한 달려야 했다. 이게 아닌데, 아닌데, 하는 생각은 일단 이기고 나서 해야 할 사치스런 생각이었다.

육아책은 수없이 많다. 심리학자, 정신과 의사, 교육학자, 다양한 전문가들은 아이들을 양육하기 위한 여러 조언을 주면서 '부모', 특히 '엄마'가 잘해야 한다고 강조한다. 엄마가 지켜야 하는 양육법은 물론 놀이 방법, 창의력 향상법, 독서 지도를 다루는 책들도 많다. 그 틈 속에 심리적으로 '엄마'를 위로하는 책도 있다. 그러나 '엄마 노릇'이라는 것도 세상이 만드는 것이다. 세상은 바뀌며, '엄마'의 역할도 시대에 따라 변해간다. 지금 우리가 당연하게 '엄마 노릇'이라고 믿는 것도 사실은 지난 세대의 유물이 신자유주의의 논리를 만나 진화하는 가운데 만들어진 것이다. 모성, 엄마 노릇, 양육의 과업은 개인을 다그쳐서 '완벽한 엄마'로 만든다고 해결되는 문제는 아니다. 완벽함이란 불가능하다.

2010년대 한국에서 아기를 낳고 키운다는 것, 건강하게 양육한다는 것은 무얼 뜻하는 것일까? 그 의미를 저자들은 여성의 관점에서 설명하고 분석하고 싶었다. 아이를 키우며 갈등과 고민이 생겼을 때 "엄마니까" "그땐 다 그래. 조금만 견뎌봐라"라는 말 말고 다른 설명이 필요하다고 생각했다. 생경하고 때로는 괴상한 '엄마 노릇'에 의문을 던져보고 싶었다. 아이를 보살피고 키우는 것이 부모의 역할이고 엄마 역시 부모 중 한 사람으로서 그 역할을 다해야 하지만, 그렇다고 엄마는 아이를 위해 뭐든지 참고 견뎌야 하는 걸까? 대체 어디까지가 '엄마 노릇'이란 말인가?

유명한 사회학자인 라이트 밀스는 저서 《사회학적 상상력》(돌베개, 2004)에서 "인간의 삶이란 자신이 속한 특정 제도 속에서 다양한 역할을 수행하는 과정이다. 한 개인의 삶을 이해하기 위해 우리는 그가 수행해온 그리고 현재 수행하는 역할의 가치와 의미를 이해할 필요가 있다. 또 이러한 역할을 이해하기 위해서는 그가 속한 제도에 대한 이해를 선행해야 한다"라고 말했다. 이를테면 우리는 신입사원의 고충을 다룰 때 그/녀가 일하는 회사의 야근 빈도와 임금 수준, 조직 문화와 고충 처리 절차에 대해 이야기한다. 그러나 여성들, 특히 젊은 엄마들의 문제에 관해서는 그렇지 않다. 엄마의 노동환경을 이야기하지 않는다. 문화의 문제를 제기하고 사회적 해결 방안을 모색하지 않는다. 그녀는 '엄마로서 적합하지 않고, 이기적이기 때문에 불만을 토로한다'고 비판한다.

우리는 '엄마니까'로 설명되는 모든 것에 질문하고, 엄마로 삶을 시작한 여성들을 만났다. 산후조리원에 머물며, 이유식을 만들며, 수면 교육에 대해 고민하며, 돌 사진을 찍으며 '새로운 엄마'로서 경험하는 일상적인 낯선 삶에 관심을 돌렸다. 개인들의 삶에 현미경을 들이대자 다양한 문제들이 튀어나왔다. 육아의 자리는 사적인 영역, 재생산의 영역으로 분류되어 비역사적이고 자연에 가까운 것, 노동이 아닌 것으로 오랫동안 치부되었다. 그러는 가운데 젊은 엄마들이 낯선 일상에서 부딪히는 많은 문제들이 문제가 아닌 것으로 덮였다. 그녀들의 외로운 시행착오와 고군분투는 '엄마로서 자질이 부족하고 이기적이다' '유난스럽고 사치스럽다'는 말로 너무나 쉽게 비난의 대상이 되었다. 그러나 우리는 젊은 엄마들의 이러한 경험이, '좋은 엄마'에 대한 낡아빠진 이데올로기가 현대사회의 여러 조건들과 얽히는 가운데 만들어진 문제들이라고 생각한다. 자녀를 위해 자기를 버리고 헌신하는 엄마가 좋은 엄마라는 믿음은 고도화되는 현대사회의 경쟁과 점점 좁아지는 이른바 '성공'의 기회 속에서 조기교육의 압박으로 나타났고, 자녀의 미래의 성공을 예약하기 위한 투자 경쟁으로 나타났다. 먹거리와 입을 거리를 비롯해 장난감, 우리가 사는 집과 도시 공간에 이르기까지 삶 곳곳에 스며들어 있는 갖가지 위험들은 엄마를 위험 관리자로 만든다. 공동체와 사회의 안전망이 허술하기 짝이 없는 한국 사회에서 엄마들은 자녀 안전의 일차적인 책임자가 되지만, 이러한 부담을 홀로 떠안는 것에 대해 격려를 받기는커녕 '예민맘'이라는 질타를 받기 일쑤다. 여성 경제활동이 늘면서 더욱 많은 엄마들이 직장으로 향하고 있지만, 엄마들의 어깨에 지워진 일과 가족 영역에서의 이중 책임이라는 부담은 전통적인 성 고정관념에서 벗어나지 못한 한국 사회에서 여전히 미해결인 채로 남아 있다. 이러한 상황 속에서 갓 엄마가 된 여성들은 혼란스럽고 불안하지만, 누구도 그녀들의 짐을 나누어 지려 하지는 않는다. 기업만이 엄마들의 불안을 집요하게 파고들어 때로는 '자녀를 사랑한다면' '자녀의 안녕과 성공을 바란다면'이라는 명목으로 온갖 상품들을 소비하도록 부추길 뿐이다. '좋은 엄마'의 기준에 미달하는 것만 같은 죄책감에 불안과 우울을 호소해보아도, 돌아오는 것은 '엄마로서 자질이 부족하다'라는 질책뿐이다.

그리하여 우리는, 엄마들이 자신의 경험을 자신의 언어로 말하지 못하게끔 하는 이 사회에서 '엄마'는 과연 어떻게 '만들어지고' 있는지 하나하나 짚어 살펴보고자 했다. 2010년대 대한민국에서 엄마들은 어떤 조건 속에서, 어떤 과정을 거쳐 '엄마'로 탄생하는가? 어떻게 '엄마'라는 정체성을 갖게 되며, 어떤 사회적 상황과 조건이 이들로 하여금 서로 경쟁적으로 '엄마 노릇'을 수행하도록 하는가? 특별히, 영유아기 자녀를 둔 여성들의 엄마 노릇에 초점을 두었다. 이전 세대와 달리 교육받은 개인, 주체로서의 여성이 아이를 낳고 영유아를 키우며 엄마 노릇을 해나가는 과정은 많은 새로운 갈등으로 점철된다. 그녀들이 아이를 낳고 기르며 계속 직면하는 '엄마 됨'의 문제를 살펴보았다.

1장에서는 산후조리원에서 어떻게 엄마로서 규격화된 훈련을 받게 되는가, 2장에서는 공론화되지 않는 산후우울증을 어떻게 바라볼 것인가를 살펴보았다. 3장에서는 육아과학의 확산에 따라 '과학적 모성'이 요구하는 좋은 엄마 노릇을 들여다보았고, 4장에서는 도시라는 공간에서 수행되는 모성의 특수한 문제를, 5장에서는 현대 환경문제 속에서 엄마에게 가해지는 책임과 가정의 수호자로서 호명되는 상황이 어떤 무게로 다가오는지를 분석했다. 6장에서는 관혼상제의 상업화 맥락에서 바라본 돌잔치와 성장앨범 문제가 영유아를 둔 엄마의 정체성과 어떻게 연관되는지를 다루었고, 7장에서는 조기교육 문제를 통해 자녀의 교육을 기획, 관리, 지원하는 엄마 노릇에 대해, 8장에서는 직장에 다니는 엄마와 전업주부로 일하는 엄마가 저마다 처한 어려움들을 살펴보았다. 인터뷰에 응해준 엄마들의 이름은 대부분 가명으로 처리했다.

현대 한국의 엄마 노릇의 성격을 추적해가며 많은 엄마들을 만났다. 주로 서울에 거주하는 부부-자녀 가정의 엄마들이었으며, 중산층으로 분류할 수 있는 가정이 좀 더 많았다. 계층적으로 다소 치우침이 있는 것은 사실이지만, 엄마 노릇 역시 중산층에서 전 계층으로 전파되어나가는 많은 사회적, 문화적 규범들 가운데 하나라는 점에서 현대 한국 모성성의 일반적 성격을 밝히는 작업에 큰 문제가 되지는 않으리라고 보았다. 물론 그럼에도 한부모 가정이나 조손 가정, 다문화 가정, 농어촌 가정, 빈곤 가정에서의 엄마 노릇에 대해서 더 구체적으로 파고들 필요가 있다. 가족 형태, 지역, 계층에 따라 서로 다른 조건들이 '엄마 노릇'이라는 일반화된 사회적 규범을 만나 여성 개인들에게 어떠한 영향을 미치는지, 그 속에서 여성들은 어떻게 또 '엄마'가 되어가는지 규명할 필요가 있기 때문이다. 이는 모성 이데올로기와 가족 이데올로기, 계층이 서로 맞부딪히는 가운데서 분투하고 있는 우리, 현대 한국 엄마들의 또 다른 목소리들을 들려줄 것이다. 이번에 저자들이 집중해서 다루지는 못했지만 반드시 이루어져야 할 작업이라고 생각한다.

우리가 엄마로서 처음 겪게 된 갈등과 경험을 이야기하면, '저 엄만 아이를 사랑하지 않나봐' '직장에서까지 애 이야기를 하다니, 역시 아줌마들은 프로답지 않아' 같은 시선에 맞닥뜨려야 했다. 주눅이 든 채 모였던 세 명의 저자는 아기 엄마로 살아간다는 것이 어떠한 싸움인지 조금씩 목소리를 높여 이야기하게 되었다. 학교 벤치, 카페, 놀이터, 때로는 부엌에서 생경한 엄마 노릇에 대해 이야기하며 경험을 해석하고 의미를 재사유했다. 그러자 이런 이야기들을 다른 많은 초보 엄마들과도 나누고 싶어졌다. 엄마의 불안을 파고드는 상혼(商魂)이 아니라, 엄마로서의 삶을 시작한 여성들이 자신의 갈등과 혼란, 즐거움 같은 내면의 이야기를 드러내고 공감하며 대안을 모색하는, 그런 책이 필요하다고 생각했다.

보이지 않아서 존재하지 않는 것처럼 여겨지는 문제가 있다. 그래서 더더욱 많은 여성들이 실제로 어떤 경험을 하는지 그들의 생생한 목소리를 통해 드러내고자 했다. 어떤 고통을 겪으며 어떤 타협을 하며 어떤 희망을 가지는지 말이다. 무엇이 엄마들을 힘겹게 하는지, 미치게 하는지, 열성적으로, 때로 소진한 채 엄마 노릇을 이어가게 하는지 찬찬히 들여다보았다. '평범한 대한민국 엄마'로서 여성들이 직면한 '모성의 덫'이 무엇인지, 여성들은 이를 어떻게 받아들이며 또 다른 언어를 찾아가는지 볼 수 있다. 그녀들이 한국 사회에 던지는 질문은 뜻밖에도 근본적인 데 가닿는다.

경쟁이 심해지는 한국 사회가 요구하는 아이를 만들기 위해 엄마는 어떻게 처음 만들어지며 어떤 갈등을 겪는지 들어보고, 이 숱한 엄마의 노동들이 어떻게 '당연한' 것으로 자리매김되는지 살폈다. 우리가 만난 엄마들은 삶을 지배하는 이데올로기에 순응하지만은 않았다. 그녀들의 목소리를 모아 엄마 됨의 의미를 재해석하고 재구성해보았다. 경제 상황이 나아지고 육아 환경도 좋아졌다는데 왜 아이 키우는 것은 더 어려워졌을까? 왜 아이를 키우기 어려운 세상에 살고 있는지 사회학자로서, 여성학자로서, 작가로서 기록하고 분석하는 일은 자신의 엄마 노릇을 바로 이해하는 것이면서 동시에 그 의미를 확장하는 것이었다. 시간이 지나면 엄마 노릇도 변하게 될 것이다. 그것이 더 인간다운 것이기를 바란다. 아이를 양육하고 아이가 자라나는 데 있어 그 기회들, 경험들, 삶의 노정들이 지금보다 나아지기를 바라는 마음으로 책을 준비했다.

김보성, 김향수, 안미선

차례

1

장

산후조리원, '엄마'를 찍어내다

엄마 노릇의 첫 교육장

김보성

모유수유 캠프, 육아상품 박람회

:

친정엄마 보살핌 속에서 산후조리를 하던 시절은 지나갔다. 물론 여전히 많은 산모들이 친정엄마나 시어머니 등 가족이나 친인척의 도움을 받아 산욕기를 나지만, 최근 10여 년 사이 산후조리원의 증가는 놀라울 정도다. 이제는 분만 후 산후조리원으로 직행하는 산모들을 주변에서 어렵지 않게 찾아볼 수 있게 됐다.

나만 하더라도 임신 말기에 접어든 후 바로 산후조리원 탐방에 나섰다. 느지막이 결혼해 서두르지도 않고 첫아이를 가진 큰딸의 산후조리를 몸으로 돕기엔 친정엄마의 건강이 여의치 않았다. 시어머니는 직장생활 중이었다. 산달이 다가오자 불러오는 배에 설렘과 불안함이 뒤섞인 마음으로 안절부절못하기는 초보 부모가 된 남편과 내가 똑같았다. 결국 믿을 건 산후조리에서부터 신생아 돌보기까지 한 번에 해결할 수 있다는 산후조리원이었다. 깨끗해 보이는 산후조리원이 집 바로 근처에 있다는 게 고마울 지경이었다.

출산은 힘들었다. 이른 아침부터 유도분만을 시도하다 결국 밤에 제왕절개를 했고, 나흘 입원생활 끝에 산후조리원으로 향했다. 몸과 마음은 엉망이었다. 진통제를 줄이면서 통증이 심해졌고, 몸을 제대로 가눌 수 없어 아기를 내 손으로 못 거두는 것도 스트레스가 됐다.

산후조리원에 가서 방 배정을 받고 산모복으로 갈아입은 후 첫 번째로 한 일이 산후조리사에게 모유수유 교육을 받는 것이었다. 병원에서 몇 번 시도해봤지만, 수술한 몸을 꼿꼿이 세우고 익숙하지도 않은 자세로 신생아에게 젖을 물리기란 쉬운 일이 아니었다. 그래서 이미 분유를 타서 젖병 수유도 함께하고 있던 터였다. 아이는 젖을 무는 듯 무는 듯 물지 못했고, 힘 있게 빨지도 못했다. 그러다 결국엔 성이 나서 울기 시작했다. 당황스러웠다. 성이 나 얼굴이 새빨갛게 달아오른 채 응애응애 울어대는 아이의 모습에도 당황했지만, 난생처음 보는 사람 앞에서 윗옷을 풀어헤치고 가슴을 드러내놓은 채 집중력을 발휘해 모유수유에 성공해야 한다는 상황 자체가 너무나 당황스러웠다. 산후조리사는 입으로는 아기를 어르고 손으로는 원활한 수유를 위해 산모의 가슴을 마사지하며 수유를 이끌었다. 수십 분이 흐른 것만 같고 등에서 진땀이 쭉쭉 나고 입이 바짝바짝 마를 때쯤 아이가 젖을 물고 제대로 빨기 시작했다. 격려의 말을 남기고 산후조리사가 나갔다. 나는 겨우 혼자 있을 수 있게 됐고, 당황스러움인지 부끄러움인지 수치심인지 모를 감정을 안고 낯선 방과 낯선 내 모습을 둘러보았다.

이후로도 산후조리원 생활은 돌이켜보면 당황스러움과 흥미로움의 연속이었다. 벨이 울리면 단체복을 입은 여자들이 어기적어기적 방에서 걸어 나와 복도를 따라 한 방향으로 쭉 걸어갔다. 식사나 간식을 먹으러 식당으로 향하는 거였다. 입소 순서대로 무리를 지어 둘러앉아 푸짐한 식탁을 대했다. 먼저 입소한 무리는 진작 친해져 깔깔깔 이야기꽃을 피웠고, 미역국 그릇에 눈을 박은 채 말없이 숟가락질만 하는 여자들은 틀림없이 어젯밤이나 오늘 들어온 이들이었다. 산후조리사들은 아침저녁으로 각 방을 돌면서 모유수유 상황을 확인했다. 모유수유 시 애로사항을 해결해주고 모유수유법을 재교육하기 위해서였다. 이 과정에서 완모(완전 모유수유)와 직수(직접 수유)의 중요성을 강조하고, 산모들이 중도에 포기하지 않도록 격려했다. 산모들을 위한 프로그램도 다양하게 진행되었다. 산후 회복을 도울 수 있는 체조와 요가 같은 간단한 운동도 있었지만 모유수유법, 신생아 마사지나 건강관리법, 모빌 만들기와 같은 교육 프로그램들도 많았다. 신생아 손발 도장 제작, 사진 촬영 등의 서비스 프로그램도 있었고, 산모 마사지는 아예 조리원 내에서 상시적으로 이루어졌다. 공통점이 있다면, 대부분 육아 관련 업체가 조리원과 계약을 맺고 들어와 운영하는 프로그램들로 자사 제품, 서비스에 대한 홍보와 개인정보 수집이 뒤따른다는 것이다.

산후조리원에 있는 두 주 동안 알 수 없는 답답함과 우울함에 시달렸다. 아이는 너무 작고 신기하고 예뻤지만, 그 아이와 하루 종일 붙어 앉아 모유수유로 실랑이를 벌이기엔 일단 몸이 너무 힘들었다. 처음 며칠 동안은 수술 부위, 그다음부터는 허리와 목, 손목의 통증을 견뎌야 했다. 두어 시간 간격으로 수유를 하느라 밤에도 숙면을 취할 수 없었고, 육체의 피로는 가중되었다. 할 수 있는 날까지는 모유수유를 해보자고 마음먹기도 했지만, 출산 직후에 이렇듯 '모유의 생산과 제공'이라는 몸의 생물학적 기능만을 집중적으로 요구받으리라고는 상상치 못했다.

게다가 다양한 프로그램들은 '신체 회복-모유수유'로 구성되는 조리원의 일상생활에 활력을 불어넣어주기보다는 오히려 초기 육아에 대한 두려움과 혼란을 부채질했다. 발육을 도와준다는 베이비 마사지, 예민한 피부를 자극 없이 감싸준다는 보습 크림, 발달 단계에 맞게 아기에게 자극을 주어 지적 성장을 도와준다는 교재와 교구들, 육아와 관련된 최신 정보들을 한눈에 볼 수 있다는 다양한 육아잡지들…… 아직 아이에게 익숙하게 젖조차 물리지 못하는 초보 엄마들은 업체들에서 파견된 교육, 홍보 직원들이 현란한 말솜씨로 풀어놓는 다양한 정보들 속에서 길을 잃곤 했다.

이는 내 개인적인 경험이기도 하지만, 산후조리원에서 흔히 마주칠 수 있는 풍경이기도 하다. 물론 그 정도는 산후조리원마다 다를 수 있고, 그에 대한 느낌도 산모마다 다를 수 있다. 그러나 모유수유 책임을 다하는 것에 초점을 맞춘 수유 지도라든지, 교육과 프로그램을 빙자한 육아상품 판매는 산후조리원들의 공통된 특징으로 볼 수 있을 것이다. 그것이 산후조리원만의 특수한 문제가 아니라 현대 한국에서 초기 엄마 노릇에 나타나는 일반적인 특징들을 반영하고 있기 때문이다. 대체 산후조리원에서 무슨 일이 일어나고 있는 것일까?

산후조리의 상품화, 산후조리원의 등장

:

원래 산후조리는 산모의 집이나 친정집에서 친정엄마나 시어머니 등 가까운 가족의 보살핌으로 이루어졌다. 그러나 산업화, 도시화와 더불어 핵가족 중심의 생활이 보편화되고 여성의 경제활동 참여가 늘어나면서 출산과 양육 문화가 달라지기 시작했으며 산후조리 형태 역시 변화했다. 이 가운데 눈에 띄는 것이 '산후조리원'의 등장이다. 엄마가 손수 끓여준 미역국을 먹으며 산욕기를 나던 전통적 산후조리가 바야흐로 전문 업체에 비용을 지불하고 받는 서비스로 바뀐 셈이다. 여성과 그 가족의 현재 필요에 발맞추어 산후조리가 '산후조리원'이라는 형태로 상품화되어 나타난 것이다.

산후조리원은 1996년 처음으로 개설된 이후 그 수가 꾸준히 증가했다. 보건복지부가 2009년 실시한 조사에 따르면, 전국 산후조리원 수는 418개에 이르며, 이용 산모 역시 전체 산모의 30퍼센트에 달한다. 2012년에 이루어진 다른 조사에서는 그보다 더 많은, 전체 조사 대상의 50.2퍼센트가 산후조리원을 이용한 것으로 나타났다.[1] 산후조리원 이용이 보편화되고 있는 것이다.

산후조리원의 기능은 산모의 산후조리와 신생아 돌보기로 나눌 수 있다. 먼저 산후조리를 위해 기본적인 돌봄 서비스를 제공한다. 미역국을 비롯한 산모식과 간식을 제공하며, 신생아실을 운영하여 산모가 쉴 수 있도록 해준다. 젖몸살을 방지하고 수유를 돕기 위해 마사지를 제공하며, 조리원에 따라 조금씩 차이가 있기는 하지만 좌욕기, 골반 교정기, 찜질방 등의 시설을 갖춰두기도 한다.

또한 얼굴 피부 관리나 전신 마사지, 요가나 체조, 모빌이나 탯줄 보관함 만들기, 모유수유와 신생아 관리 교육, 전문의 진찰과 상담, 아기 사진 촬영이나 동영상 제작 등 다양한 프로그램들을 운영하기도 한다.[2]

또한 보통의 경우 24시간 신생아실을 운영하며, 상주 인력을 두어 신생아에게 수유, 기저귀 갈아주기, 목욕 등의 기본적인 돌봄 서비스를 제공한다. 많은 산후조리원들이 큰 유리창을 통해 내부가 훤히 들여다보이는 신생아실 구조를 갖추고 있는데, 이는 산후조리원의 안전과 위생에 대한 척도가 되기도 한다.[3]

산후조리원의 하루 일과(서울 A 조리원 사례)

7시 30분 아침식사

신생아실 오전 소독 (산모 아기 돌보기)

10시 30분 아침 간식

기본 유방 마사지

12시 30분 점심식사

교육 등 프로그램

15시 30분 점심 간식

교육 등 프로그램

18시 저녁식사

신생아실 저녁 소독 (산모 아기 돌보기)

육아 소비 세계에 발 딛다

:

이러한 산후조리원 생활을 통해 산모들은 엄마 노릇이라는 것을 처음으로 배워나간다. 산업화된 현대사회의 도시 핵가족에서 성장한 여성들 대부분이 육아에 대한 지식이 전혀 없는 상태에서 엄마가 되기 때문이다. 새내기 엄마들은 산후조리원에서 2~3주 동안 머무르면서 처음으로 실전 육아에 돌입하며, 산후관리사들의 시범과 조언, 프로그램 강사들의 교육을 통해 엄마 노릇을 학습하기 시작한다.

이때 특히 중요한 것이 모유수유 교육과 다양한 프로그램 운영이다. 먼저 모유수유 교육과 지도는 최근 10여 년에 걸쳐 산후조리원의 핵심 기능 중 하나로 중요하게 떠올랐다. 이는 한국의 모유수유율이 2000년대 9.4퍼센트로 최저치를 기록하자 정부가 모유수유를 증진시키기 위해 여러 가지 정책들을 전면적으로 실시하기 시작한 것과 궤를 같이한다.

1970년대까지만 해도 한국의 모유수유율은 90퍼센트대를 유지했다. 그러나 산업화가 이루어지고 여성 경제활동 참가율이 늘어나면서, 모유수유율 역시 급격하게 감소하기 시작했다. 2000년대 들어 모유수유율이 두 자리 수에도 미치지 못하게 되자 정부까지 발 벗고 나서서 모유수유를 권장하기 시작했다. 모유수유를 강조하는 세계적인 추세와 정부 정책의 영향으로 2000년 이후 한국에서 모유수유율은 꾸준히 상승했으며 2006년 30.9퍼센트를 기록한 이후 30퍼센트대를 유지하고 있다.[4]

한국에서 모유수유율이 어느 정도 회복된 것은 모유의 과학적 우수성에 대한 집중적인 선전과 교육, 모유수유를 중심으로 한 모성의 강조, 모유수유를 촉진하기 위한 정부 정책이 한데 어우러져 효과를 발휘했기 때문이다. 현재는 모유수유를 좋은 것, 자연스럽고 당연한 것으로 여기는 사회적 분위기가 형성되어 있다.

산후조리원들 역시 이러한 사회 분위기를 100퍼센트 활용하며 소비자들을 유혹한다. 모유수유를 교육할 수 있는 간호사 출신의 전문 인력을 보유하고 있다거나, 다양한 교육, 지원 프로그램이나 장비를 갖추고 있다는 식으로 말이다. 또한 2009년 모자보건법에 산후조리원 내 모유 시설 설치를 권고하는 조항이 추가된 것도, 산후조리원의 모유수유 교육과 지도 기능이 더욱 강화되는 데 영향을 미쳤다.

그리하여 현재 대부분의 산후조리원들이 산모들에게 모유수유를 권하고 모유수유에 대한 교육과 지도를 하고 있다. 한 연구에 따르면, 조사 대상 산모들 중 97.4퍼센트가 산후조리원에서 모유수유를 권장받았으며, 82.9퍼센트가 산후조리원에서 모유수유 강의를 들은 바 있다고 답했다. 산후조리원이 엄마의 생애 첫 과업인 수유의 핵심 지도자가 된 것이다.[5]

산모를 대상으로 한 여러 프로그램들도 흥미롭다. 이 프로그램들은 대부분 외부 업체를 불러들여 진행되며 당연히 상업적 목적하에 이뤄지고 있다. 물론 마사지나 요가도 있지만, 특히 주목할 것은 육아상품의 홍보 및 판매와 관련된 다양한 교육 프로그램들이다. 산후조리원에 대한 한 인류학적 연구는 작명법, 베이비 마사지, 모빌 만들기, 아기 책 만들기, 찰흙 작품 만들기 등 다양한 프로그램들이 모두 외부 업체의 주관 아래 진행되고 있음을 보여준다. 영유아 화장품 업체는 아기 마사지 방법을 교육하고, 유아교육 업체는 모빌 만들기나 아기 책 만들기를 교육하는 식이다.[6]

업체들은 아이를 안는 것조차 아직은 어설프기 짝이 없는 새내기 엄마들에게 '교육'이라는 이름으로 육아에 관한 수많은 정보들을 쏟아내며, 슬쩍 자사의 상품을 내민다.

"소중한 아기의 예민한 피부를 보호해주기 위해서는 천연 원료로 만든 이 마사지 오일이 꼭 필요하죠."

"하나뿐인 내 아이를 남들한테 뒤지지 않게 키우려면 최신 육아 트렌드를 알려주는 이 육아잡지 구독은 필수예요."

"월령별로 지능 발달을 자극해주는 이 교구와 교재들로 앞서가는 아이를 만드세요."

"연락처 주시고 샘플 받아가세요."

"사용해보시면 또 찾게 될 거예요."

"아직도 고민되세요? 남들은 다 한답니다."

새내기 엄마들은 이렇게 산후조리원에서 육아 소비의 세계에 처음으로 발을 디디게 된다.

강도 높은 모성 이데올로기
:

산후조리원에서 이루어지는 모유수유 교육과 프로그램을 통해 새내기 엄마들이 어떤 엄마 노릇 규범을 습득하게 되는지 좀 더 본격적으로 논의하기에 앞서, 이와 연관된 이론적 논의를 잠시 소개할까 한다.

어떤 엄마가 정상적이고 좋은 엄마인가. 이에 대한 믿음은 사회와 역사 속에서 다양한 형태로 존재했지만, 근대 이후 "여성의 위치는 가정이며 가정에서 여성의 임무는 가족 구성원을 돌보고 이들에게 정서적 안정을 제공하는 것"[7]이라는 사회 통념으로 이어져왔다. 근대 이후 가족은 냉혹하고 삭막한 세계인 공적 영역과 분리된 따뜻하고 친밀한 사적 영역으로 여겨졌으며, 여성은 사적 영역에서 가족 구성원을 돌보고 보살피는 재생산의 책임자로 받아들여졌다. 그중에서도 어린 자녀를 돌보는 일은 특히 중요한 여성의 임무가 되었다.

사실 근대 산업사회 이전 아동은 어른과 구별되는 특별한 지위가 없었다. 일부 부유층을 제외한 대부분의 가족들은 생존을 위해 가족 자원 전체를 활용해야만 했으며, 아동 노동 역시 예외가 될 수 없었다. 이전에 어른과 특별한 구분 없이 경제활동 참여자로 여겨졌던 아동은 근대사회에 들어서 가정 내에서 엄마에 의해 집중적으로 돌봄을 받아야 하는 취약한 존재가 되었으며, 이에 따라 엄마에게는 자녀 양육과 관련하여 더 많은 노동이 부과되었다.

역사적으로 볼 때 남성 생계 부양자와 여성 전업주부로 이루어진 이러한 가족 형태는 근대 중산층에게서나 발견되는 특별한 가족 형태이다. 그러나 역사적으로 예외적인 이 가족 형태에서 '바람직한 모성상'이 출현했으며, 이것이 시간이 지나면서 모든 계층에 영향력을 떨치며 여성을 구속하는 억압적인 이데올로기로 자리 잡게 된 것이다.

이러한 논의를 바탕으로 샤론 헤이즈는 현대 미국의 지배적 모성 이데올로기를 '강도 높은 모성 이데올로기Ideology of Intensive Motherhood'라고 규정했다. 이는 "자녀 중심적이고, 전문가의 지도에 따르며, 감정 소모적이고, 노동 집약적이고, 재정 부담을 감수하는" 엄마 노릇을 의미한다. 이러한 이데올로기 속에서 엄마들은 자녀 양육과 발달의 1차 책임자가 되며, 엄마 자신의 필요보다 자녀의 필요가 더 중요하게 간주된다.[8] 즉, 자녀를 위해 자신의 시간 전체를 투여하여 과학적 육아 정보를 습득하고 훈련하는 등 지치지 않는 에너지로 양육에 헌신하는 엄마가 바람직한 엄마로 여겨지게 된다는 것이다. 끊임없는 학습과 훈련을 통해 아이의 발달 상황에 따른 신체적, 정신적 필요를 적절하게 채워주어야 하고, 아이를 위해서라면 재정 부담 역시 기꺼이 짊어져야 한다는 점은 두말할 나위 없다.

모성의 과학화와 소비주의화를 전제한 이러한 모성 이데올로기는 현대 한국 산후조리원에서도 확인할 수 있다. 출산 직후 초기 엄마 노릇은 수유에 집중되는데, 산후조리사들이 모유수유를 강조하고 지도하는 과정에서 여성들은 자녀의 필요를 위해 희생하고 헌신해야 한다는 첫 번째 압력을 받게 된다. 해산을 치르며 몸도 마음도 모두 지쳐버린 여성 자신은 첫 번째 배려 대상이 되지 못한다. 중요한 것은 빨리 건강한 젖을 생산해 아이에게 먹이는 것이다. 자녀의 필요를 충족시키는 것이 1순위 목표가 되며, 여성은

'엄마'이기 때문에 자신의 욕구를 포기하고 자녀를 위해 최적화된 상태로 몸과 마음을 조절해야 한다.

운동, 취미활동, 교육 등 다양한 형태로 진행되는 프로그램들도 마찬가지다. 어떤 형태를 띠고 있든 그것의 본질적 목적은 소비자들의 지갑을 여는 데 있다. 하루에 두세 번씩 진행되는 프로그램들을 통해 엄마는 육아 '과학'의 세계에 처음으로 입문하며 소비적 모성을 처음으로 배워나가게 된다.

고통을 말해선 안 되는 모유수유

:

저기 또 밑이 아파 제대로 걷지도 못하는 여자가 퉁퉁 부은 몸에 핏덩이를 안고 들어서네요. 빈방이 없을 정도죠. …… 전쟁의 승리자라도 된 듯 의기양양해진 여자들의 입은 벌어지고 눈빛은 반짝거립니다. (흐응, 너희는 모를 테지 끝없이 길고 지루한 전쟁이 이제 시작됐음을)

언제부턴가 불어닥친 모유수유 열풍에 여자들은 새벽부터 한밤중까지 초유 한 방울이라도 더 얻으려고 유축기로 젖을 쥐어짭니다. 저런 유두가 갈라져 피가 흐르는군요. 한쪽 구석에 혼자 앉아 잡지를 뒤적이는 저 여자는 모유를 줄 수 없기에 죄인이 다 됐습니다. (바람은 늘 한쪽으로만 불기 마련이죠) 설날 아침, 밤새 허덕인 여자들이 모처럼 조리사가 끓여준 떡국을 먹으며 새해와 마주합니다. 명절날 이렇게 평온한 여자들의 얼굴 본적 있으세요?

——— 김선향의 시 〈여자들—산후조리원〉에서

중요한 점은, 모유의 우수성과 모유수유의 당위성에 입각하여 이루어지는 산후조리원의 수유 교육과 지도 아래 여성들이 '자녀를 위해 희생하고 헌신하는 엄마'로서 첫 실전 훈련에 돌입하게 된다는 것이다. "유두가 갈라져 피가 흐르"고 아파 죽을 것 같아도 참아야 한다. 엄마니까. 그리고 모유의 우수성은 과학적으로 입증되었으니까. 그리하여 모유수유는 '엄마가 아이에게 줄 수 있는 최고의 선물'이니까. 모유수유에 대해 흔히 이야기되는 과학적 설명과 신화적 예찬은 산후조리원에서도 반복되며, 갓 해산을 마친 엄마 자신을 위한 배려는 찾아볼 수 없다. 이러한 모유수유의 교육과 지도 과정을 통해 새내기 엄마들은 헌신적이고 희생적인 엄마 노릇을 처음으로 학습하게 되는 것이다.

(병원에서) 애 낳고 힘들어 죽겠는데 낯선 사람들이 가슴 풀어 헤치고 젖을 먹이는 거예요. 병실로 올라가서 젖을 먹이라고 막, 산후조리원에서도, 너는 꼭 모유수유를 해야 돼, 많이 먹일수록 잘 나와. 아파 죽을 것 같아도 너는 엄마니까 참아야 된다고. 산후조리원을 나와서는 뜻밖의 시점에 모유가 나오니까 당황하고. 4~5개월까지는 (아이 젖 먹는 모습이) 예뻤는데. (4~5개월 지나니까) 나는 끊고 싶었는데. 그렇게 말하면 그래, 백일 넘었으니까, 그만하면 됐다, 수고했다, 그럴 줄 알았는데…… 다,

피가 나와도 먹여라. (종양이 있어서) 병원에서 끊으래서 해방감을 느꼈어요. 그런데 주변에서 바로 "왜 분유 먹여?"라고 힐난하기 시작하고……

_____ 이수현

이렇게 모유수유는 새내기 엄마들에게 바람이고 희망인 동시에 강제이자 억압이 된다. 모유가 아이의 건강과 정서 발달에 더없이 좋다는 온갖 의학적, 과학적인 설득, 그리고 모유수유가 가장 자연스럽고 이상적인 수유 형태라는 예찬은 엄마들에게 모유수유를 해야 한다는 의무감을 안겨준다. 그러나 정작 수유를 하는 기간 동안 여성이 감내해야 하는 불편과 고통에 대한 이야기는 어디서도 찾아볼 수 없다. 그 '불편과 고통'을 공공연히 말하는 것 자체가 금기시되기 때문이다. 모유수유가 이른바 '엄마가 아이에게 해줄 수 있는 가장 큰 선물'이라고 치켜세워지는 사회적 풍토 속에서, 젖이 잘 돌지 않거나 직장 등 사회생활로 인해 모유수유를 할 수 없는 엄마들은 '죄인'이 될 뿐이다.

그렇지만 항상 그랬던 것은 아니다. 한때는 분유수유 열풍이 불었다. 서구의 경우 분유의 품질이 향상되기 시작한 1930년대부터 거대 다국적 분유회사들의 연구와 선전, 로비로 분유수유가 선풍적 인기를 끌었다. 또한 1960년대 이후 여성해방의 물결이 일면서 모유수유가 시대에 뒤떨어진 관념의 상징으로 낙인찍혀 모유수유율이 급감하기도 했다.

한국 역시 한국전쟁 직후 원조물자의 하나로 탈지분유가 도입

되면서 분유의 존재가 대중적으로 알려져 선진 문물의 상징으로 여겨지기도 했다. 일부 부유층은 일제 분유를 어렵게 구해 먹이며 대중과 구별 짓기를 시도했다. 1970년대 이후에는 정부가 축산진흥책을 펼치면서 젖소가 대량 수입되었고 이에 따라 유제품의 소비가 대규모로 촉진되었다. 분유도 그중 한 품목이었음은 두말할 나위 없다.

모유에서 분유, 다시 모유로

:

모유수유가 다시 강조된 것은 인공수유의 부작용을 목도한 세계보건기구WHO가 모유수유 촉진 노력을 전개하기 시작한 1980년대 이후부터였다. 세계 도처에서 엄마 젖을 먹었다면 살 수 있었을 아이들이 면역 결핍이나 영양실조, 설사로 목숨을 잃기 시작한 것이다. 세계보건기구의 경고를 받아들여 각국은 1990년대 이후부터 인공수유에 대한 과장 광고를 규제하고 모유수유를 지지하고 보호하기 위한 정책을 폭넓게 펼치기 시작했다. 그 결과 모유수유는 다시 세계적 대세가 되어 미국의 경우 모유수유율이 1966년 18퍼센트에서 최근 90퍼센트대까지 증가하기도 했다.[9]

물론 모유가 갓 태어난 아기에게 영양학적으로 가장 우수한 먹거리라거나 모유수유가 아기와 산모의 애착 형성과 산모의 산후회복을 돕는다는 과학적 주장을 반대하거나 비판하려는 것은 아니다. 의학, 영양학, 생물학, 교육학, 심리학 등 수많은 분야에서 이루어진 모유와 모유수유에 대한 과학적 주장들이 사실인지 아닌지 판단하는 것은 이 글의 목적이 아니다.

여기에서 강조하고자 하는 것은, 모유수유가 과학적 지식의 잣대로만 판단되고 규정될 수 있는 것이 아니라는 점이다. 모유수유는 여성 주체의 개인적 행위인 동시에, 여성 주체와 그녀를 둘러싼 사회 환경과의 상호작용 속에 나타나는 문화 현상이기도 하기 때문이다.

모성을 모든 정상적인 여성이 갖는 생물학적 본능으로 파악하고 과학 지식에 입각하여 모유수유를 하는 것을 '자연스럽고 가장 좋은, 엄마라면 누구든 기쁜 마음으로 해야만 하는 일'로 여기게 하는 것이 여성에게 억압이 될 수 있다. 이러한 관점은 출산과 양육이라는 생물학적 재생산 기능에 여성을 묶어두기 때문이다. 그리고 여성에게 희생적이고 헌신적인 엄마상만을 강요하여, 엄마 노릇 외에 다양한 정체성과 자아를 부정하는 결과를 낳기 때문이다.

이른바 모성 '본능'론은 도처에서 확인할 수 있다. 프랑스의 라루스 백과사전 1971년판은 모성 본능을 "모든 정상적인 여성에게 자식을 갖고 싶게 만드는 원초적인 성향으로, 이 욕구가 일단 충족되면 여성으로 하여금 자식들의 육체적, 정신적 보호에 신경을 쓰도록 만든다"고 정의한 바 있다. 모성을 정상적 여성이라면 누구나 갖는 본능으로 파악하는 모성 인식이 드러난다. 그러나 바댕테르가《만들어진 모성》에서 지적하듯, 여성은 "어머니가 되지 않고도 얼마든지 '정상적'일 수 있으며 모든 여성들이 자기가 낳은 자식을 돌보고 싶은 억제할 수 없는 충동을 느끼는 것은 아니"다.[10]

산후조리원에 머물던 어느 날, 옆방에서 들려오던 부부의 다툼 소리가 아직도 귀에 생생하다. 동남아에서 결혼 이주를 해온 산모가 옆방에 묵고 있었다. 가끔은 함께 손을 잡고 산후조리원 복도를 거닐기도 해 인상적이던 부부였다. 남편의 화난 목소리와 함께 산후조리사로 추정되는 여성의 낮은 목소리가 들렸다. 아직은 한국말이 서툰 산모의 목소리도 중간중간 들려왔다. 수유 때문에 다투는 중이었다. 아마 산모는 젖병 수유를 하고 싶었던 모양이었다. 모유가 잘 안 돌아서 분유수유를 하려던 참이었는지, 모유 직접수유가 잘 안 돼서 유축한 젖을 젖병에 넣어 먹이려던 참이었는지는 잘 모르겠다.

"젖병에 먹이기 시작하면 나중에도 젖 못 빨아" "이렇게 하는 게 맞는 거야" "넌 아무것도 몰라"라는 남편의 노여움 섞인 말에 뒤이어 "나도 알아!"라는 산모의 격앙된 외침이 귀에 꽂혔다.

그 격앙된 목소리에 가슴이 찡해졌다. 그렇다. '나'도 안단 말이다. 나중에 아이에게 젖을 다시 빨리기 힘들게 될지언정, 지금 '나'에게 속한 진실도 있단 말이다. 그런 내가 지금 당장은 젖병에 수유를 하고 싶다는 말이다. 젖이 안 돌아서건, 수유하는 데 통증이 커서건, 아이가 원체 젖을 못 빨아 당장 배라도 불려주고 싶은 모정에서건 간에.

당신들은 이해하려 해보았느냔 말이다. 왜 내가 지금 젖병에 수유를 하고 싶은지. 내가 살던 나라에서는 어떻게 아이를 낳고 키우는지. 지금까지 내가 경험해온 세계와 그 속에서 만들어진 '나'라는 한 인간에게 아이를 낳고 키운다는 것이 무엇을 의미하는지. 그

설렘과 두려움, 기쁨과 우울함이 혼재된 혼란 속에 머물고 있는 나에게 지금 중요한 진실이 무엇인지.

이것이 바로 현재 한국의 강도 높은 모성 이데올로기와 이에 따른 엄마 노릇 교육이 놓치고 있는 진실의 한 면이다. 바로 '나', 여러 욕구와 자아, 정체성들로 짜여진 '여성 자신' 말이다. 모성에 대한 이러한 믿음과 실천은 모유수유로 집약되는 초기 엄마 노릇 교육과정에서 그 주체인 엄마 자신을 역설적으로 지워버리는 결과를 낳는다. 그러한 헌신과 희생을 엄마 노릇의 본질로 파악하기 때문이다.

소비하는 엄마로 거듭나라는 '교육'

:

산업화와 도시화, 핵가족화로 인해 출산과 초기 양육을 지켜보거나 이에 참여해본 일이 거의 없는 상태에서 엄마가 되는 현대 한국 여성들에게 산후조리원은 엄마 노릇의 첫 배움터가 된다. 새내기 엄마들은 아이를 안고 젖을 물리는 법에서부터 기저귀를 가는 법, 속싸개로 몸을 감싸고 배냇저고리를 갈아입히는 법, 손톱과 발톱을 깎고 목욕을 시키는 법까지 모든 기초적인 돌봄에 서툴다. 신생아라는 존재 자체가 낯설기만 하다.

나만 해도 출산한 동생을 보러 들른 병원에서 얌전히 누워 잠들어 있는 큰조카를 보기 전까지 신생아라는 존재 자체를 마주한 적이 없었다. 산후조리원에서도 아기 배꼽이 떨어졌다는 이야기를 들었을 때 무엇보다 안도감이 먼저 들었다. 집에 가서 혼자 아이를 씻기고 배꼽이 잘 말라 떨어질 수 있도록 소독까지 해야 한다는 사실이 부담스럽고 혹시라도 잘못될까 두려웠기 때문이다. 그래서 산모들은 하나부터 열까지 모든 것들을 산후조리사들과 이른바 '교육 강사들'에게서 배워 익히게 된다.

이러한 현실은 산모들이 자신을 돈을 지불하고 산후조리 서비스를 이용하는 소비자라기보다는 해산으로 지치고 육아에 대해서 아는 바가 전혀 없는 무지하고 취약한 존재로 인식하도록 만든다. 그럼으로써 산모들은 자신과 아이를 돌봐주는 산후조리사와 교육 강사라는 전문가들에게 더 의존하게 되며, 그들은 전문가로서 권위를 더 굳건히 다지게 된다. 그리고 이러한 의존적 관계는 이후 모성 이데올로기에 기반을 둔 엄마 노릇 교육의 효과를 더 극대화한다.[11]

모유수유의 중요성과 올바른 모유수유 방법, 베이비 마사지법, 신생아가 있는 집 안의 위생 관리와 주택 방역의 필요성, 영아기 발달 단계의 특성과 적절한 자극 효과, 올바른 교육 교재와 교구 선택의 중요성 등 모든 교육 프로그램들은 이러한 관계 속에서 이루어진다. 이전에 친족이나 이웃 네트워크 속에서 자연스럽게 습득했던 엄마 노릇을 과학화된 지식과 정보의 형태로 '교육'받게 된 것이다.

이러한 교육이 아이의 발달 단계에 따른 다양한 육아상품들 혹은 그러한 육아상품들의 소비, 그리고 그 소비를 길잡이해주는 지식과 정보들의 재소비로 연결된다는 것은 두말할 나위 없다. 의식주와 관련된 기본적인 돌봄이 제공되는 조리원 생활은 퇴소 후라면 상상할 수 없을 정도의 여유 시간을 확보해주며, 그 여유 시간을 과학적 정보 전달과 교육이라는 명목으로 기업이 파고들고 있는 것이다.

> 엄마들이 잘 사요. 줄 서서 살 정돈 아니지만, 넙죽넙죽 잘 사. …… 이 오일이 아이한테 어떻게 좋고, 왜 아무 젖병이나 쓰면 안 되고, 이렇게 생긴 젖병을 써야 되고, 그러면 엄마들이 홀까닥 하는 거죠. …… 일단 남들은 다 쓴다고 하는데 나만 안 쓰면 불안하니까. …… 첫째 낳고 아무것도 모르는 엄마들을 대상으로 한 상술인 것 같아요.
>
> ——— 이수현

이렇게 하여 산후조리원은 자녀를 위해 소비의 부담을 기꺼이 짊어지는 엄마가 좋은 엄마라는 메시지를 암묵적으로 전달하며 소비적 모성을 만들어내는 데 일조한다. 엄마들은 이러한 교육 프로그램들이 사실상 '상술'이라는 것을 알아채기도 한다. 그러나 과학적 지식과 교육으로 분한 기업의 전방위적 공략 속에서 엄마들은 혼란스럽고 위태로울 수밖에 없다. 기업이 '과학'이라는 이름으로 끊임없이 새로운 필요들을 만들어내며 이에 대한 엄마들의 욕구와 소비를 정당화하기 때문이다. 게다가 이제 막 갓난아이를 품에 안았을 뿐인 엄마들마저 경쟁적인 뜀박질로 내몰기 위해 '내 아이만 뒤처지면 안 된다'라는 불안 심리를 조장하기 때문이다.

스스로 정하는 행복한 엄마 노릇

:

수유가 초기 양육에서 대단히 중요한 돌봄 과제인 것은 사실이나, 모유수유를 정상적 엄마라면 누구나 기쁜 마음으로 해야 하는 일이라고 말하는 것은 완전히 다른 문제이다. 또한 과학의 발전과 더불어 육아에 대한 유용한 정보들이 많이 생겨난 것은 사실이나, 엄마라면 누구나 전문가의 지도하에 육아 지식과 정보를 학습하고 훈련해야 하며 이를 바탕으로 아이에게 아낌없이 돈을 써야 한다고 믿게 만드는 것 역시 완전히 다른 문제이다.

좋은 엄마 노릇에 대한 이와 같은 믿음은 현대 한국 사회에 널리 퍼져 있는 '강도 높은 모성 이데올로기'에 의한 것으로 볼 수 있다. 이는 자녀를 위한 여성의 희생과 헌신을 당연한 것으로 여기며 그러한 엄마를 '정상적이고 좋은 엄마'로 묘사하여 여성을 억압한다.

그러나 "자녀 중심적이고, 전문가의 지도에 따르며, 감정 소모적이고, 노동 집약적이고, 재정적 부담을 감수하는" 엄마상이 얼마나 비현실적인지 한 번쯤 생각해보아야 한다. 그러한 엄마가 좋은 엄마라는 믿음이 얼마나 여성들을 짓누르고 있을지 생각해보아야 한다.

엄마는 철인도 아니고 슈퍼우먼도 아니다. 엄마는 감정이 있고, 한정된 시간과 돈을 가진, 한 사람의 인간일 뿐이다. 게다가 이러한 엄마 노릇을 그나마 실천할 수 있는 여성들은 상대적으로 시간적, 재정적 여유가 있는 중산층 전업주부 여성들뿐이다. 좋은 엄마 노릇에 대한 이러한 믿음은 일하는 엄마나 저소득층 엄마 같은, 현실에 존재하는 다양한 사람들을 배제하고, 이들에게 죄책감을 심어줄 수 있다. 이러한 규범이 '나쁜 엄마'에 대한 규정과 낙인을 수반하기 때문이다.

이뿐만 아니라 좋은 엄마에 대한 이러한 믿음은 '남성은 일, 여성은 가정'이라는 전통적인 성별 분업에 기반을 둔 것으로, 여성의 남성에 대한 의존을 지속시키는 동시에 가정에서 남성이 해야 할 여러 의무들을 면제해준다는 문제가 있다. 게다가 이는 여성의 경제활동 참여가 점점 늘어나고 있는 현실에도 부합하지 않는다. '남성 생계 부양자, 여성 전업주부'라는 가족 형태가 줄어들고 점차 다양한 가족 형태가 등장하고 있는 현대사회에는 엄마 노릇과 육아의 가족적, 사회적 책임에 대한 더 근본적이고 전면적인 논의가 필요한 것이다.

이제는 변화가 필요하다. 점점 더 빠른 속도로 변화하는 사회에서 '좋은 엄마'에 대한 옛 이상만을 부여잡고 있는 것은 더 많은 여성들에게 과중한 짐을 부여할 뿐이다. 그리고 역설적이게도 자녀 돌봄이 가져다주는 또 다른 기쁨과 행복으로부터 엄마가 아닌 사람들을 소외시키는 결과를 낳을 뿐이다.

모유수유의 경험에 대해 여성 스스로 이야기하는 것도 중요하다. 그것은 모유수유로 인한 여러 불편함에 대한 이야기가 될 수도 있고, 엄마가 주도하는 편안한 모유수유를 위한 아이디어 제안과 공유가 될 수도 있다. 기업이 만들어내고자 하는 소비적 모성에서 벗어나 나와 내 아이가 진정으로 행복할 수 있는 방법을 고민해 보는 것도 소중한 경험이 될 것이다. 산후조리원이 강도 높은 엄마 노릇의 학교가 되었다면, 대안적인 산후조리는 어떻게 가능할지 생각해볼 수도 있다. 건강 등 여러 조건이 허락한다면 가정 분만을 하거나 조산원을 이용하면서 출산과 초기 육아의 과정에서 여성 스스로가 더 많은 주도권을 쥘 수 있는 방안을 계획해보는 것도 좋다. 최근 논의되고 있는 공공 산후조리원이 여성을 소외시키는 기존의 산후조리원을 답습하지 않게 하기 위해서는 어떻게 해야 할지 머리를 모아볼 필요도 있다.

무엇보다 모성 이데올로기 속에서 지워진 여성 주체의 이름을 되찾을 필요가 있다. 여성 스스로 좋은 엄마 노릇을 규정하고 이를 위한 필요들을 제기할 수 있어야 할 것이다. 엄마 주체를 배제한 좋은 엄마 노릇 규범은 엄마를 불행하게 만들 뿐이기 때문이다.

2

장

'나'와 '엄마' 사이에 가로놓인 산후우울

여성 스스로의 언어로 이야기해야 할 때

안미선

산후우울증, 떠도는 이야기

:

그때 텔레비전에서 '엄마들이 육아 우울증이 있어 애를 아파트 베란다에서 던졌다더라' '투신자살을 했다더라' 이런 기사가 나왔어요. 남편하고 같이 텔레비전을 보는데 남편이 "미친 거 아니냐? 어떻게 엄마가 자기 애를 던질 수 있냐?" 그랬어요. 나는 '이해가 된다, 나도 그러고 싶은 적이 한두 번이 아니었다'고 했어요. 애를 달래도 계속 울 때가 있잖아요, 애가 뭘 원하는지 모르는데 계속 떼를 쓰고 울면 순간적으로 애를 죽여버리고 싶은 생각이 들 때가 있었거든요. 날 도와주는 사람이 없잖아요, 내 옆에.

_____ 정은미

매스컴은 산후우울증을 뉴스로 다룰 때 아이를 해치는 엄마나 여성의 자살이라는 극단적인 이미지를 종종 전달한다. 그런 뉴스를 접한 이들은 산후우울증이 낯설고 불쾌한 병이라고 느끼게 마련이지만 실제로 아이를 키우는 여성들은 그 심정을 공감한다고 반응할 때가 많다. 산후우울증으로 파괴적인 행동을 한다는 것과

'산후우울증의 느낌을 알 것 같다'는 것은 실은 다른 말이다. 많은 여성들이 왜 그 우울감을 이해할 수 있다고 하는지 좀 더 살펴볼 필요가 있다. 캐나다의 아리엘 달펜 박사는《아기와 함께 찾아온 눈물》(박보영 옮김, 21세기북스, 2010)에서 이런 지적을 한다.

> 이런 생각들의 핵심은 이는 그저 생각뿐이라는 것이다. 정확한 진단과는 상관없이 반드시 기억해야 할 점은 그것은 그저 생각일 뿐이며 결코 '미친' 것이 아니라 현실을 확실히 통제하고 있다는 뜻이다. 무서운 생각이 드는 것은 좋은 현상이다. 그런 생각에서 두려움을 느낀다는 것 자체가 옳고 그름을 판단할 수 있다는 뜻이다. 그러므로 당신은 그렇게 무서운 생각을 행동으로 옮기지 않을 것이다. 자살이나 살인을 포함해 위급한 상태라고 여겨지는 산후우울증의 심각한 증상들이 있다. 조증과 정신병 또한 산후에 발생하는 위급한 질병으로 즉각적인 관심이 필요하다.
>
> ____《아기와 함께 찾아온 눈물》, 74쪽

국무총리 산하 육아정책연구소는 2008년에 태어난 신생아 2,078명 가구를 조사한 결과 여성의 산전 우울감은 22퍼센트, 산후 한 달 뒤 우울감은 12퍼센트로 나타났다고 발표했다. '산후우울증은 국민적 관심을 끌고 있으며 심각한 상황'이라고 매스컴은 보도한다.

> 산후우울증을 겪는 산모의 수가 약 5만 명에 달하는 것으로 추정되고 있다. 14일 국회 보건복지위 류지영 새누리당 의원은 보건복지부가 출산율을 올리는 데에만 급급하고, 산모 관리는 커녕 산후우울증에 대한 정확한 개념도 갖고 있지 않다고 지적했다. 작년 건강보험심사평가원 자료에 따르면 산후우울증으로 병원을 찾은 환자는 2010년 210명, 2011년 231명, 2012년 267명이다. 하지만 전문가들에 따르면 전체 산모의 10%나 산후우울증을 겪고 있으며, 그 수는 4만 8,000명(작년 출생아 수를 기준으로 추산한 산모 약 48만 5,000명의 10%)에 달한다고 류 의원은 밝혔다. 산후우울증을 겪는다고 추정되는 산모 수에 비해 실제 병원을 찾는 환자의 수가 터무니없이 적게 추산되는 것이다. 류 의원에 따르면, 작년 여성가족부가 조사한 '산모 대상 건강지원 정책 우선순위' 조사에서 국민들은 성 · 나이와 관계없이 '산전 및 산후우울증 진료 의무화'를 3위로 꼽은 바 있다.
>
> ——— 헬스조선닷컴, 2013. 10. 15.

산후우울감postpartum blues, baby blues(산후우울기분장애)과 산후우울증postpartum depression, 산후정신병postpartum psychosis은 증상과 성격이 다르다. 하지만 대중적으로 구분 없이 '산후우울증'이라고 일컬어진다. 산후우울감은 분만 후 일주일 이내로 일어나 보름쯤 지속되는 일시적인 슬픔으로, 많게는 85퍼센트 정도가 겪는다. 산후우울증은 진단되는 병명으로 산후우울감보다 증상이 심하고 오래 지속되며 산모의 10~20퍼센트 정도가 겪는다고 알려져 있다. 산후정신병은 흔하지 않은 질병으로 산모의 0.1~0.2퍼센트가 겪으며 입원이 필요하고 정신적 착란으로 아이 돌봄이 불가능한 경우다. 산후우울증은 정확한 실태조사가 되지 않았지만 많은 여성들이 무방비 상태에서 앓는다고 여겨진다. 출산 경험이 있는 여성들은 산후에 겪는 우울함에 공감하지만 그것을 적극적으로 드러내지 않거나 죄책감 때문에 숨긴다. 이 글에서는 병리적 진단으로서 산후우울감이나 산후우울증, 산후정신병이 아니라 통상 '산후우울증'으로 일컬어지는 산후 여성의 우울함이 실제로 어떤 내용으로 이루어져 있는지 살펴보고자 한다.

가족을 파괴하는 무서운 병?

:

산후우울증은 어떤 관점에서 강조되고 보도되는 것일까? 텔레비전과 신문들은 산후우울증의 파괴력에 초점을 맞추어 영아 살해, 자살 등 선정적인 소재로 취급하는 경향이 있다. 기사는 보통 산후우울증은 사회의 근간이 되는 가족을 파괴하는 병이므로 관심을 기울여야 한다는 내용으로 끝을 맺는다. '산후우울증'은 가족을 무너뜨릴 수 있으므로 사회 혼란을 방지하기 위해 관심을 기울여야 한다는 것인데, 이러한 시각은 보수 언론에서 더 두드러진다. 산후우울증은 여성이 앓는 예외적인 '병'이며 가족을 제대로 유지하려면 개인적으로 극복해야 한다는 내용이다. 산후우울증이 개인의 병으로 취급될 때 산후우울증 기사는 이를 극복한 이들의 승

리담이 된다.

SBS 〈좋은 아침〉에는 '주부 우울증의 충격적 실태'라는 주제로 주부 스타 5인방의 사연이 공개됐다. 이날 김보화는 "외국에서 둘째아이를 낳았는데 주변에 아는 사람이 없어 산후우울증이 생겼다. 주변에서 산후조리를 해주지 않았고 혼자 젖몸살을 앓았다"고 말했다. 이어 김보화는 "매일 속상해 아이도 울고 나도 울었다. 하루는 우는 아이 얼굴에 수건을 덮어버렸다. 그러다 정신이 번쩍 들어 아기 얼굴에서 수건을 뗐다. 남편에게 이 이야기를 했더니 따뜻한 말 대신 화를 내 서러웠다"고 밝혔다.

——— 티브이데일리, 2012. 11. 9.

문소리가 극심한 산후우울증에 시달렸던 과거를 고백했다. 배우 문소리는 최근 진행된 SBS 〈힐링캠프, 기쁘지 아니한가〉 녹화에 참여해 여배우이기 이전에 40대 평범한 여자로서의 결혼과 출산, 일과 행복 등에 대한 이야기를 털어놨다. 남들보다 늦은 나이에 출산을 하게 된 문소리는 이날 녹화에서 "아이를 낳고 이틀 후부터 찾아온 극심한 산후우울증에 시달렸다"고 밝혔다. 문소리는 "매일매일 눈물을 펑펑 쏟는가 하면 모든 게 다 끝난 것 같았고, 엄청난 불안감이 몰려왔다"고 힘들었던 당시 심경을 고백했다. 당시 자존감이 바닥까지 갔다고 밝힌 문소리는 "심지어 전신성형까지 고민했다"고 말해 모두를 놀라게

> 만들었다고. 하지만 힘든 상황 속에서도 자존감을 끌어올릴 수 있었던 자신만의 극복법을 공개해 모두의 감탄을 자아내기도 했다는 후문이다.
>
> ____ 티브이데일리, 2013. 9. 23.

검찰청에서 발표한 영아 살해 범죄 발생 건수는 2000년에서 2009년까지 10년 동안 131건이다.[1] 한 해 평균 열 건 정도이며, 빈곤 등 사회경제적 이유 등을 감안할 때 산후우울증으로 인해 발생했을 영아 살해 사건 수는 많지 않다. 실제로 일어난 사건에 비추어 우려해야 할 정도보다 더 많은 공포를 매스컴이 강조한다면 그것은 그 공포가 수행하는 이데올로기의 기능이 있기 때문이다. 산후우울증 이야기가 만들어지고 강조되는 방식에서 '영아 살해'라는 극단적인 우려는 육아의 담당자로 자리매김되는 전통적 여성상을 강화한다. 또한 여성이 실제로 겪는 우울함에 대해 이야기하는 것을 차단하고 불필요한 죄책감을 심어준다. 사회적으로 생산적인 논의를 촉발하기보다는 두려움과 공포를 불러일으킨다. 변화된 여성의 지위, 성평등 사회를 위한 양육과 돌봄의 분담, 여성의 경력 단절 문제, 일과 생활 양립을 위한 제도 구축 등 현 사회에서 시급한 문제를 회피한다. 사회 구성원이 맞닥뜨린 역사적 현실을 고려하지 않고 본질적인 어머니상만 강조한다. 그리하여 이런 보도는 시대에 맞지 않는 가족주의를 공고히 하고 성별 분업의 가부장주의를 강화한다. 산후우울이 언론의 선정적인 기사 소재가 되어 계속 확산되는 원인이 여기에 있다.

출산율 증가에만 맞춰진 대책

:

산후우울증을 극복해야 다음 출산도 가능하므로 국가의 출산율을 높이기 위해 산후우울증에 관심을 기울여야 한다는 논리도 성립한다. 출산율 저조로 출산율 확대에 관심이 높아진 상황이므로 국가 기관에서도 산전후 우울 검사와 증상, 예방법 등에 대한 기초 교육을 해나가고 있다. 아이의 건강과 연동해 모성의 건강에 관심이 커진다.

> 서울시는 작년 강북, 동작, 강동 3개 자치구에서 실시한 임신부터 출산, 0세~2세 '임산부 · 영유아 가정방문 건강관리 서비스'를 올해는 8개 자치구까지 확대 실시한다. 이렇게 되면 3개구 3,297명이었던 수혜 대상자가 4배 규모인 약 1만 2,000명으로 늘어나게 될 것으로 기대된다. 이를 위해 시는 현재 13명인 운영 인력에 올해 24명을 투입할 예정이다. 구체적으로 심사위원들은 산모는 모유수유율 증가, 엄마와 아이의 상호작용 및 애착도 증가, 산후우울증 감소, 영유아는 발달 지연 등 지체아 감소, 가족은 영유아 발달에 좋은 가정환경 제공 등의 효과가 기대되고 특히 건강 불평등을 완화할 수 있는 사업으로 평가했다.
>
> —— 뉴스와이어, 2014. 1. 5.

보건복지부는 2013년에 '아빠가 궁금한 산후우울증의 모든 것'

강좌를 기획했다. "여성이 첫째를 낳아 육아를 경험하면서 정서적 지지자로서 남편에 대한 신뢰가 적을 경우, 둘째 출산율의 저하를 가져온다고 한다"며 강좌를 홍보했다. 부부의 평일 대화 시간, 남편 육아 비율, 부부의 휴일 공유 시간 등을 확대하는 것이 필요하다고 강조했다. 아빠들의 육아 참여율을 높이면 출산율을 높일 수 있다고 하면서 정책 수립이나 기업 대상 인식 개선 홍보와 함께 아빠가 육아에 대해 얘기하고 참여하는 자연스러운 문화 조성을 도모하겠다고 했다. 강연 주제는 '예비 엄마 아빠가 함께하면 쉬운 산전후우울증 극복하기' '초보 아빠 탈출! 출산 전 아빠가 꼭 알아야 할 것들'로 이루어져 있다. 보건복지부의 '마더하세요'(마음을 더 하세요) 캠페인은 출산 친화적인 사회 분위기 조성을 위해 일부 기업과 업무 협약을 하고, 기업과 사회, 정부가 앞장서서 육아에 대한 관심을 촉구하는 계획이라고 그 취지를 밝히고 있다.

지역의 보건소들은 임산부의 산전후우울 검사를 통해 건강 증진을 도모한다고 홍보한다. 이러한 사업은 '보건소, 불황 속 저출산율 해결'과 같은 제목으로 보도된다.

> 서대문구의 경우 임산부 우울증 조기 발견을 위한 '생기발랄 행복맘사업'을 연중 추진한다. 우울증은 누구나 한번쯤 감기 앓듯이 걸릴 수 있지만 특히 임신과 출산을 겪은 여성의 경우 산후 3개월 이내에 우울증에 걸릴 수 있는 위험률이 평상시보다 4~5배 증가한다. 이는 신체, 생리, 심리, 사회적 변화와 엄마로서의 새로운 역할과 책임이 주어지는 삶의 중요한 전환

> 기를 잘 적응하지 못해 발생하기 쉬우며 이런 우울증 환자의 15%는 자살을 시도한다는 보고가 있다. 이를 방지하기 위해 구에서는 임산부 및 영유아를 가진 여성을 대상으로 2007년부터 이 사업을 시작했다. 이미 2007년 200명 중 11명, 2008년 503명 중 13명의 임산부가 이 우울척도검사를 받고 우울증이 조기 발견되어 치료받은 바 있다.
>
> —— 서대문 보건소 모자보건실, 서대문구청 홈페이지

정책을 통해 산후우울에 관심을 가지고 예방하는 차원은 기초 교육을 하는 시작 단계다. 이런 시도는 산후우울증을 치료하고 이를 공론화한다는 점에서 긍정적이지만 그 접근이 개인 건강 증진에 초점을 맞추고, 출산율 증가라는 도구적 목적을 염두에 두며, 육아가 잘 이루어지는 것에 관심을 둔다는 데 한계가 있다.

정책에서는 여성이 어떤 점에서 우울하며, 어떤 것을 바라며, 사회적인 환경이 어떻게 정비되어야 하는지에 대한 당사자의 목소리가 빠져 있다. 물론 심각한 산후우울증은 심리 상담이나 정신과 치료가 필요하다. 또한 모든 여성이 산후우울증을 앓는 것은 아니다. 그러나 많은 여성들이 산전후 자신들이 느끼는 우울함을 언어화하지 못한 채 견디고 있다. 산후우울증을 다루는 세상의 언어들이 도식적이기 때문에 그들은 실제 느끼는 우울함을 표현하지 못한다. 극단적인 사례를 다룬 뉴스를 보며 '나도 저 느낌을 알아' 하고 독백할 뿐이다.

'병'이 아닌 우울함, '개인'의 문제가 아닌 동시대 여성의 공통

문제로서 '우울', 해결되어야 할 문제로서 우울이 아니라 문제를 해결하는 방안으로서 '우울 증상이 드러내는 목소리'를 경청해야 한다. 여성들이 서로 유사하게 겪으며 말하지 않는 산후우울이 어떤 것인지 먼저 들어야 한다. 그 속에 그들이 겪어내야 하는 현실의 모습이 들어 있다.

사회문화적인 산후우울증

:

> 점점 더 많은 여성들이 제기하는 질문의 내용이 한 조각 개인적인 독립을 지킬 수 있을 것인가, 그것도 아이가 있는 엄마로서 가능할 것인가라는 것이다.
>
> ____ 엘리자베스 벡 게른스하임, 《내 모든 사랑을 아이에게?》, 이재원 옮김, 새물결, 189쪽

지금 엄마 역할을 수행하는 30~40대는 자신의 엄마 세대와 다른 경험을 한 세대이다. 우리나라는 전통적인 생활양식이 빠르게 붕괴되고 도시의 핵가족화가 진행되면서 전업주부가 등장했다. 그러한 배경 속에서 지금의 엄마 세대는 교육적 성취와 경제적 자립을 목표로 공부와 일에 매진했다. 그래서 결혼 후 전통적인 모성 수행에 대한 압박은 이들의 정체감에 혼란을 준다. 현재 논의되는 산후우울증 양상은 이전 세대에서 공론화되지 않은 낯선 현상이다. '가방끈 긴 엄마들의 육아 우울증' 같은 기사 제목은 이런 시각

을 보여준다.

지금 엄마가 된 여성들은 자아 정체감을 지키고 싶으나 모성 수행도 완벽하게 해내기를 기대받고 있다. 자신의 일을 찾고 싶으나 일과 가정을 병행하기 어려운 사회 조건 속에서 갈등한다. 출산 후 여성은 엄마가 되어야 하는데, 그것은 자신에 대한 기대와 정체성을 재조정해야 하는 과정을 뜻한다. 선택의 여지는 별로 없다. '일이냐 가정이냐' '나인가 아이인가' 같은 고민을 하게 된다. 어느 쪽을 선택하든 흡족지 않은 느낌을 받는다. 여성들이 느끼는 우울은 출산 직후 더 깊어지는데, 기존의 자아와 엄마라는 낯선 임무가 충돌하는 간극이 큰 시기이기 때문이다. 핵가족화되고, 성별 분업 통념이 완고한데다 사회적 지지망이 부족하기 때문에 갈등을 완화해줄 완충지가 없다.

2009년에서 2013년까지 육아휴직과 출산휴가를 쓰다가 고용보험을 상실한 노동자가 1만 1,399명이었다. 해마다 2,000명이 넘는 노동자가 출산과 육아를 이유로 퇴직당한 셈이다. 개인 사정에 따른 퇴직까지 합하여 출산과 육아에 따른 고용 단절은 4만 3,336명에 이르렀다. 공공기관과 대기업 가운데에는 그동안 단 한 명도 육아휴직을 쓰지 못한 곳들이 있어 비판을 사기도 했다.[2]

가족과 사회의 지지가 없고 돌봄노동을 나눌 사회 시스템이 부재하기 때문에 이들은 고립되며 우울감이 깊어진다. 우울증은 생물학적인 요인, 사회적 요인이 같이 작용하지만 여성 우울의 원인에 대한 사회문화적 연구는 미비하다. 여성들은 산후에 자신들이 겪는 깊은 수렁 같은 우울이 어떤 것인지 스스로 목소리를 내어 알려야 하는 처지다.

여성들의 목소리를 통해 본 산후우울

:

엄마 혼자서 아이를 보기가 쉬운 일이 아니라, 몸이 힘들어지면서부터 마음이 많이 흔들렸어요. 물론 아이는 엄마의 전적인 도움이 필요하지만 엄마로서는 나를 제쳐놓고 아이만을 위해 살기가 쉽지 않았어요. 아이는 소중하지만 아이 때문에 내가 없어지는 기분이 드니까 상실감이 컸죠. 남편이 조금 일찍 온다거나 대가족이라서 누군가 화장실 갈 때 잠시 안아주고 밥 먹을 때 잠시 봐주는 작은 도움만 있어도 그런 기분이 좀 덜할 거 같은데, 혼자 완전히 고립돼 있잖아요. 이것도 내 인생인데 싶지만 그래도 '나'는 아닌 거잖아요. 내 아이가 나는 아니고. '남편도 같이 해야 하는데 왜 나만?' 이런 억울함도 되게 컸던 거 같아요, 진짜. 뉴스나 신문에서 자살을 했다, 애를 데리고 뛰어내렸다, 다 이해가 가더라고요. 공감도 되고. "나도 언제 기사 날지 몰라, 조심해." 남편한테 협박도 자주 했죠. 힘든 걸 인정받고 싶었던 것 같아요.

——— 윤소정

윤소정은 출판 편집자로 일하던 여성이었다. 첫째아이를 낳고 시어머니의 도움을 받으며 직장생활을 했지만 둘째아이를 낳고는 일을 그만두고 전업주부가 됐다. 자신의 정체감을 잃은 채 지지망이 없어진 상태에서 '자신의 모든 걸 아이에게 쏟아부어야 하는' 상황을 맞닥뜨렸다. 그러자 상실감과 억울함을 느꼈고, 그것은 아무도 이해하지 못하는 깊은 우울함으로 이어졌다.

산후우울을 느낄 때 소통이 단절되고 자신을 잃었다는 고립감은 '자살'과 같은 극단적인 상상으로 이어진다. 자살에 대한 상상은 자신의 노동을 인정받고 싶고 소통을 갈망한다는 것을 반어적으로 드러내 보이는 것이기도 하다. 나를 잃어버렸다는 느낌은 주변에서 이해받거나 인정받지 못하는 감정이다. 아이를 출산한 여성은 일찍이 겪어보지 못했고 어떻게 표현해야 할지 모르는 외로운 자리에 서게 된다. 기존의 상투적인 말 외에 다른 어떤 말로 자신의 감정을 표현해야 할지 모른다. '나'를 잃었다는 상실감은 좌절감을 일으킨다.

> 뜻하지 않은 임신이라 심리적으로 좌절감이 심했어. 애를 낳고 나서 10개월이 지나서까지, 이 애를 낳아서는 안 되었는데, 맨날 그 생각인 거야. 애를 들고 있으면서도 애를 낳지 말걸, 내가 내 발등을 찍었구나. 앞으로 5년을 꼼짝 못하고, 나는 없는 거고. 혼자 좌절했지.
>
> ——— 조미경

아이를 안고 있으면서 낳은 것을 후회했다는 조미경 씨의 솔직한 이야기는 개인화에 대한 열망을 보여준다. 19세기 중반 유럽에서는 기혼여성을 포함해 모든 계층에서 낙태가 증가했다. 여성들이 자신을 가족의 일부가 아니라 '가족 안의 개인'으로 간주했기 때문이다. 낙태의 가능성이라는 것은 여성의 몸이 남편이 아니라 자신에게 속해 있다는 인식을 보여주는 것이기도 했다.[3] 뜻하지 않은 임신일 경우 산후우울이 깊어지는 것은 당연하다. 조미경 씨는 식사 준비나 일상생활을 하는 것조차 버거울 정도로 우울했는데 그 이면에는 개인의 정체성을 잃고 싶지 않다는 욕구가 있었다.

산후우울을 설명하는 왜곡된 언어들
:

산후에 우울해질 때 그 감정이 정당하다고 받아들이기보다 자책하고 실제보다 더욱 파괴적인 것으로 해석해 스스로 비난하며 더 깊은 우울에 빠지게 된다. 산후우울을 묘사하는 여성들의 이야기들은 언론 보도의 그것과 유사하다. 아리엘 달펜은 이 점을 다음과 같이 예리하게 지적한다.

> 많은 사람들의 생각과는 달리 산후우울증은 아기가 태어나자마자 곧바로 '미친' 행동으로 나타나는 것이 아니다. 산후우울증은 서서히 진행된다. 그래서 여성들은 자신들의 감정이 정상이 아니라는 사실을 스스로 완벽하게 알 수 있다. 내가 여성 환자에게서 자주 듣게 되는 말은 "어느 날 갑자기 제가 미쳐서 부엌칼을 들고 아기에게 달려들면 어떻게 해요?"라든가 "갑

자기 잠에서 깨어 정신을 차려보니 팔에 아기를 안은 채 번잡한 도로에 서서 달리는 버스 속으로 뛰어들려고 할 것 같아요" 라는 것이다. 이런 이야기들은 대부분의 산후우울증 환자들이 겪은 경험이라기보다 선정적인 신문 기사들과 직접적인 관련이 있다. 이들이 가장 걱정하는 것은 병이 갑자기 진행돼 이성을 잃고 뭔가 위험한 행동을 하지는 않을까 하는 것이다. 그것은 제대로 치료받지 않은 중증 정신장애자들의 이야기일 뿐 가장 흔하고 일반적인 산후우울증 증상은 아니다.

_____《아기와 함께 찾아온 눈물》, 62~63쪽

자살, 영아 살해 등 산후우울을 보도하는 편협한 언어는 그대로 우울한 여성이 자신의 상황을 해석하는 틀에 박힌 언어로 변한다. 혹은 그런 보도를 통해서만 자신의 감정을 드러내고 인정할 수밖에 없게 된다. 그래서 아이에게 공격적인 충동을 느꼈다는 얘기를 할 때 여성들은 대개 커다란 죄책감의 무게 때문에 목소리가 떨리고 눈물을 흘리게 된다.

혼자 감당은 안 되고, 계속해서 울면 베개로 얼굴을 덮었어요. 우는 소리가 너무너무 듣기 싫어서 베개로 누르고 있었어요. 그러다 순간적으로 '얘가 이러다 죽으면 어떡하지?' 싶어서 베개를 열면 애는 장난인 줄 알고 웃고 있는 거예요. '아, 내가 이러면 안 되지. 내가 이러다 애를 죽일 수도 있겠구나' 이런 생각 많이 했어요. 이렇게 스트레스 받다가 애를 죽일 수 있겠구나, 그런 생각 했어요. 꿈을 되게 많이 꿨어요. 애를 잃어버리는 꿈, 차를 타는데 차문이 열려서 애가 굴러 떨어지는 꿈, 내가 애를 버리는 꿈…… 그런 꿈 많이 꿨어요.

_____ 정은미

아이를 거부하고 싶은 순간, 아이가 옆에 있다는 것을 더 견딜 수 없는 순간에 아이를 때리고 밀치거나 누르기도 한다. 아무도 없는 방에서 아이에 대한 감정을 폭발시키고 울부짖기도 한다. 아이를 침대에 확 밀쳐 굴려버리거나 모든 것에 무기력해져 어질러진 깜깜한 방에 멍하니 앉아 있기도 한다. 이런 것들은 엄마가 된 여성들이 가장 말하기 힘들어하고 수치스러워하는 기억이다. 아이를 진심으로 거부하고 싶었던 그 몇 번의 일이 자신의 엄마 자질을 의심하게 하며, 스스로 손가락질하게 한다. 하지만 사람은 일시적인 분노를 느낄 수 있으며 그녀들은 그 후로도 충실히 엄마 노릇을 했다. 화가 났다고 해서 이성을 잃거나 아이를 죽이는 일이 일어날 거라고 두려워하는 것은 비현실적인 상상이다.

산후우울증은 부당하게 고립되고 사회적으로 잊힌 여성이 자신을 찾고 싶어하는 막다른 몸짓을 일컫는 말이 될 수 있다. 여성들 스스로 그렇게 혹독하게 낙인찍어야 할 만큼 커다란 잘못이 아니다. 그녀는 아이를 사랑하고 자기 책임을 다하려 한다. 욕망과 감정을 직시할 수 없을 만큼 조여오는 완벽한 모성이라는 환상이 가혹한 것이다.

다음 사례는 산후우울이 어떻게 자존감을 떨어뜨리고 파괴적인 상상으로까지 번졌는지 보여주는 예이다.

> 아이 낳고 나서 말할 사람이 없고 지지해줄 집단이 없다는 것, 대화를 할 수 있는 곳이 없다는 것, 나에게 아무도 정말 관심이 없다는 것, 나는 남을 돌보기만 하는 사람이고 돌봄을 받지는 못한다는 것. 그게 한 해 동안 힘든 거죠. 아기가 태어나고 아프고 기진한 상태에서 그런 일들을 당하니 대응도 못하겠고 내가 너무 못난 것 같아 죽으려고 생각한 적도 있어요. 베란다에 서 있기만 하면 떨어지는 상상을 나도 모르게 하고 있어요. 혼자 있을 때 아기한테 소리를 지르게 되죠. 폭발하는 감정이죠. 아기를 아파트 베란다에서 집어던지는 상상을 하면서. 그러면 나는 감옥에 가고 모든 가족들이 등을 돌리고 난 끝장이 나겠지. 이런 상상을 멍하니 하면서 날마다 우는 거예요.
>
> ——— 최은경

최은경 씨는 스스로 정신과 병원을 찾아갔다. 자신이 산후우울증인 것 같으니 약을 처방해달라고 했으나 의사는 그녀에게 우울증이 아니라고 했다. 그리고 심리 상담을 권했다. 상담에서 그녀는 '자살 충동'이 실은, 막힌 상황에 대한 자신의 '분노'를 표현한 것이라는 말을 들었다. 다르게 해석된 그 언어를 듣고 그녀의 자살 충동은 사라졌다고 했다. 그녀는 남편과의 갈등과 사회적 고립으로 힘들어했다. 아이를 거부하는 생각을 한다는 것만으로도 자신을 '나쁜 엄마' '계모'라고 부르며 비난했다. 그녀는 분노를 표현할 수 없다는 무력감에 빠져 자신을 산후우울증을 앓는 나쁜 엄마로 단정 짓고 스스로 문제화했다. 다른 해석은 감정의 표현을 바꿀 수 있다. 공공 미디어가 그 과정에서 사회적 역할을 할 수도 있다.

> 죄책감이 80퍼센트 해소된 건 EBS 모성 다큐멘터리 〈마더 쇼크〉를 보면서였어. 나만 이렇게 애들을 싫어하나? 난 외계인인가? 충격이었는데 엄마들이 인터뷰하며 우는 것을 보며 저런 엄마들이 많구나, 자기감정을 인정 못 받은 엄마들이잖아. 엄마는 당연히 그러면 안 되는데 그러는 거니까. 내가 비정상이 아니구나, 여자들이 이런 감정을 가질 수 있는데, 상상도 못하게 하는 이데올로기가 죄책감을 심어주는구나. 난 그 다큐멘터리를 보면서 죄책감이 가셨어. 감정은 행동과 다른 거니까 이거 나쁜 거 아니다 인정하니까 비로소 애들한테 어른스럽게 대할 수 있었어.
>
> ―― 조미경

완벽한 모성은 필연적으로 우울과 죄책감을 수반하므로 그러한 모성이 실재할 수 없다는 통찰과 지식은 여성들에게 도움이 된다. 죄책감에 빠져 더 극단적인 상상을 하는 여성들을, 스스로 조절할 수 있는 주체로 만들 수 있다. 산후우울이 정당한 감정이라고 공론화될 때 산후우울에 대한 왜곡된 인식에서 벗어날 수 있다. 조미경 씨는 감정이 행동과 다르다는 것을 알게 된 후 죄책감을 없애고 아이들에게 건강한 양육자로서 기능할 수 있었다.

이렇듯 현재 엄마가 된 세대가 맞닥뜨리는 고민을 이해하고 동시대의 많은 여성들이 같은 우울을 느낀다는 것을 알려주면 여성은 자책과 침묵에서 벗어날 수 있다. 그리하여 자신의 감정을 인정하고 스스로를 믿을 수 있게 된다.

> 엄마도 사람이고 엄마도 감정이 있는데 어느 순간 욱해서 감정을 폭발시키고 나면 아이에 대한 죄책감에 한참을 시달려요. 엄마가 죄인도 아닌데 왜 부모하고 아이가 그런 관계를 가져야 하지?
>
> —— 윤소정

갓 엄마가 되어 새롭게 마주친 모성 수행 역할은 사회적으로 터무니없이 기준이 높다. '완벽한 엄마에 대한 환상'은 아직 문화적으로 건재하다. 그 높은 기준은 필연적으로 우울함과 죄책감을 불러일으킨다.

> 엄마들은 죽어라고 해도 항상 죄인이야. 남자들은 돈 벌어주면 땡인데 여자들은 뭘 해도 애한테 죄인이야. 정말 쉬지 못하고 일해도 정서적으로 못해주면 그것도 죄고. 상담을 받으면 결론이 엄마가 잘해야 한다는 거예요. 초인적인 힘을 내서. 다 개인 책임으로 돌아가는 거지. 엄마가 아이에게 잘못했다는 글을 인터넷 카페에 올리면 '그 엄마도 상담을 받아야 한다' 이런 얘기 나오지, 엄마들 육아 노동환경이 열악하고 엄마도 사

람인데 어떻게 그 노동을 다 하면서 애들한테 웃는 얼굴을 하겠냐, 불가능하다, 이런 댓글은 없어. 다 엄마 책임이야. 난 이게 사회적으로 심각한 문제라고 봐.

——— 조미경

계속 우울한 상태였다는 조미경 씨는 구청에서 무료로 하는 심리 상담을 15회 받았다. 상담을 받는 시간은 그녀가 좋은 엄마가 되기 위해 쓰는 시간이자 유일하게 개인적인 시간이기도 했다. 개인 시간을 가질 수 있어서 해방감을 느꼈다. 그러나 심리 상담을 통해 자신이 좋은 엄마가 되기 위해 더 노력해야 한다는 조언을 받고 그녀는 다시 고립되어 분투해야 한다는 느낌을 받았다. 산후우울은 죄책감과 이어져 있고 이 죄책감은 비현실적인 모성 수행에 대한 기대에서 온다.[4]

엄마로서 홀로 책임져야 하는 문제들

:

아이를 출산하고 산후조리를 한 다음 여성은 바로 집 안의 '엄마'가 된다. 인터뷰한 여성들은 그때 자신의 상태를 '칠렐레 팔렐레' '너덜너덜하다' '동물 같다'는 말로 표현했다. 출산한 후 완전히 회복되지 않은 몸으로 밤잠을 설치며 젖을 먹이고 아이를 안고 씻기며 집안일을 해내야 한다. 시도 때도 없이 울고 보채는 아이를 돌보느라 앉아서 제대로 밥을 먹을 수 없고, 종일 먹고 자고 싸는 아이를 뒤치다꺼리하면서 안락한 집을 가꾸는 주부가 되어야 한다. 젖몸살로 단단해지고 아픈 가슴, 제왕절개로 부푼 배, 또는 회음부 절개 탓에 방석을 깔고 엉거주춤 앉아 누군가에게 내어주는, 헐레벌떡 쫓기는 몸이 된다. 오롯이 타인을 위해 존재해야 한다. 날씬한 미혼의 몸을 추앙하는 문화 속에서 아이를 낳고 변한 몸은 생경하고 때로 자존감을 떨어뜨린다. 통제되지 않는 상황 속에서 항상 대기해 돌봄을 주어야 하는 존재라는 것도 뜻밖의 사실로 다가온다. 그것은 당연한 것이 아니라 낯설고 예상치 못한 사실, 어디에서도 배우지 못한 사실이 된다.

> 우리가 생각하는 주부상 있잖아요. 집은 정돈돼 있고, 아이들은 깔끔하고 건강하게 키우면서, 집 안엔 먼지 하나 없이 하루에 몇 번씩 청소하고. 그런데 나는 그렇게 못 하고 있다는 생각이 엄청 스트레스였어요. 그때는 틈나면 인터넷을 뒤져서 '깨끗하게 청소하는 법'을 찾았던 거 같아요. 처음에는 애가 잠만 들면 청소부터 해댔어요. 천기저귀 삶고 우유병 삶고 청소기 돌리고…… 그때 온갖 병에 다 걸리잖아요. 아이 보면서 손목이 나가고 어깨가 결리고 쑤시고. 난 그때 아토피도 생겨서 진물이 막 났거든요. 회사 다니면서 둘째를 임신한 때였는데 진물이 한번 나더니 그치지 않고 온몸으로 번졌다가 아이를 낳으면서 그게 다리 쪽으로 내려온 거예요. 모유수유해서 병원에 가기도 힘든데, 가봤자 약도 못 쓰니 낫질 않는 거예요. 너무 힘든 거죠. 지쳐서 아예 다 놓아버리는 순간이 생겼어요. 아

무것도 안 하고 엄청 무기력해져서……

_____ 윤소정

윤소정 씨는 임신과 출산을 겪으며 아토피가 생겨 몸에서 진물이 나는데도 아이에게 모유수유를 해야 한다는 '옳은 기준'을 실천했다. 자신은 병원에 갈 시간이 없고 몸이 아픈데도 식초와 소다를 사다 나르며 깨끗한 집을 만들기 위해 청소했다. 혼자 빈 집에서 휘몰아치며 가사와 육아의 굴레 속에서 쳇바퀴를 돌았고, 그러다가 결국 소진해서 무기력해졌다. 좋은 엄마와 좋은 주부는 그녀의 삶 바깥에서 자신을 채찍질하는 낯선 이상이었다. 그녀는 우울해져서 바깥출입을 하지 않고 집 안에 고립되었다. "되게 우울한 상태에서 반년 넘게" 지냈다. 자존감이 낮아지고 자격지심이 생겼다. 이때 그녀는 사회적으로 엄마에 대한 기준이 너무 높으며 그것이 자신과 맞지 않을 수도 있다는 생각을 처음으로 하게 되었다.

사회적 돌봄과 지원의 부재, 여전한 성별 분업
:

교육받은 여성의 수가 늘어나고 20대 여성의 취업률도 높지만 결혼 후 양육은 전적으로 엄마의 역할이며, 엄마가 오롯이 키워야 아이가 잘 큰다는 신화는 건재하다. 결혼 후 많은 여성들은 아이를 키우기 위해 직장을 그만두고 사회적으로 바람직한 좋은 모성을 수행하기 위해 애쓴다. 회사의 장시간 근무와 선택적인 육아휴직,

일과 가정을 양립하기 어려운 상황 속에서 그것은 어쩔 수 없는 것으로 받아들여진다. 공식 노동자에서 가정의 엄마로 자리바꿈되었을 때 그녀는 엄마의 노동이 무상으로 완벽히 해내야 하는 역할이며, 이 역할은 남편이 생계 부양자라는 고정관념에 기반을 둔다는 것을 알게 된다. 결혼을 했다면 가족이라는 자원을 얻은 것으로 여겨지지만, 출산과 더불어 사회경제적으로 개인의 입지는 더 좁아진 느낌이 든다. 미래는 불확실하고, 그녀는 이전의 정체성을 버리고 새로운 역할을 잘 해내야 한다. 새로운 역할을 지지할 사회적 자원은 별로 없다.

> 살림하고 애들 먹이고 입히고 씻기고 뒤치다꺼리하고, 엄마가 하는 그런 일을 대체할 서비스가 없어. 돌봄 선생님은 아이를 케어해줄 뿐이야. 난 아파서 누우면 친정엄마를 부르고 엄마가 지방에서 도와주러 올라와. 1년 내내 그 짓을 했어. 아이 낳고 철분 수치가 낮아 어지럽고 우울해져서 1년째 우울증이야. 아무것도 안 하고 손 하나 까딱 못하고 퍼지게 돼. 그러면 한 달 내내 김치 한 가지밖에 없지. 애들은 먹지도 못하고 나도 못 먹어. 입안이 헐고. 남편은 짜증내고.
>
> 내가 다섯 달째 돌봄 선생님 신청을 하는데 연결이 안 돼. ○○구청에서 15개월 미만 아이를 240시간 무료로 돌봐주거든. 그게 돈으로 따지면 150만 원, 시간당 6,000원인데, 여기는 부자동네라 그런지 선생님 자체가 없어서 연결이 안 돼. 50~60대 (관련) 교육을 받고 일하는 아줌마가 없어. 다섯 달째 기다려. 돈

주고 따로 쓰기도 망설여져, 생활비는 빤하고 식대도 빤한데.

_____ 조미경

'엄마의 일'은 '일'이 아니라 당연히 해내야 하는 것이라는 통념 속에서 여성은 육아와 가사를 친정엄마나 시어머니, 이웃 등 사적 연계망을 통해 제한적으로 나누게 된다. 출산 후 철분 수치가 많이 낮아져 빈혈에 시달린 조미경 씨는 구청에서 제공하는 아이 돌봄 서비스를 이용하려 했지만 다섯 달째 대기 중이다. 자신이 집에서 수행하는 노동은 시장에서 서비스를 받을 수 없는 상품이며, 그 일부인 아이 돌봄도 비용을 들여 대체하기에는 비싼 품목, 혹은 믿을 수 없는 품목이 된다. 이웃들은 '돌봄 서비스를 쓰면 아이에게 무슨 짓을 할지 모르니 CCTV를 달아 감시해야 한다'고 조언했다. 그러한 노동을 자신이 직접 수행해야 하지만 정작 인정받지는 못한다. 아이를 낳고 '1년째 우울증'이라고 말하는 이유가 거기에 있다.

그렇게 아이를 낳고 처음 엄마가 된 여성은 아이와 '단둘'이 남겨진다. 먹이고 입히고 돌봐야 하는 아기와 같이 있으므로 제대로 밖에 나갈 수 없다. 철저히 실내에 갇혔다는 느낌은 집이나 산후조리원을 '감옥'에 비유하는 근거가 된다.

산후조리원에 가서 되게 편했다는 엄마들도 있고 못 견디고 나왔다는 엄마들도 있는데 처음에 산후조리원 가서 난 울고불고 난리쳤어요. 고립감이 되게 심해서. 처음 들어가면 식구들도 못 들어오게 하지. 남편만 들어오게 하는데 남편이 계속 붙어 있을 수 없고 진짜 감옥에 갇힌 거 같았어요. 몸은 너덜너덜 하고 동물 같았어요. 거기서 설을 맞았어요. 새로 들어온 엄마는 집이 바로 앞인데 밤새도록 엉엉 울었어요. 명절인데 엄마 보고 싶다고. 기가 막히죠? 엄마들끼리도 서로 모르니까.

_____ 조미경

낯익은 것들이 등을 돌려버리고, 새로운 경험이 남에게 경청되거나 자신의 맥락으로 이해되지 않는다고 느끼게 된다. 고립돼 있는 동안 소통할 수 있는 창구는 인터넷, 스마트폰 같은 것들이다. 종일 아이를 위해 어떤 물건을 살지 검색하고 카페에 글을 올리고 좋은 엄마가 되려면 어떤 것을 해야 하는지 물어보고 답한다. 다른 엄마와 사귀고 네트워킹이 되어 소통에 대한 욕구를 풀고 육아 지식을 얻기도 한다. 관심의 초점은 '아이'이며 아이를 잘 키우는 데에 있다. 이러한 정보망과 관계는 훗날 사교육 시장으로 가는 시작이 되기도 하고 공적 담론의 밖에서 가족의 성공을 위해 노력하는 것으로 이어질 수도 있다.

모성 수행의 재생산 영역은 생산 영역과 분리된 것으로 여겨져 낮게 평가되고 권리가 주장되지도 않는다. 성별 분업화된 가정에 머무르게 된 여성은 소외를 경험한다. 제도화된 성별 분업 현실을 실감하고 충격을 받는 시기가 산후의 시간이며 그 성별 분업을 어쩔 수 없는 것으로 받아들이고 적응하는 것이 산후우울증의 시간이 주는 교훈이다. 그러한 적응은 감정을 느끼고 정당한 이유를 찾기보다는 외적 성공과 가족의 생존을 맹렬히 좇아야 한다는 생각으로 이어진다.

산후의 우울, 다양한 목소리로 바뀌다

:

산후우울증이라는 단어는 다양한 여성들이 헤쳐나가는 다양한 현실을 가린다. 산후우울증은 여성 일반이 겪는 한때의 병으로 치부된다. 하지만 그 한마디로 평가절하할 것이 아니라 단절과 고립, 소통에 대한 욕구, 재생산 노동의 가치에 대한 인정, 사회적인 서비스와 기반 확충이 논의되어야 한다. 산후우울증은 여성이 처한 성차별적 사회구조에 문제를 제기한다. 여성이 이 사회 체제에 굴복할 수 없다는 심리적 현실도 그 증세 속에 투영되어 있다.

산후우울증을 거치면서 여성이 어떤 사실을 알게 되고 어떻게 협상하며 대응하는지 목소리를 들어보아야 한다. 그것은 모성 수행의 유일한 주체로 호명된 자신을 어떻게 바라볼 것인지, 또한 사회에 유통되는 모성 이데올로기를 어떻게 생각하는지, 이러한 통념에서 벗어나 사랑하는 이들과 어떻게 진정한 관계를 맺어나갈 수 있는지 성찰하는 것이다. 그래서 산후우울은 경직되지 않은 시선과 정직한 느낌으로 자신이 있는 자리를 직시할 기회일 수도 있다. 우울 속에 느껴지는 모성의 자리를 어떻게 받아들이고 이해하고 대응하느냐에 따라 산후우울은 한때의 비정상적인 병이 되거나, 아니면 이 사회의 모순을 파악하고 새롭게 관계를 맺어나갈 길을 스스로 찾아가는 여정의 시작이 될 수도 있다.

가정일이나 가사일이 나한테 안 맞고 잘 못하니까 그간 일하면서 쌓였던 내 자부심이 와르르 무너져버리는 기분이더라고요. 젊을 때는 일로써 내 자존감을 키우려고 일에 막 매달리잖아요. 결혼해서 막상 살아보니 그런 거는 상관없는 거야. 지금까지 밤샘해가며 열심히 쌓아왔던 것들이 아무 의미 없는 모래성 같고. 이제 여기, 집 안에서 잘해야 하는데 잘하기가 쉽지 않은 거죠. 결혼하기 전까지는 일을 잘해야 한대서 열심히 회사 나가 일했더니 결혼하고 나서는 집 안에서 잘하래. 나는 집안일을 잘하는 사람이 못 되는데. 거기에서 오는 허탈감이랄까, 그래서 좌절감이 생기고 우울해진 것일 수도 있어요.

_____ 윤소정

엄마가 아이를 위해서 바뀌어야 한다, 아이에게 최상의 유년기를 주기 위해, 라고 말하지. 근데 엄마들한테 문제가 되는 거는 죄책감이야. 이런 생각까지 해봤어. 엄마의 노동을 덜어주는 게 아니라 노동은 다 시키면서, 여성 노동을 무상 착취하면서 가부장제가 굴러가잖아. 엄마들이 그 노동을 다 하니 미치려 하는데 그걸 죄책감이라는 이데올로기로 누르는 게 아닌가? 죄책감을 덜어주는 게 아니라.

_____ 조미경

기존의 산후우울 담론은 아이에게 초점이 맞추어져 있다. 아이를 위해 무엇은 하면 안 되고 무엇을 해야 한다는 것이 시중에 나와 있는 육아서의 주된 내용이다. 그러나 엄마 역할은 엄마와 아이와 사회의 관계 속에서 이루어지며 아이에게만 초점을 둔 관계는 비현실적이다. 엄마는 관계의 한 주체로서 자신을 표현하고 갈등하며 관계를 만들어가야 한다. 관계를 유지하기 위해 자신을 지키고 계속 요동치는 관계를 인정하고 존중해야 한다. 사회 속에서 자신이 어떤 위치에 놓여 있는지 성찰하고 요구해나갈 수 있다.

산후 시기의 우울함을 거치면서 여성들은 자신의 언어를 찾아나간다. 그리고 '산후우울증'과 '모성담론'에 짓눌리지 않은 생각과 느낌을 간직할 여지를 가지게 된다. 그것은 여전히 지켜내고 싶은 '자아'의 느낌이기도 하고, 가부장제 사회에 대한 통찰이기도 하다. 자신의 좌절감을 죄책감이 아닌 정당한 느낌으로 받아들이는 것이며, 사회에서 강요하듯 자신은 다른 사람의 전부를 책임질 수 없으며 스스로 자신을 책임질 의무와 권리가 있다는 깨달음이기도 하다. 산후우울증이라는 말 아래 숨겨진 수많은 이야기와 목소리는 꿈틀거리며 여성들의 가슴속에 살아 있으나 발화되지 않았다.

산후우울증은 한때의 증상, 가족을 위협하는 재앙, 개인적으로 극복 가능한 질병에 그치는 것이 아니다. 그것은 재생산 영역을 여성에게 전담시키고 그 노동을 해낼 것을 이데올로기적으로 강요하는 시대착오적인 우리 사회의 일반적인 풍경이다. 모성 이데올로기는 여성이 자신의 감정을 느끼고 발설하고 연대해 대안을 모색하는 것 자체를 억압한다. 역사적으로 어렵게 쟁취해낸 여성의 시민권은 결혼과 출산을 통해 다시 가족 속의 위치로 돌아가라고 호명되고 환원된다. 근대적 교육을 받고 자아의 연속적인 느낌을 간직하고 싶어하며 자신의 노동을 인정받고 사회적, 경제적 지위를 유지하고 싶어하는 여성들이 출산과 더불어 맞닥뜨리는 사회적 지원의 부재와 소통 단절, 고립과 절망이 이른바 산후우울증을 일으키는 주범이다.

우울은 자원이 될 수 있다. 여성들은 이른바 산후우울증의 다양한 감정을 '감히' 느끼고 표현하고 공적으로 발언하며, 아이를 낳고 기르는 것이 즐거울 수 있는 사회적 대안을 찾아가는 데 그 목소리들을 주춧돌로 쓸 수 있을 것이다.

여성들의 목소리들을 모아 문제제기를 할 수 있는 다양한 방법에 대해 상상해볼 수 있다. 일본에서는 '월드 인 아시아'라는 비영리 기구가 정부가 담당하기 어려운 공공서비스 분야를 바꾸어내는 작업을 하고 있는데, 그 가운데 산후 케어 프로그램 '마드레 보니타Madre Bonita'는 산후우울증을 겪는 여성을 대상으로 한다. 그 목표는 장기적으로 이러한 사업이 공공서비스에 편입되게 하는 것이다.[5]

현재 우리나라 일부 기관과 지역에서 육아사랑방이 높은 호응 속에 운영되고 있고, 영유아통합지원센터는 그 자체의 사업을 통해 영유아를 둔 마을의 여성들이 서로 만나는 장이 되고 있다. 초기의 어머니 노릇에서 자신이 가진 문제의식을 공유하고 산후우울을 논의하여 사회적 목소리를 내는 공론의 장을 이러한 자리에서 모색해볼 수도 있다. 고립된 모성 수행이 아니라 여성의 경험이 그 자신의 관점으로 논의되는 토론의 장이 만들어져야 한다. 여성들이 서로 공통적인 경험을 논의하고 문화적, 사회적 관습과 제도를 바꾸어나가는 주체가 되도록 네트워크가 이뤄져야 한다.

인터뷰

"내가 세상에 혼자 남겨진 느낌이 들어요"

겉보기에는 아무 일도 없고 심지어 행복하게만 보이는 풍경이 있다. 아이를 낳고 산후조리를 하고 결혼생활을 하는 것도 그런 것들 중 하나이다. 임신 기간에 어떤 기분이었는지, 어떤 심리적 갈등이 있었는지, 산후조리에서 드러난 마찰은 무엇이었는지, 그리고 산전후우울이라고 명명되는 것은 한 시기로 끝나는 간명한 것인지 자세히 설명되지 않는다. 사회에서 임신과 출산은 그 의례적 의미만 강조될 뿐 한 여성의 삶의 이야기 속에서 어떤 경험인지 잘 언급되지 않는다. 그것이 허락된 행복의 말이 아니라 우울에 대한 것일 때는 더욱더 그렇다.

정은미 씨는 마흔 살이고 초등학교 2학년과 네 살인 딸 둘을 기르고 있다. 서울에 살고 있으며 남편은 사무직으로 직장에 다닌다. 인터뷰는 2013년 9월, 정은미 씨의 자택에서 이루어졌다. 그녀는 아무에게도 하지 않은 이야기를 해주었다. 평범한 결혼생활을 하면서 겪는 내면의 갈등, 출산과 육아를 하면서 견뎌야 했던 시간에 대한 것이었다. 정은미 씨는 그것을 '세상에 나 혼자만 있는 것 같다'는 말로 표현했다. 그녀는 이야기하면서 자주 눈물을 흘렸고 길게 침묵하기도 했다.

우울은 한 사건으로만 나타나지 않았다. 우울은 자라면서 여자로 키워지는 가운데 있었고, 선택의 여지가 별로 없는 결혼 속에 있었고, 말을 무시당하는 일상 속에 있었고, 아이를 낳고 행복하지 않다는 뜻밖의 사실 속에 있었고, 아무도 돌봐주지 않는 아픈 시간 속에 있었고, 의미가 없어도 지켜야 하는 생활 속에 있었다. 요컨대 관습을 지키기 위해 가정에서 해내야 하는 모든 행동 속에 우울이 있었다. 위태로운 줄타기 같은 그 우울을 버텨내면서 자신은 점점 더 알 수 없는 사람이 되어갔다.

혼자서 버티는 삶 속에서 일상은 유지되고 가족은 돌보아진다. 그 모든 긴장과 외로움에서 떠나고 싶을 때 어디로 가야 할지 알려줄 나침반이 그녀에겐 없다. 차라리 그것이 우울의 원인이었을까. 그녀는 화목한 집 속에 있지만 아무도 그녀를 찾을 수 없고, 그녀는 평범하게 안주인 노릇을 하며 엄마로 남아 있지만, 그녀의 표현대로 마음은 "정처 없이 울면서 길거리를 걸어 다니고 있다".

구술 ○ 정은미

기록 ○ 안미선

대학을 졸업하고 줄곧 직장생활을 했어요. 서른이 되니까 아빠가 결혼하라고 몰아치는 거예요. 나는 4년 동안 만난 남자친구가 있었어요. 결혼까지는 생각하지 못했어요. 4년을 만났어도 한 달에 한 번 만나거나 한 달에 한 번도 안 만난 적도 있어서 남들 한두 달 연애한 정도 만난 거였어요. 그런데 집에서 버틸 수가 없게 된 거죠. "그만하세요, 내가 올해 안에 얘랑 결혼을 못하면 선을 봐서 6개월 안에 시집을 갈 테니 그만 좀 하세요" 하고 수백 번을 얘기한 거 같아요.

남편한테 일방적으로 통보를 했어요.

"네가 지금 나랑 결혼하지 않는다면 나는 다른 사람과 선봐서 결혼할 거야."

남편 집안이 결혼할 상황이 아니어서 난 못할 줄 알았어요. 그래서 진짜로 선을 봐서 모르는 사람하고 결혼할 생각이었던 거죠. 그런데 남편이 집안에서 승낙을 받아 왔더라고요. 남편이 날 붙잡았어요. 남편도 상황을 알긴 하지만 내가 결혼할 마음이 없는데 결혼했다고 생각하지는 않았을 거예요. 물론 나도 집에서 나가고 싶었지만 준비가 안 되어 있는데 떠밀려서 집을 나온 셈이죠.

결혼과 함께 찾아온 우울증

결혼과 동시에 우울증이 왔어요. 남편은 믿을 만하고 좋은 사람이지만, 내가 이 사람과 평생 같이 살아야 한다는 자신이 없었어요. 일상생활을 하고 다니는데 구름 위를 걷는 느낌이랄까, 정신이 몸에 없었어요. 정신이 둥둥 떠다니니까, 현실감이 없고 감정이 안 생기는 거예요. 아는 언니한테 "나 정말 이상하다"고 그랬어요. 좋다거나 싫다거나 슬픈 감정이 안 느껴지고, 걸어 다니고 일은 다

하지만 유체이탈을 한 것처럼 내 몸 위에서 둥둥 떠다니는 기분이 들었어요.

피해망상도 생겼어요. 직장에서 내가 잘못한 게 없는데 상사나 동료가 나를 책망하면서 폭행할 거 같은 느낌이 드는 거예요. 갑자기 그런 상상이 드는 거예요. '왜 이럴까?' 한 번도 그래본 적이 없었는데 공포감이 오고 생활 자체가 행복하지 않았어요. '하기 싫은 결혼을 해서 우울증이 왔구나' 생각했어요. '내가 피하려고 하다가 더 큰 구덩이에 들어갔구나' 하는 느낌이 들었어요. 그때 운동과 명상을 같이 하는 운동센터에 다니기 시작했어요. 명상하고 운동하니까 좀 나아지더라고요.

서른 살에 결혼해서 너무 늦게 아기를 낳으면 안 될 것 같은 강박증 같은 게 생겨서 산부인과에 갔어요. 병원에서 "아직 불임은 아니다, 대신 생리주기에 맞춰 배란기에 집중적으로 노력해라"라고 했어요. 내가 온도를 체크해서 배란기에 맞춰 남편하고 노력해서 애를 가졌어요. 아기를 가지고 나서 몹시 기뻤죠.

임신 초기에 원인 모르게 남편이 아팠어요. 그래서 회사를 쉬고 집에 있게 됐는데 자기가 언제 죽을지 지켜보라고 나한테 말하더군요. 불안했죠. 병명도 모르고 회사에 나가면 아프다고 하고. 공황장애였어요. 공황장애의 원인이 교감신경의 교란인데, 남편이 너무 과도한 일을 한 거죠. 결혼 초에 남편이 바로 아팠기 때문에 나는 남편한테 뭘 요구할 수 없었어요. 마트를 같이 가거나 쇼핑을 한다는 건 상상할 수도 없었죠. 그래서 임신 기간에는 나를 돌볼 겨를이 없었어요. 심지어 잠잘 때도 남편이 나보고 자기가 숨을 쉬는지 지켜보라고 해서 자다가도 몇 번씩 일어나보곤 했죠. 남편이 그렇게 아플 때 첫애를 낳았어요.

가족분만실에 남편이 있었는데, 남편이 아플 당시라서 엄마가 힘들어하는 남편을 집에 보냈어요. 엄마가 내 옆에 있어주기로 했는데 그날 밤 친정아버지를 챙겨야 한다면서 집에 가버린 거예요.

애는 유아실에 있고 나 혼자 1인 병실에 있었던 거죠. 되게 적막하고 혼자 남겨진 것 같은 느낌이 들었어요. (눈물) 애 낳고 병원에서 남편도 친정엄마도 없이 혼자 있는 거예요. 새벽에 병원 밥이 나오는데 애 낳고 일어나기가 쉽지 않잖아요. 옆에서 밥을 받아줄 사람도 없는 거죠. 간호사는 왜 아무도 없냐고 하고. 밥을 날라주시는 분이 원래 방 안까지 가져다주지 않는데 침대까지 와서 먹으라고 했어요. 되게 서운한 느낌이 많이 들었어요. 남편은 아프니까 그럴 수 있다 해도, 엄마는 이해가 안 됐어요. '하룻밤 정도도 내 옆에 못 있어주나?' 하는 생각이 들었죠.

산후조리하러 친정에 와서 첫아이를 품에 안을 땐 정말 특별한 기분이 들었어요. 작고 소중한, 무엇과도 바꿀 수 없는 보물 같았죠. 하지만 친정에 와보니 엄마, 아버지가 한참 사이가 안 좋을 때였어요. 정말 엄마, 아빠가 그렇게 싸우는 걸 처음 볼 정도로 심하게 싸웠어요. 자랄 때는 일방적인 싸움이었지만 엄마가 자식들을 결혼시킨 후에는 더 참지 못하겠다고 그러시면서 싸우는데 너무 힘들었어요. 맨날 남편한테 전화해서 제발 날 좀 데려가달라고, 여기 못 있을 것 같다고 말했어요.

산후조리를 2주일 하다 왔는데 남편은 일을 하니까 집에 안 들어오죠. 야근을 하든 회식을 하든 밤 12시 안에 들어온 적이 없었어요. 아는 사람이 아무도 없는 동네에 이사해서 살고 있는데 아이하고 나 둘만 하루 종일 집에 있었던 거죠. 애 키우고 젖 먹이고 하니까 나갈 수도 없었어요.

그때 텔레비전에서 '엄마들이 육아우울증이 있어 애를 아파트 베란다에서 던졌다더라' '투신자살을 했다더라' 이런 뉴스가 나왔어요. 남편하고 같이 텔레비전을 보는데 남편이 "미친 거 아니냐? 어떻게 엄마가 자기 애를 던질 수 있냐?"고 그랬어요. 나는 '이해가 된다, 나도 그러고 싶은 적이 한두 번이 아니었다'고 했어요. 애를 달래도 계속 울 때가 있잖아요, 애가 뭘 원하는지 모르는데 계속 떼를 쓰고 울면 순간적으로 애를 죽여버리고 싶은 생각이 드는 때가 있었거든요. 날 도와주는 사람이 없잖아요, 내 옆에.(떨림)

혼자 감당은 안 되고, 계속해서 울면 베개로 얼굴을 덮었어요. 우는 소리가 너무너무 듣기 싫어서 베개로 누르고 있었어요. 그러다 순간적으로 '애가 이러다 죽으면 어떡하지?' 싶어서 베개를 열면 애는 장난인 줄 알고 웃고 있는 거예요. '아, 내가 이러면 안 되지. 내가 이러다 애를 죽일 수도 있겠구나' 이런 생각 되게 많이 했어요. 이렇게 스트레스를 받다가 애를 죽일 수도 있겠구나, 그런 생각 했어요. 꿈을 많이 꿨어요. 애를 잃어버리는 꿈, 차를 타는데 차 문이 열려서 애가 굴러 떨어지는 꿈, 내가 애를 버리는 꿈…… 그런 꿈 많이 꿨어요.

그 동네가 오래된 빌라들뿐이라 애기 엄마가 없었어요. 아파트 근처라면 놀이터에 나가서 같은 애기 엄마들을 만날 텐데 친한 친구들은 다 멀리 살고, 한번 만나려면 차를 끌고 한 시간을 넘게 가야 해서 친구는 한 달에 한 번도 만나지 못했죠.

남편이 12시 다 돼야 그게 퇴근 시간인 것처럼 집에 들어오고 술을 마시면 새벽 3~4시에 들어오고 아침에 7시에 정상 출근하고. 그러니까 주말에는 피곤해서 집에서 쉬고 싶어했지요. 남편이 잘 때는 애 데리고 밖에 나와 있고 잠도 따로 잤죠. 아기가 앵앵거리면 남편이 짜증내고 화내니까.

모든 사람이 결혼에 로망이 있잖아요. 결혼해서 이렇게 살아야지, 하는데 그렇게 살아지지 않았던 거죠. 힘들 때는 주변에 있는 사람한테 조언을 구했죠. 친하지 않지만 나보다 인생을 더 살아보신 분들한테 하소연하면 다들 별일 아니라는 듯 이야기해요. "너무 젊어서 그래. 지나면 다 괜찮아져"라고 말하지만 해결책은 안 됐어요.

내가 괜찮다니까 정말 괜찮아 보여?

1년쯤 되니 그런 생활을 더는 견딜 수 없는 거예요. 남편이 집에 들어오면 붙잡고 계속 울었어요. 난 이렇게 못 살겠다고 그러면서. 계속 울었지만 남편도 사회 초년생이라 일을 배워야 해서 어쩔 수 없다고 하고, 근처에 아는 사람은 없고……

아이는 유별났어요. 걸어 다니기 시작하면서 손도 안 잡고 다니고 찻길에서 사라지곤 했어요. 옷을 사거나 장을 보러 갈 수도 없었어요. 애를 잃어버리면 안 되니까. 애를 잃어버리는 생각만 해도 더 살 수 없을 것 같아서 남편이 없으면 장을 보러 가지 않았고,

어디도 갈 수 없었어요. 버티다가 안 되겠어서 친정 근처로 이사를 했죠. 애가 세 살 때였어요. 시댁은 지방이니까 할 수 없고 요청할 데는 친정밖에 없었죠. 친정 근처에 와서는 일을 했어요. 어린이집과 엄마한테 애를 맡기고 애들 방문교사 일을 했어요. 1년 했는데 육아하고 살림을 병행하는 게 쉽지 않아 몸이 힘들었어요. 일은 애들 방과 후 시간에 맞춰진 거라 오후 1시부터 7시까지 하고, 돌아오면 우리 애를 봐야 하는데 힘들었어요.

일을 하게 된 건 집에 있으니까 우울하고 남편이 벌어오는 돈으로 생활비가 모자라기도 해서였어요. 남편의 반대가 심했어요. 그런 일을 하는 걸 싫어했어요. 전문적으로 인정받는 일이 아니라 낮은 일이라고 생각한 것 같아요. 결혼 전에 사무직 일을 할 때는 급여가 많건 적건 내가 전문적이고 가치 있는 일을 한다고 남편이 나를 대우해줬는데 이 일을 할 때는 반대도 심했고 급여가 세지도 않았어요. 일이 재미없었고 남편도 싫어했고 돈이 벌리지도 않아 접게 됐죠. 항상 생활이 빠듯해서 메우기 바빴어요. 돈이 더 나가는 것도 같고. 그래서 이건 아니다 싶어서 1년 됐을 때 접었어요.

그리고 둘째를 임신했어요. 입덧이 심해서 물도 못 먹었어요. 임신 6개월쯤 되었을 때 기형아라고 판정이 난 거예요. 기형이어서 낳아도 살 수 없는 애라고. 뇌가 머리 밖에 나와 있대요. 큰 병원이었는데 그 병원 의사들이 다 와서 초음파를 보고 "애는 안 되겠다"고 해서 임신중절수술을 하게 되었어요.

애기를 지우고 그때 하루 병원에 입원했는데, 이번에도 남편은 보내고 엄마는 집에 가고 나 혼자 큰 1인용 병실에 누워 있었어요.

그것도 애를 낳은 것도 아니고 애를 지우고…… 아무도 내 옆에 없고,(울음) 애가 사라지고 나면 그 허전함이 이루 말할 수가 없어요. 애를 낳은 게 아니니까 되게 미안하고 그 순간에 다들 가고 혼자 있는데 너무 많이 울었어요. 가족들이 날 안 보살펴준 건 아니잖아요. 엄마도 항상 날 사랑하고 걱정해주고, 남편도 날 돌봐주려고 노력을 하는데 이상하게 내가 힘들고 필요할 때는 내 옆에 사람이 없는 거예요. 상처받은 일들이 다 해결이 안 돼…… 얘기를 해본 적이 없는 거 같아, 난 애 낳고 병원에 있는데 남편도 없고 엄마도 없고 그때 서러웠던 얘기도 해본 적 없어요. 엄마한테도 해본 적 없고 남편도 모르고……(울음)

그리고 대인기피증이 생겨서 집에만 있었어요. 1년 정도 밖에 안 나가고 집에만 있었던 것 같아요. 그 일 있고 한 달쯤 지나서 시댁으로 내려가는 차 안에서 남편이 "너 몸은 괜찮아?" 하고 묻기에 "응, 괜찮아" 했더니 자기 친구들이 너무 내 걱정을 많이 한다며 친구들한테 내가 괜찮은 모습을 보여주게 집에 초대를 하자고 하더라고요. 그때 갑자기 욱해서 "내가 괜찮다니 정말 괜찮아 보여? 내가 그 사람들 걱정하는 거까지 신경 써야 돼!" 하며 막 울었어요. 남편은 모르는 거지, 자기가 임신해보지도 않았고, 애를 지워보지도 않았고…… 전에도 남편이 친구들한테 그랬대요. "애기 낳는 거는 하나도 안 아파, 옆에서 지켜보는 남편이 더 힘들어"라고.

기형아고 살 수 없다고 해서 지웠지만 비슷한 시기에 같이 임신했던 친구 아이들을 보면, 그 애도 태어났으면 이쯤 됐겠구나 하는 생각이 드는 거죠. 주변에 보면 태어날 때 잘못이 생겨 문제 있는 애들을 키우기도 하는데 어쨌든 태어나 크고 있어요. 그러면 나도 좀 더 노력을 해야 하지 않았을까 생각이 들고……(눈물) 아이를 수술하고 나서 1년이 지났을 때, '1년이 됐구나, 천도제라도 지내줬으면' 했는데 난 그 애가 남자인지 여자인지 성별도 몰라요, 궁금하지만 병원에서 알려주지 않았으니.

난 한 번도 만족스럽지 않았어

1년은 겁이 나서 애를 가질 생각을 못했고, 큰애에게 동생이 생기려면 더 미루면 안 될 것 같아 힘들게 노력했어요. 그런데 잘 안 되다가 포기할 때쯤 아기가 생겼어요. 다섯 살 차이가 나요. 둘째 낳고는 몹시 바빴어요. 임신 막달에 계약 기간이 끝났다고 집을 비워달라고 해서, 만삭에 집을 알아보고 다녔어요. 애 낳고 일주일 만에 이사했는데 하수구에서 커다란 바퀴벌레가 기어나와 방으로 들어오는 거예요. 남편이 집에 들어오지도 않았는데 나는 그 바퀴벌레가 무서워서 잡을 수 없었어요. 남편이 올 때까지 침대 위에서 못 내려오고 아기와 앉아 있었어요. 밤에 화장실도 못 가고 그랬어요. 습기가 차서 옷장 밑에서 물이 줄줄 새어 나왔어요.

이사하고 나서 남편이 나한테 짜증을 내기 시작했어요. 집에 들어오면 "집 안 꼴이 이게 뭐냐"며 집이 정리된 꼴을 본 적이 없다고 화를 내고. 난 애가 둘이니까 애 젖 먹이고 기저귀 갈고 하는 것도 너무 힘든데 집에 오면 인상부터 쓰고. 남편이 집에 들어올 시간이면, 정리가 안 된 장난감 때문에 애들에게 소리치고 짜증내게 되었어요. 내가 왜 이 사람과 결혼했는지 모르겠고 대화할 시간도 없고 공유하는 게 하나도 없는데 내가 왜 이렇게 살아야 하는지 모르겠고 행복하지 않았어요.

우리 집이 1층에 있잖아요. 비가 와서 습기가 차서 곰팡이가 피면 남편이 나한테 그래요. 네가 청소를 안 해서 그렇다, 네가 관리를 안 해서 그렇다. 그럼 내가 대꾸하죠. "그게 왜 내 책임이야? 네가 살림하면 안 그럴 거 같아?" 남편이 이제 그러는 거예요. "네가 정리를 제대로 하면 그렇겠어? 계속 이렇게 할 거면 더 못 참아, 네가 나한테 해준 게 뭐가 있어?"

남편은 깨끗한 집에 좋은 가구에 정리된 집에 살고 싶은 욕구가 있어요. 우리 집은 햇볕도 안 들고 습하니까 그런 상태가 되지 않고…… 깨끗한 아파트에 전세로 살자고 남편은 그래요. 이사를 하게 되면 나는 다른 동네에서 다시 사람 사귀고 아이를 길러야 하니까 쉽지 않잖아요.

남편은 지극히 평범한 대한민국 남성이에요. 큰애가 이제 초등학교 2학년이에요. 딸애가 성적이 안 나오면 남편 생각에 그건 내 책임인 거죠. 내가 교육을 안 시켜서 그런 거죠. 돈이 불지 않는 것도 나 때문인 거예요. 내가 재테크를 하지 못해서 그런 거고 집 안 정리가 안 되는 것도 나 때문이고 애들이 문제가 있는 것도 나 때문인 거죠. 아니라고 하면 "너는 무조건 변명이야" 그렇게 이야기해요. 대화가 안 되는 거죠.

남편에게 뭐라 할 수도 없는 게, 최대한 열심히 일하고 돈을 벌어오고 있거든요. 적은 돈을 벌어오는 건 아니에요. 하지만 우리는 생활이 안 되는 거죠. 왜냐하면 기본 자산이 없으니까. 자기 집이 있으면 돈을 모을 수 있지만 전셋집을 구하느라 빚이 있는 거잖아요. 내가 아끼면 남편은 궁색하게 사는 게 싫대요. 요즘엔 나보고 그래요. "난 좀 쉬면 안 되니? 네가 먹여 살려라." 돈 번다고 그걸로 모두 '퉁'치려는 경향이 있는 거 같아요. 나는 집에서 아무것도 안 하고 놀고먹는 사람이 된 것 같은 느낌이 들기도 하고. 그러면서 자기는 나를 되게 사랑하는데 나는 자기를 사랑 안 한다고 말하기도 하고. 어떨 때는 '정말 그런가?' 하는 생각이 들 때도 있어요. '내가 사랑을 안 해서 이 사람이 불만이 생겼나?' 그런 생각이 들기도 해요.

이번 주에 몸이 내내 안 좋았어요. 어지럽고 두근거려서 일상생활이 힘들었어요. 한의원에 갔더니 "몸은 마음의 병이 있으면 같이 오니 같이 다스려야 한다"고 하더라고요. 작년에 아파서 며칠을 시달리다가 병원에 입원했는데 남편이 병원에 오질 않는 거예요. 애들은 친정엄마가 데려가고 남편은 집에 있는데 오지 않았어요. 나중에 낮에 와서는, 집 정리하느라고 올 수가 없었다, "네가 살림을 제대로 했으면 내가 그렇게 했겠냐"고 그러더라고요. 내가 고열에 며칠을 시달리다가 입원을 해서 청소를 할 수 없었던 상황인 거잖아요.(울음) 남편이 나한테 화를 내잖아요. 그렇게 얘기하는 건 다른 불만이 있어서겠죠, 청소가 아니라. 이제 뚜껑을 열어보기 겁이 나는 거죠.

이때까지 나는 힘든 일, 해결되지 않은 일이 있으면 차곡차곡 그냥 숨겨놨던 거 같아요. 왜 억울한지 몰랐고 하루하루 살아내는 거죠. 문제는 다른 데 있지 않을까 생각하면서. 나 혼자는 해결할 수 없으니까. 수면 위로 떠올리고 싶지 않고, 지금이 지나면 해결이 되지 않을까 생각을 하면서. 어느 정도 시간이 지나면 저절로 해결이 되는 것처럼 보이기도 하니까. 그런데 마음이 괜찮지가 않았던 거 같아요, 계속.

요즘에는 몹시 어지러워요. 몸이 그다지 좋지 않아요. 나도 뭐가 힘든지 정확히 표현할 수 없어요. 남편한테 뭐를 원하는지 모르겠어요. 정말 남편이 내 맘을 다 이해해주길 바라는 건지, 아니면 내 마음을 모르고 가주기를 바라는지도 모르겠고…… 일단 지금은 아이들이 우선이죠. 내가 할 수 있는 선에서 생각하는 거예요. 지금은 그냥 버티는 거예요. 애들은 어리고, 내가 안 버티면 무너지니까.

어느 날 남편이 나한테 그래요. "난 너랑 결혼해서 만족스러운 적이 한 번도 없었어. 시댁 식구에게 잘하는 것 빼고는 만족스러운 게 없어"라고 말했거든요. 내 결혼생활을 무너뜨리는 발언을 한 거죠. 나는 왜 이러고 살고 있나, 한편으로는 남편이 그런 말을 하기까지는 나한테 받은 상처가 많았겠구나, 내가 행복해 보이지 않는 모습이 남편도 불만스러웠겠구나 그렇게 느껴지면서, 나만 행복하지 않았다고 생각했는데, 나만 참으면 가족이 다 행복해질 거라고 생각하고 살았는데, '너도 행복하지 않고 나도 행복하지 않은데 내가 왜 이러고 살아야 하지?'라는 생각이 들었어요. 서로를 위해서 빨리 헤어져야 하지 않을까 생각이 들었어요, 진짜 그때.

결혼하고 가장 힘들었던 건 남편하고 속상한 일이 있어도 얘기할 데가 없다는 거예요. 친정에 얘기할 수도 없고 시댁에 이야기할 수도 없고…… 나는 지금 헤어지면 독립해서 살고 싶어요. 차라리 아무도 못 찾는 곳에 혼자 있고 싶어요. 나를 전혀 모르는 곳에서 살고 싶어요.

실은 극단적인 상황이 오면 갈 데가 없는 거예요. 친정에 들어가면 여기서보다 더 못 살죠. 갈 수가 없어요. 그렇다고 결혼한 친구 집에 얹혀 살 상황도 아니고, 불가능한 거죠. 친한 친척이 있어서 의지할 사람이 있는 것도 아니고 결국은 아무도 찾지 못하는 곳에 가서 사는 게 낫지 않을까……

아무도 모르는 곳에서 혼자, 이 인연을 끊어버리고 싶은 거죠. 친정 아빠와 엄마와 남편과 아이들과 인연을 끊어버리고 나만 있는 생활을 하고 싶은 거예요. 나만 있어본 적이 없는 거지. 나만 생각하면서 혼자 있어본 적이 없기 때문에. 누가 날 괴롭히는 것도 싫고 내가 떠나가면 누군가 날 찾아오는 것도 싫어요. 나는 이 사람들이 날 찾아오지 못하는 곳에 숨어버리고 싶어요.

내가 버티고 버티다가 버틸 수 없게 되면 모든 관계를 끊고 떠나고 싶다는 거예요. 가족관계, 부모 자식 관계 이런 거를 떠나고 싶어요. 죽이 되든 밥이 되든 자기네가 알아서 했으면 좋겠어요. 더 이상 지들이 나한테 강요하지 않았으면 좋겠어요, 모든 사람들이. 난 결혼한 이후로 계속 우울증을 앓았던 거 같아요. 한번은 너무 속상해서 집을 나왔는데 갈 데가 없어…… 그냥 울면서 하염없이 걸어 다녔어요, 길거리를. 미친 여자처럼.

남편이 그렇게 참을 수 없는 말을 하면, 내가 더 이상은 미쳐…… 내가 사라져버릴 거야, 아무도 날 못 찾는 데 가서, 아무한테도 연락하지 않고 숨어버릴 거야. 그렇게 중얼거리면서 하염없이 길거리를 걸어 다녔어요……(울음)

3

장

전문적으로 키우고있나요?

유아용품 광고가 만드는 '완벽한 아이' 신화

김향수

육아도 과학이다

:

"침대는 과학이다"라는 광고 카피처럼, 육아도 과학이다. 하루 20시간 동안 먹고 자고 싸는 것만 하는 아기를 돌보는데 무슨 과학이냐고 반문할 수도 있다. 하지만 아기가 잘 먹는지 잘 싸는지 잘 자는지 어떻게 판단할까? 과연 얼마만큼 그리고 얼마 동안 먹어야 적당한지, 아기 소화에 좋은 자세는 무엇인지, 모유수유에 성공하는 방법은 무엇인지, 모유수유를 한다면 엄마가 어떤 음식을 먹어야 좋을지, 트림할 때는 어떻게 안아서 얼마나 토닥여줘야 하는지, 분유는 언제 끊어야 할지, 이유식은 언제 시작할지, 유아식은 어떻게 만들어야 할지, 아이의 녹변은 혹시 이상 신호인지, 생후 일주일, 한 달, 백일마다 기저귀를 평균 몇 번 가는지, 변은 몇 번 누는지, 한 번 자면 얼마나 자는지, 낮밤을 가리는지, 밤중 수유는 몇 번 하는지, 밤에 하는 수유가 '밤수'인지 '꿈수'인지, 하루 총 수면 시간은 얼마인지…… 무엇 하나 고민이 아닌 것이 없다. 이 질문들에 답하려면 아이의 성장과 발달, 즉 육아과학에 대한 이해가 필요하다.

아직 말하지 못하는 아기의 울음은 그래서 더욱 특별하다. 배고

파도 울고, 기저귀가 축축해도 울고, 졸려도 아기는 울기만 한다. 전문가들은 주 양육자가 아기 울음의 의미를 파악해야 한다고 말한다. 신경학과 뇌과학 전문가들은 "아기가 울면 부신에서 생성되는 스트레스 호르몬인 코르티솔이 나온다. 이 호르몬에 장시간 노출되면 뇌의 주요 구조와 체계가 손상되며, 스트레스 체계가 과민반응 하도록 굳어 우울증, 불안 장애, 공포 발작, 스트레스 관련 질병에 걸리기 쉽다"[1]고 경고한다. 즉 아기를 오랫동안 달래주지 않으면 아기가 스트레스를 받아 뇌와 신체에 손상을 입을 수 있다는 것이다. 울 때마다 안아주면 버릇이 나빠진다거나 목청 트이게 아이를 울려야 한다는 어르신들의 조언은 비과학적 육아법으로 치부된다. 양육서는 울음소리로 신체 이상을 찾을 수 있다고 조언한다. 짜증 섞인 울음인지, 신음에 가까운 울음인지, 낮은 목소리로 짧게 울다 멈추고 다시 울고 멈추기를 반복하는지, 갑자기 큰 소리로 자지러지게 우는지, 개가 짖는 것처럼 컹컹 소리를 내는지, 낮은 목소리로 점차 작게 울거나 신음 소리를 내는지, 주 양육자인 엄마는 아이 울음소리를 주의 깊게 들어야 한다. 눈물이 나는지, 눈물을 뚝뚝 흘리는지, 귀를 만지면서 우는지, 엄마는 아이가 울며 하는 몸짓 하나도 놓쳐선 안 된다. 그래야 이 울음의 의미가 졸리다는 건지, 놀아달라는 건지, 배고프다는 건지, 영아 산통인지, 신경과민인지, 복통으로 인한 배앓이인지, 귓속 질병인지 엄마는 판단할 수 있다. 전문가들은 엄마가 아이를 유심히 살펴서 우는 이유를 빨리 찾아내 해결해줘야 한다고 조언한다.

육아과학은 먹고 싸고 자는 것뿐만 아니라 발달, 즉 운동 능력에도 적용된다. 엄마들은 개월 수에 맞게 아이가 단계적 발달을 하는지 살펴봐야 한다. 아기가 머리를 가누는지, 뒤집는지, 도움 없이 앉는지, 붙잡고 서는지, 혼자 서는지 등 대근육 운동뿐만 아니라 딸랑이를 잡는지, 블록을 옮기는지, 컵에 블록을 넣는지 등 소근육 운동과 눈과 손의 협응력 역시 눈여겨봐야 한다. 전문가들은 엄마가 직접 아기 운동 능력을 주의 깊게 살펴야 발달 장애를 미리 발견할 수 있다고 조언한다.

육아과학은 키와 몸무게, 운동 발달에 한정되지 않는다. 정서와 사회성 발달을 위해 엄마 아빠와 애착을 다지는 스킨십 놀이, 언어와 인지 능력 발달을 높이는 음악과 도서, 밥을 잘 먹게 하는 요리법과 대화법, 좌뇌와 우뇌를 골고루 키우는 양손 놀이 등, 언어, 인지, 정서, 사회성, 신체가 급속도로 발달하는 시기에 엄마가 아이에게 주는 자극과 체험의 중요성은 끊임없이 강조된다. 이처럼 육아과학은 의학, 뇌과학, 아동학, 교육학, 영양학, 심리학, 위생학 등 다양한 학문들로 구성되어 있다. 어쩌면 한 인간을 이해하고 키우는 일이니 당연한 것일지도 모른다.

임신의 다른 이름, 퍼펙트 베이비 프로젝트

:

육아과학은 임신과 양육을 하나의 프로젝트로 만들었다. 자녀의 정상적 발달을 도모하는 엄마 역할은 임신 전부터 시작된다. 임신 이후보다 임신 이전 90일이 똑똑한 아이를 만드는 데 결정적이라는 정보들 역시 쏟아진다. 오늘 수정되는 정자는 적어도 3개월 전에 만들어졌기 때문에, 최상의 정자와 난자를 만드는 계획은 임신 몇 달 전부터 시작된다. 적어도 임신 3개월 전에는 산부인과에서 빈혈, 간염, 갑상선저하증, 풍진 및 수두 면역 여부 등 산전 검사를 한다. 남편의 노력도 필요하다. 임신 준비 기간 동안 술과 담배는 멀리하고 임신 가능성을 높이는 식품을 먹고 건강한 몸 상태를 유지해야 한다.

건강한 정자와 난자를 만드는 '계획 임신' 담론부터 임신 기간 동안 먹어선 안 되는 음식은 무엇인지, 태교를 어떻게 하는지 등 임신한 여성의 심리 상태와 식생활이 태아의 정서뿐 아니라 지적 능력, 성격에까지 영향을 준다는 연구와 기사들은 끊이지 않고 보도된다.

흉한 모양의 음식을 피하고 요란스러운 구경거리도 피하라는 전통 태교 지침은 이제 과학적 근거로 설명된다. 떠들썩한 분위기는 몇 데시벨 이상이라는 정확한 소음 수치로 제시된다. 산모가 먹어야 하는 음식은 태아의 발육 단계에 맞춘 소아과학과 영양학 지식에 포함된다. 예를 들어 태아의 심장, 뇌, 간과 신장이 형성되는 임신 3~8주에는 자극적 음식을 피하고 두뇌 발달에 효과적인 단백질, 칼슘, 철분, 레시틴 등이 함유된 음식이 권장된다. 임신 중기에는 태아의 두뇌와 근육이 성장하므로 충분한 단백질을, 혈액과 뼈가 만들어지므로 충분한 칼슘과 철분을 섭취해야 한다.

태교는 과학의 언어로 새롭게 재구성되었다. 태아 발달, 산모 몸의 변화, 순산을 위한 운동 방법, 식이요법은 임신 초기, 중기, 말기가 아닌 일주일 단위로 제공된다. 임산부의 심리 상태와 식생활이 태아에게 주는 영향에 관한 과학적 증거들이 속속 밝혀지며 '태아 프로그래밍'에서 어머니 역할을 강조하는 담론들이 쏟아지고 있다. 〈퍼펙트 베이비—태아 프로그래밍〉[2]이라는 다큐멘터리 제목에서 알 수 있듯이 이제 임신, 출산, 양육은 완벽한 아기를 만드는 프로젝트로 변했다. 임신 주수에 따라 태아가 필요로 하는 영양분이 다르기 때문에 그에 맞는 식단을 짜고, 영양이 풍부한 균형 잡힌 식사를 하며, 스트레스를 잘 관리해야 퍼펙트 베이비를 만날 수 있다.

뱃속 아기가 아들인지 딸인지, 누구를 닮았는지 알 수 있다니 요즘 세상 참 좋아졌다고들 말한다. 산전 진단 기술의 발달은 엄마들에게 뱃속 아기를 보는 즐거움만 가져다준 것은 아니다.

> 임신 7개월 때 초음파 사진을 찍으러 갔는데 병원에서 "애가 너무 말라가지고 뼈밖에 안 보이니까 한 달 더 있다가 오라"고 그러는데, 나 울면서 진짜.(웃음) 임신 기간 동안 정신없이 지내다 병원에 갔는데 애가 그 지경이라니까 막 이상한 죄책감이 들더라고. 아이 초음파 사진을 봤는데 정말 해골바가지처럼 앙상하게 뼈만 있더라고. 손가락 발가락이 다 뼈가 드러나 있는 거야. '사랑스러운 우리 아기' 이래야 되는데 '너무 마음 아픈 우리 아기'가 되는 거지. 그때 정말 열심히 먹고 집에 누워서 꼼짝도 안 하고 그랬지. 근데 오래는 못했지. 일 때문에 너무 바빴지. 그렇다고 힘들어서 '나 임신했습니다. 잠깐 휴게실

에 누워 있겠습니다' 이렇게 말 한번 못한 거지. 난 애를 낳기 한 달 전까지도 한 시간 반씩 출퇴근하면서 다녔고, 출장도 다녔거든. 그게 이제 애한테 다 갔다, 이런 생각을 한 거지. 애가 너무 작아서 많이 힘들었어.

_____ 박희진

임신은 태어날 아기에 대한 설렘과 기대뿐 아니라 걱정과 두려움 역시 동반한다. 손가락 발가락이 몇 개인지, 머리 둘레는 얼마인지, 심장 박동은 어떤지 등 아이 상태는 시각적 이미지로 전달된다. 희진 씨는 아기가 또래보다 작다는 사실을 임신 7개월 때 처음 알았다. 그녀는 휴직이나 사직이라는 선택도, 노동 강도와 업무환경 개선을 위한 협상도 못한 채 막달까지 일했던 자신 때문에 아이가 '평균'보다 작은 것 같다고 생각했다. 퍼펙트 베이비 프로젝트는 엄마 개인의 기획과 노력을 강조하지만, 대한민국 엄마들의 현실은 그리 녹록지 않다. 희진 씨의 자책은 개인의 노력만을 강조하는 산전 관리 담론의 단면을 보여준다.

산전 진단 기술이 발달하면서 태아 상태는 구체적인 자료로 제시되고, 후유증 역시 의과학적 근거로 설명되며, 대처 방안 역시 과학적 근거로 제시된다. 만약 한 달 동안 아이가 크지 않으면 발달 지연 검사를 해야 할 수도 있다. 아이가 뱃속에서 더 자라지 않는다면 유도 분만을 해야 한다. 저체중아는 선천성 기형의 가능성이 높고 혈당치나 칼슘치가 낮은 경우가 많다는 의과학적 설명은 한 달 동안 뱃속 아이를 키워야 하는 절체절명의 이유이다.

임신을 즐기란 말은 공허한 조언이 되었다. 임신과 육아는 더 이상 숭고한 무엇도, 자연스러운 과정도 아니다. 육아과학은 엄마가 따라야 하는 단계별 매뉴얼과 이를 지키지 않을 시 아이가 훼손될 수 있다는 후유증과 경고로 가득하다. 아이의 건강한 삶을 마련해 주기 위해 몸과 마음 그리고 지식을 준비해야 한다. 임신과 육아는 의과학 지식을 학습하고 내 아이에게 적용하며 단계별 발달을 이뤄야 하는 과업이 되었다.

육아과학과 과학적 모성

:

언제부터 임신과 육아가 과학이 되었을까? 육아과학의 뿌리는 19세기 유럽 가정과학운동에 있다. 과학은 사람들의 일상생활과 사고를 바꾸었다. 가정과 육아도 예외는 아니었다. 라이거 연구[3]는 유럽 가정과학운동이 일었던 오스트리아 사회 변화를 상세히 보여준다. 1880년대부터 1940년대까지 아동기 중요성이 대두되며, 오스트레일리아 사회와 가정은 많은 변화를 겪었다. 정부의 법적 제도는 노동자계급 가족의 재형성을 목표로 "아버지는 일터에, 어머니와 아기는 집에, 어린이는 학교에 있어야 한다"고 고안되었다. 이뿐만 아니라 20세기 근대의학 발달은 어린이기 건강이 평생 건강을 좌우한다며 그 중요성을 강조했다. 당시 심리학은 부모와 자녀 관계, 특히 엄마와 아이의 관계를 강조하기 시작했다. 그 결과 엄마가 자녀의 신체적, 도덕적, 사회적, 지적 발달을 관리해야 한다는 인식이 확산되었다.

의료 전문가들, 가정과학 전문가들, 아동발달 전문가들, 위생 전문가들은 영유아기 중요성을 강조하며 지식 담론을 주도했다. 이 과정에서 과학적 모성Scientific Motherhood이 탄생했다. 과학적 모성은 "여성이 자녀를 건강하게 기르기 위해서는 과학 및 의학 전문가들의 자문이 필요하다는 믿음"[4]을 뜻한다. 여성들은 자녀를 책임져야 하지만 그 책임을 다할 능력이 없다고 여겨진다. 그렇기 때문에 여성들은 의사와 심리학자 등 각종 양육 전문가들의 이론과 지침에 따라 아이를 관리해야 한다. 엄마는 자녀의 건강을 감시하고 관리하는 도덕적 책임을 부여받는다. 바로 엄마이기 때문이다. 이제 세대를 건너 여성들 사이에 이어져온 전통 육아 경험은 전문가들의 조언으로 대체되었다.

우리 사회에서 과학적 모성은 20세기 초 도입되었다. 전북대학교 사회학과 김혜경 교수의 《식민지하 근대가족의 형성과 젠더》(창비, 2006)라는 책을 보면, 1920~1930년대 식민지 시기 가족계획 사업으로 자녀양육담론과 모성의 변화를 알 수 있다. 당시 가정생활 합리화와 육아의 과학화, 특히 모자보건과 영양 문제는 조선총독부의 아동 관련 사업부와 서구 의료 전문가들이 주도했다. 근대적 양육법은 주부 대상 강연, 자모회, 가정방문, 우량아 선발대회 등으로 확산되었다. 당시 미국의 규칙적 수유이론은 식민지 조선 사회에 '시간젖'이라는 "당대 과학적 육아의 상징어"[5]로 불렸다. 해방 후 과학적 모성 이데올로기는 육아과학 발달뿐 아니라 한국 사회 변동과 소비주의 사회 진입이라는 사회적, 경제적, 문화적 변화를 반영한다. 한국 과학적 모성의 역사는 이화여대 여성학과 이재경 교수의《가족의 이름으로: 한국 근대가족과 페미니즘》(또하나의문화, 2003)에서 살펴볼 수 있다. 이재경 교수는 한국의 과학적 모성은 시대별로 현모賢母, 극성 어머니, 프로 엄마로 전개되었다고 분석한다. 해방 후부터 1960년대 초까지 한국 사회는 전쟁 후 빈곤으로 인한 영양 결핍, 높은 영아 사망을 겪었다. 때문에 당시 육아 과학은 유아의 생존과 관련된 지식이 주를 이뤘다. 영양과 가족 건강에 힘쓰는 어머니로서 현모는 전후 한국 사회 재건에 한 축을 담당했다. 1970년대부터 가정주부로서 자녀 양육을 전담하는 중산층 계층이 출현했다. 전업주부인 여성들은 육아를 전담했다. 산업화와 도시화 그리고 핵가족화로 인해 엄마들이 전통 육아 정보가 아닌 전문가의 지식에 의존하기 시작했다. 이 시기부터 과학적 모성 역할은 위생과 영양을 넘어 아동교육, 발달심리, 지능 개발, 영양 지식으로 넓어졌다. 육아에 관한 출판물도 증가했다. 한국의 엄마들은 "건강과 영양 정보를 습득한 홈닥터home doctor"[6], 즉 극성 어머니로 불렸다. 1990년대부터 과학적 육아 지식은 상업화되었다. "두뇌 영양 시스템, 소화 흡수 시스템, 면역 조절 시스템, 1kg당 단백질 필요량에 따른 영양"[7] 등 상품 광고는 학술 용어로 설명되었고, 여성들은 광고를 통해 육아 지식을 얻었다. 유아용품 회사들은 '똑 소리 나는 엄마'라는 프로 엄마 이미지를 광고했다. 이는 당시 과학적 모성의 상징 이미지였다. 육아과학은 국가와 전문가가 주도하는 사회적 캠페인에서 시장과 전문가가 결합한 상품 소비로 그 영역을 확장했다.

육아과학의 전도사가 된 엄마들

:

과학적 모성 담론은 유아용품 시장 성장, 미디어 다양화, 유사 전문가 등장으로 인해 급속도로 확산되었다. 과거 《주부생활》 등의 여성 잡지에서만 이야기되던 육아는 이제 전문 서적, 잡지, 상담 서비스, TV, 인터넷 등 다양한 미디어에서 다뤄진다. 2000년대부터 《베스트 베이비》《앙팡》《앙쥬》《베이비》 등 육아 잡지들과 육아 전문 케이블 채널이 등장했다. 공중파 방송에서도 주부 대상 프로그램뿐 아니라 정보 오락 프로그램, 다큐멘터리, 특집 프로그램에서 육아 정보를 제공한다. 건강과 안전을 다루는 정보 오락 프로그램 단골 소재는 영유아이며, 전문가들은 과학의 언어로 이야기한다.

육아과학을 다루는 미디어가 증가하면서 대중들의 정보 접근성이 높아졌고, 다양한 전파자들이 등장하는 토대가 되었다. 언론은 유사 전문가로 전문 지식과 실전 경험을 겸비한 엄마들을 소개한다. 여성들이 자신들의 육아 경험을 드러내고 기록하고 논하는 장으로 인터넷을 활용했다. 즉 육아과학의 공론장이 만들어졌다. 이 공론장은 육아 정보를 나누려는 여성들로 인해 활성화되었다.

대한민국 엄마들은 이 공론장에서 육아과학 전파자가 되었다. 특히 사이버 공간은 여성들의 육아 경험, 즉 엄마로서 자신의 삶을 기록하고 공유하는 공간이다. 과거 일기장에 적었던 육아 일기는 이제 블로그, 카카오 스토리, 인터넷 카페, 앱 등 다양한 사이버 공간에서 기록된다. '완모'(완전 모유수유)를 위한 노력들, 젖몸살을 어떻게 극복했는지, 모유를 어떻게 말리는지, 어떤 재료와 영양 구성으로 이유식을 만들었는지, 각종 젖병과 내 아이 배앓이와 구토의 상관관계를 기록한 사용 후기 등 육아과학 이론으로 무장하고 상품의 조력을 받아 아이 반응까지 기록한 엄마들의 실전 후기는 '깨알 같다'. 여성들은 사이버 공간을 유랑하며 다른 여성들의 엄마 노릇을 구경하면서 자신과 비교하고 참조한다.

여성들은 인터넷에서 다양한 육아 정보와 노하우를 공유한다. 보솜이 아기건강연구소의 2011년 설문조사에 따르면, 엄마들이 육아 정보를 얻는 곳은 '없는 게 없는 인터넷 육아 카페'(59%, 885명), '또래아이를 키우는 든든한 친구'(24%, 360명), '그래도 제일 먼저 생각나는 엄마'(14%, 218명), '맞춤형 실시간 답변, 소셜미디어'(3%, 42명) 순이다.[8]

인터넷 육아 카페에서 여성들은 초보 엄마의 질문에 댓글을 달며, 과학적 모성을 실천하는 활동을 지지해준다. 일례로, '젖병을 끓는 물에 소독하면 되지, 왜 비싼 젖병 소독기를 샀냐'고 꾸중을 들었다는 여성의 글이 올라오면, 다른 여성들은 함께 분노하며 대응법을 알려준다. 사이버 공간의 동지들은 "자외선 소독을 해야 대장균, 황색포도상구균, 녹농균, 살모넬라균, 인플루엔자바이러스 등을 없애요"라거나 "의사 선생님이 아기는 면역력이 약해서 장염에 걸릴 수도 있대요"라며 과학의 언어 혹은 전문가의 권위를 동원하라고 조언한다. 만약 친정부모님이나 시부모님이 아이를 맡아주신다면, 합리적이고 과학적이라 여겨지는 최신 육아 지식과 정보를 가르쳐드려야 한다. 육아 방식으로 인한 세대 간 갈등을 어느 광고 카피에 빗대, "애 낳기 전 시월드가 그냥 커피라면, 애 낳고 난 뒤 시월드는 TOP다"라고 말하기도 한다. 사이버 동지들은 초보 엄마의 육아과학을 무시하는 시어른의 구박에 함께 분노하고 대처법을 공유한다. 이 과정에서 젊은 엄마의 과학적 모성은 지지받으며 강화된다.

젊은 여성들은 사이버 공간에서 과학적 모성이 더 이상 전문가의 조언이 아닌 다른 엄마들의 실천이라는 사실을 깨닫는다. 전문가의 지식을 실전에 결합한 엄마들의 대거 출몰은 여성들 사이에 새로운 규범을 만들었다. 다양한 이론을 섭렵하고 내 아이 상태를 진단하고 개선하는 엄마가 좋은 엄마라는 규범 말이다. 과학적 모성을 실천하는 것은 어려운 과제이지만, 전문가 엄마들의 존재는 엄마라면 당연히 해야 하고 누구나 할 수 있다며 이 엄마 노릇을 거부할 수 없게 만든다.

과학적 모성 담론은 미디어 환경 변화뿐 아니라 유사 전문가인 여성들로 인해 퍼져나간다. 사이버 공론장에서 여성들은 과학의 언어로 아이 상태를 진단하고, 과학적이고 합리적인 처방을 선택하고, 그 효과를 과학의 언어로 설명한다. 푸코의 주장처럼, 여성들은 지식의 객체인 동시에 주체가 되는 것이다. 여성들은 과학적 육아에 참여한 만큼 규율적 권력 작동에 깊숙이 개입한다. 여성들은 과학적 모성으로 주체성을 가진 듯 보이지만, 현실에서는 시장이 만든 소비적인 과학적 모성 세계로 인도되고 있다.

아이에게 성장 단계별 제품을?

:

유아용품 시장은 지속적으로 성장하고 있다. 한국의 유아용품 시장 규모는 업계 관련자에 따르면 1조 7,000억 원 혹은 27조 원으로 추정된다. 두 추정치는 어떤 품목을 유아용품으로 보느냐에 따라 큰 차이가 난다. 27조 원이라는 추정치는 유아용품뿐 아니라 유아 의류, 유아 교구 등을 포함한 수치이다. 유아용품 범위에 유아 의류, 유아 교구, 유아 스킨케어, 이유수유 용품 등을 포함할지 말지는 이 글에서 논하지 않겠다. 중요한 것은 유아용품 시장이 지속적으로 성장하고 있다는 점이다. 유아용품의 범위를 좁게 잡은 1조 7,000억 원이라는 추정치 역시 유아용품 시장의 증가 경향을 보여준다. 2009년 1조 2,000억 원, 2011년 1조 5,000억 원, 2012년 1조 7,000억 원으로 시장 규모가 매년 10퍼센트 이상 꾸준히 증가하고 있다.

국내 유아용품 시장의 지속적 증가는 역으로 소비자인 부모들의 가계 부담 증가를 보여준다. 매년 태어나는 아기는 줄어드는데, 시장은 증가하기 때문이다. 유아용품을 구매하는 부모를 다룬 기사들은 두 가지 경향으로 좁혀진다. 첫 번째는 내 아이를 위해 아낌없이 쓰는 것이 현재 트렌드라는 보도들이다. "내 아이에게 최고 제품을 선호하는 젊은 부부들"[9] "온라인몰 VIB(Very Important Baby)족"[10] "내 아이를 위해 아낌없이 쓴다는 골드 키즈 트렌드, 아이를 위해 아낌없이 투자하는 스마트맘"[11] "중국 소황제 못지않게 아이에게 아낌없이 투자하는 한국의 엄마들"[12]이 한국 유아용품 시장을 키웠다고 분석한다. 물론 부모만 소비하는 것은 아니다. '식스 포켓Six Pocket'은 1990년대 일본에서 만들어진 말인데, 1명의 자녀를 위해 엄마, 아빠, 할아버지, 할머니, 외할아버지, 외할머니 지갑이 열린다는 뜻이다. 자녀 수가 줄어들수록 부모뿐 아니라 조부모까지 돈을 아끼지 않는 풍조가 생겼다고 이들 언론은 말한다. 이 기사들은 아이를 위해 아낌없이 투자하는 것이 현재 부모 노릇인 양 묘사하며 유아용품 소비를 조장한다.

두 번째 경향은 고가 유아용품 선호 현상을 다룬 보도들이다. 이들은 유아용품의 명품화를 사회문제로 다루는데, 수백만 원에 이르고 "현지보다 2배나 비싼 폭리를 받아도 잘 팔리는 유모차"[13]는 단골 소재이다. "아빠들의 로망이 스포츠카라면, 엄마들의 로망은 유모차"[14]라며 엄마들의 사치, 허영심을 그 원인으로 분석한다. 언론은 경제면에서 신상 유아용품을 소개하고, 사회면에서는 '베이비 푸어'가 되는 한 요인으로 값비싼 유아용품을 다룬다. 유아용품 시장 성장의 주역인 부모들을 찬양하거나, 유아용품 고급화를 넘어 과소비를 일삼는 부모들을 비난한다. 젊은 부모들이 내 아이를 위해 돈을 아끼지 않는 것이 대세인 양 보도되면서, 독자들은 시장이 제시한 소비 지향적 부모 노릇을 주입받는다. 소비가 좋은 부모의 척도라는 인식이 은연중에 퍼져나간다.

이들 보도는 영화배우 고소영 유모차로 상징되는 명품 유모차와 명품 유아용품들을 누가 소비하는지, 과연 누가 아낌없이 자녀에게 투자할 수 있는 계층인지 질문하지 못한다. 2013년 상반기 유아용품 소비 경향을 분석한 한 보도는 "골드맘들의 명품 유아용품 소비로 고가 시장은 불황 속에서도 여전히 활기를 띤 반면, 저렴한 가격대 소비가 활발한 양극화 현상을 보였다"[15]고 지적했다. 이 보도는 고가의 수입 브랜드 유아용품을 선호하는 여성들을 '골드맘'으로, 저렴한 가격에도 품질이 좋은 유아용품을 소비하는 여성들을 '스마트맘'으로 부른다. 이미 부모들의 육아용품 소비도 계층에 따라 양극화되었다는 점을 알 수 있다.

육아과학과 그 상품화에 대한 보도는 아이를 위해 돈을 흥청망청 쓰고 과소비하는 부모, 특히 소비 지향적인 엄마들에게 초점을 둔다. 고소영의 명품 유모차를 따라하는 세태가 주로 이야기되지만, 온라인 마켓과 육아 카페에서는 KBS 〈슈퍼맨이 돌아왔다〉에 출연하는 개그맨 이휘재의 쌍둥이가 사용한 튜브링, 기저귀, 아이스캐슬, 이유식기, 카시트, 공갈젖꼭지 등 다양한 제품이 언급된다. 이 유아용품들은 상품명보다 '이휘재 쌍둥이 기저귀' '이휘재 쌍둥이 놀이방 매트'라는 이름으로 불린다. 유아용품뿐 아니라 촬영지인 베이비 수영 카페 역시 많은 관심을 끌었다.

이들 보도가 간과하는 지점이 바로 여기에 있다. 과학이 발달할수록 아기의 성장 발달에 따라 유아용품이 세분화되며 시장이 확대되고 있다는 점이다. 감염과 상처를 예방하는 유두 보호기, 밤중 수유를 도와주는 수유등, 걸음마를 도와주는 러닝홈, 분리 불안을 감소시키는 잠자리 인형/애착 인형, 영양 파괴를 줄이는 이유식 조리기, 각종 병균들을 살균하는 젖병 소독기, 놀이를 통해 자연스레 치근막에 자극을 주어 구강 발달을 촉진하는 치아발육기, 스스로 코를 풀지 못하는 아기를 위한 콧물흡입기, 칭찬 멜로디와 영어

칭찬으로 배변 훈련을 도와주는 멜로디 유아변기, 숙면을 도와주는 기적의 속싸개까지, 아이 성장 발달을 도모하는 새로운 유아용품들이 쏟아지고 있다.

과학이 발달할수록, 기존 유아용품들도 아이 성장 속도와 시기에 따라 세분화된다. 일례로 공갈젖꼭지, 젖병, 모빌은 아이 월령에 맞춰 사용해야 한다. 예를 하나만 들어보자. 전문가들은 모빌은 아이의 시력과 움직임 발달에 맞춰 사용해야 효과를 볼 수 있다고 주장한다. 생후 2개월이 지나야 망막에 상이 제대로 맺히므로, 생후 1~2개월에는 단순한 무늬의 평면 흑백 모빌이 권장된다. 생후 3~4개월에는 사물의 형태를 구분하므로, 다양한 색상의 모빌로 바꿔야 한다. 모빌을 어디에 설치할지 역시 아이의 움직임 발달을 고려해야 한다. 생후 1~2개월 아기는 가만히 누워 있기 때문에, 주의를 끌 수 있게 아이 시야 가까이 모빌을 달아주어야 한다. 생후 3~4개월 아이는 손과 팔을 활발히 움직이기 때문에, 바닥에서 50센티미터 되는 높이에 모빌을 달아야 한다. 생후 5~7개월 아기는 앉을 수 있기 때문에, 모빌은 시선의 45도 각도로 달아야 하며 화려한 색깔과 다양한 형태의 모빌을 권장한다. 다양한 색깔과 형태를 경험해야 아이의 시각 발달을 자극할 수 있다고 이야기한다. '모빌 하나 살까'에서 시작해 어떻게 효과적으로 사용하는가에 이르기까지 모두 과학의 언어로 설명된다. 유아용품 시장이 이렇게 성장할 수 있었던 것은 고가의 유아용품 때문만은 아니었다. 과학의 발달로 다양한 제품들이 출시되고, 기존 제품들도 월령별로 세분화되었기 때문이기도 하다.

이들 상품은 아이의 발달에 따라 설계되었고, 아이의 정상적 발달을 도와준다고 홍보한다. 광고는 '과학의 언어'로 상품의 필요성을 설파하고, '과학의 권위'로 제품을 판매한다. 먹고 자고 싸는 행위뿐 아니라 운동 발달부터 정서 발달까지 돕는 유아용품은 정상적 발달을 위한 필수 아이템이 되었다. 여성들은 광고로 최신의 육아과학 정보를 얻고, 더 많은 시간과 돈을 아이 성장에 투자해야 한다. 육아과학이 상품화되자 이전까지 계몽 대상이었던 엄마들은 소비자로 호명되었다.

불안감을 조장하는 광고에 흔들리지 않기

:

엄마를 육아과학의 외피를 쓴 소비 세계로 이끄는 길은 여러 가지이다. 우선 임신출산육아 박람회, 베이비 페어는 초보 부모에게 임신과 육아 정보를 제공하며 다양한 상품을 홍보한다. 15일 무료 체험 이벤트, 사은품은 소비자를 상품 구매로 이끈다. 엄마들을 소비적 모성으로 초대하는 두 번째 길은 육아 서적과 잡지이다. 육아 서적은 가끔 유아상품의 카탈로그 기능을 한다. 이유식을 예로 들어보자. 육아 서적은 돌 전 이유식의 시작 시기, 월령별 이유식 재료, 알레르기 유발 식품, 조리 시간 줄이는 재료 손질법, 스피드 조리 노하우, 아플 때 먹는 치료 이유식 등을 소개한다. 아이 발달에 맞춰 적절한 영양을 제공하고, 아이가 맛있게 먹을 수 있는 이유식을 만드는 건 쉬운 일은 아니다. 아기 엄마가 할 일이 먹이기만 있는 게 아니기 때문이다. 육아 서적은 엄마표 이유식이 가장 좋지만 맞벌이를 하거나 따로 이유식을 만들어 먹일 시간이 없다면 시판 이유식을 이용하라고 권한다. 이유식은 단순한 음식이 아니라, 아기의 숟가락 사용 훈련, 차근차근 단계를 밟아 단단한 음식을 먹는 과정이기 때문이다. 육아 서적은 반고형 이유식, 냉동 건조 이유식, 맞춤형 주문 이유식의 다양한 상품을 소개한다. 어느 이유식이 외국 유기농 인증기관 승인을 받았는지, 이유식 전문 영양사가 만들고 소아과 의사가 감수하는지 상세한 상품 정보를 싣는다. 임신 출산육아 박람회, 육아 서적뿐 아니라 인터넷 육아 카페와 블로그 역시 유아상품 정보로 가득하다. 여성들이 온라인 공간에서 육아 정보, 상품을 나누자 기업들은 이 공간을 상품 홍보의 장으로 활용했다. 많은 기업들은 신제품 체험단, 바이럴 마케터로 주부들을 고용한다. 기업에 고용된 주부들은 엄마들 눈높이에 맞춘 언어와 경험으로 제품 홍보 글을 올린다.

육아 관련 학문의 발달로 지식은 복잡해졌고, 상품화로 엄마가 구매해야 할 상품은 점차 늘어났다. 육아 서적을 접할수록, 인터넷을 할수록 희진 씨와 같은 엄마는 힘들어졌다. 아기가 울 때마다 아이 하나 제대로 못 보는 무능한 엄마가 된 것 같았다. 아기 돌봄은 그녀가 30년간 한 번도 생각해보지도 겪어보지도 않은 일이니, 어쩌면 당연한 어려움이었다. 그녀는 불현듯 인터넷 정보들 이면에 이야기되지 않는 무언가가 있다고 느꼈다.

어떤 산후조리를 하며 어떤 병원을 다니며 어떤 요가센터를 다니며 어떤 임부복을 입으며 어떤 출산용품을 준비했느냐 이런 것에 관심이 있지. 하지만 내가 느끼는 불안에 대해서는 얘기를 하지 않는다는 거지. 아기는 처음이고, 처음 낳는 거고, 아이에 대해 모르고, 정보는 계속 흐르고. 협박성 글들이 되게 많잖아. 그게 좀 무서운 것 같아. 출산해보지 않아서 '사고가 나면 어떡하지?' '애가 뭔가 기형이 있으면 어떡하지?' 이런 것에 대한 두려움이 엄청 큰 것 같아. 큰애 세 살까지는 거기에 시달렸어. 절대 그 기준에 못 따라가기 때문에 많이 시달렸지. 어…… 근데 뭐랄까. 나도 지금 생각해보면 '왜 그럴까?' 이런 생각이 드는데, 그때 엄마들이 갑자기 고립이 되면서, 특히 인터넷 카페 같은 거를 정보 소통의 과정으로 많이 보게 돼. 인터넷에서 그렇게 이야기하니까 일단은. 나도 거기에 같이 동조되고. 불안감이 있으니까. '내가 하고 있는 게 평균은 되나?' 아이와의 관계나 내가 하고 있는 게 잘하는 건지 못하는 건지 평균은 하고 있는 건지 이런 거를 알 수가 없어서 답답할 때가 되게 많거든. '평균은 되나?' 이런 것에 대한 궁금함이나 안도감. 평균 안에 들면 '아, 내가 잘하고 있구나' 이런 거를 체크하는 체크리스트가 되는 거지. 이상하게 인터넷 카페 같은 걸 보면서 불안감이 더 많이 생겼어. 내가 몰랐던 많은 기준들을 나에게 들이대니까 그에 도달하지 않는 내 상태에 대한 불안감. 노력해도 잘되지 않는 거에 대한 좌절감. 끊임없이 고립된 상태에서 보게 되는 거지. 그거를 주변에 누가 점검해줄 사람도 없잖아. 엄마 혼자서 겪는 거지. 지금은 '그 기준은 어디에서 나오는 걸까?' 이런 거를 충분히 생각해볼 수 있는데 그때는 생각을 못하지.

—— 박희진

희진 씨는 정보를 접하면서, 그녀가 도달해야 하는 '평균'에 집착했다. 영유아기는 '결정적으로 중요한' 시기이며, 이 시기가 지나면 늦는다는 협박은 엄마들에게 불안을 제조한다. 정보는 더 이상 정보가 아니었다. 그녀에겐 오로지 협박성 지식들이었다. 아이를 너무 울게 하면 우울증, 불안장애, 공포 발작, 스트레스 관련 질병에 걸릴 수 있고. 알레르기 유발 식품을 처음 먹일 때 조심하지 않으면 평생 알레르기에 시달릴 수 있고, TV를 너무 큰 소리로 틀어놓으면 소음성 난청에 빠질 수 있다는 지식들. 아이 발달에 맞는 적절한 돌봄을 제공하지 않으면 치러야 하는 대가들이 너무 클 것이라는 불안감. 엄마들의 이 불안은 상품 구매로 이어진다. 아기가 잘못될 수 있는 수많은 가능성은 엄마 노동을 더 힘겹게 만든다.

육아과학은 아이를 돌보고 기르는 것을 하나의 프로젝트로 변화시켰다. 신체적, 정서적, 지적 발달을 도모하여 완벽한 아이를 만드는 프로젝트이다. 몸의 다양함에 너그럽지 않은 사회, '몸도 스펙'이라 공공연히 이야기하는 한국 사회는 여성들이 이 프로젝트를 완수해야 할 절박한 이유가 된다. 한 엄마에게 맡겨진 의무와 책임은 육아과학의 발달로 더 다양해지고 세분화되고 있다. 육아과학은 엄마 개인들에게 아이의 상태를 이해하고 과학의 언어로 설명하는 능력을 가져다주었다. 여성들은 과학적 육아의 수용자

이자 실천자이자 전파자가 되기도 했지만, 과학적 모성은 엄마의 돌봄 매뉴얼을 쏟아내며 돌봄 노동을 증대시켰으며 좋은 엄마라는 이상 역시 변화시켰다. 방대한 육아 지식은 아이를 존재 그 자체라기보다 불완전한 개체이자 엄마의 노력에 따라 개선될 수 있는 존재로 만들었다. 유아용품 광고는 현명한 엄마라면 발달 단계에 맞춰 적절한 상품을 아이에게 선물해야 한다고 설득한다. 노동집약적이며 소비적인 과학적 모성은 육아산업의 성장으로 강화되고 있다.

가장 큰 손실은, 여성들이 아이를 존재 그 자체로 바라보지 못하고 개선해야 할 불완전한 존재, 엄마가 노력하면 바뀔 수 있는 존재로 바라보게 만들어, 아이와의 관계에서 오는 즐거움을 경험하지 못하게 한다는 점이다. 메이저리그 투수라도 어깨에 힘이 들어가면 좋은 공을 던질 수 없다. 과학의 언어로 어머니의 불안과 자책감을 조장하는 시장의 유혹에서 한발 물러서서 생각해보자. 내 아이가 평균은 될까, 너무 늦되지 않을까 하는 걱정이 사라지면 아이의 미소를 볼 수 있으리라.

4
장

도시에서 아이키우기

모성을 틀 짓는 공간의 문제

김보성

아이를 데리고 갈 데가 없다

:

아이를 데리고 갈 데가 없어서 고민해본 적이 있는가. 단조로운 일상에 예민해진 아이를 보고 있노라면, 체력이 남아돌아 늦도록 잠잘 생각을 않는 아이를 보고 있노라면, 어디든 데려가 잘 놀게 해주고 싶어진다. 그런 아이의 예민함과 지칠 줄 모르고 솟아나는 힘을 맨몸으로 감당하고 있노라면 언성만 자꾸 높아질 뿐, 엄마도 지쳐 떨어지기 십상이다. 그래, 나가자. 짐을 꾸려본다. 기저귀랑 물티슈, 마실 물과 간단한 먹거리, 혹시 모르니까 여벌옷까지. 짐만 해도 한 꾸러미인데, 막상 신발을 신고 나서보면 갈 데가 없다. 도시에 사는 엄마라면 한 번쯤 해봤을 법한 고민이다.

내가 고등학생 무렵 인상 깊게 본 장면이 지금까지도 머릿속에 남아 있다. 내가 살던 동네엔 공원이 하나 있었다. 집에서 걸어가면 도착하는 데 15분쯤 걸렸다. 푸른 잔디와 나무, 등나무와 벤치가 어우러진, 나름대로 잘 가꿔진 공원이었다. 봄이나 가을엔 하굣길에 친구들과 함께 그곳에 가서 남은 수다를 떨며 봉지 과자도 까먹곤 했다. 어느 날엔가 산책을 나온 젊은 엄마와 어린 아기를 보았다. 엄마는 채 기지도 못하는 어린 아기를 소중하게 들어 안아

잔디를 밟게 하고 이야기를 했다. "○○야, 이건 네가 태어나서 처음으로 밟아보는 잔디야. 이건 풀, 이건 흙, 이건 돌…… 저기 나비가 날아가네!" 한마디도 알아듣지 못할 것이 뻔한 어린 아기에게 말을 건네며 풀 잎사귀 따위를 손에 쥐어주는 젊은 엄마를 보며 묘한 기분에 사로잡혔다. 지금 생각하면, '모성애' 비슷한 것을 머릿속에 떠올렸던 것 같다.

아이를 낳고 첫 외출을 하기로 결심한 날, 십수 년 전에 봤던 그 장면이 떠올랐다. 스산하게 추운 3월이었다. 내내 집에만 있던 와중에 아이와 뭔가 특별한 걸 함께해보고 싶었던 것 같다. 꽁꽁 싸맨 아이를 안고 설레는 마음으로 집을 나섰지만, 막상 나오니 갈 데가 없었다. 나가자마자 마주친 건 아파트 단지 안을 달리는 자동차들이었다. 쫓기듯 단지를 빠져나와 골목길 안으로 들어섰지만, 보이는 건 역시 시야를 막아서는 건물들과 그 틈바구니마다 빼곡히 주차되어 있는 자동차들이었다. 짧은 골목 끝 대로에는 버스들과 자가용들이 쌩쌩 달렸다. 도시의 소음이 이렇게 크고 괴물 같은지 처음 알았다. 매연에 숨이 막히고, 자동차 경적 소리와 엔진 소리에 정신이 없고, 어디로 고개를 돌려도 눈에 보이는 건 벽과 시멘트 바닥과 자동차뿐이었다. 바닥을 뒤덮고 있는 콘크리트와 시멘트가 새삼 차고 이질적으로 느껴졌다. 아이를 가슴팍 깊이 안고 서둘러 집으로 되돌아왔다. 아이와의 첫 외출은 그렇게 김빠지게 끝나버렸다.

아이에게 보여줄 게 이토록 없다니! 초록 잎사귀로 뒤덮인 나무들과 지저귀는 새소리가 있는, 느긋이 아이를 안고 흙길을 거닐다

보면 구부러진 길 저편에 반가운 이웃의 얼굴이 보이고 벤치에 마주앉아 수다를 떨다 일어날 수 있는, 내가 살고 있는 도시란 그런 공간이 아니었던 거다. 그런 마을과 그런 이웃은 상상 속에나 있는 거였다.

아이를 낳고 아이의 시선으로 주변을 둘러보며, 내가 살고 있는 도시라는 공간에 대해 다시 생각하게 되었다. 밤새 비가 오고 난 다음날이 되어도 지렁이 한 마리를 찾아보기 힘든 아스팔트 바닥에 대해, 보행이 힘들 만큼 뒤엉켜 지나다니는 자동차들에 대해, 눈살을 찌푸리게 하고 호흡을 힘들게 하는 소음과 매연에 대해, 아침이면 헐레벌떡 뛰어나가고 밤이면 지쳐 돌아오느라 늘 지나다니면서도 뒤돌아보지 않았던 이곳에 대해. 아장아장 걸을 때쯤 아이는 어디서 무얼 하고 놀까? 놀이터 몇 개로 아이들 놀이 공간이 충분할까? 술래잡기를 하거나 자전거를 타기에는 길이 위험하지 않을까? 아파트 숲의 네모난 칸마다 틀어박혀 나 홀로 육아에 지쳐버린 엄마 아빠들은 왜 서로 만나지 못하는 것일까?

실제로 문제는 아이가 자라면서 더욱 커졌다. 돌을 전후로 운동량이 부쩍 늘기 시작한 아이는 신나게 놀며 에너지를 발산하고 싶어했다. 그렇지만 아이를 안전하게 놀게 할 수 있는 공간은 없었다. 좀 더 큰 아이들이 점령한 아파트 놀이터는 영유아기의 아이가 놀기에 적합하지 않았다. 게다가 궂은 날씨엔 나갈 수도 없었다. 결혼 후 이사 와서 몇 년째 같은 아파트에 살고 있으면서도 함께 아이를 키우며 왕래를 할 이웃을 만들지 못한 것이 아쉬웠다.

가끔 아이를 데리고 단지 밖을 벗어나면 갈 데라고는 백화점 같은 대형 쇼핑몰들밖에 없었다. 그나마 수유실이나 휴게실이라도 갖춰져 있어 물이라도 먹이고 기저귀라도 갈아주면서 아이를 잠시 쉬게 할 수 있기 때문이다. 대여한 유모차에 아이를 태우고 쇼핑몰 지하에서부터 꼭대기 층까지 빙글빙글 돌다 돌아오는 날이 이어졌다.

아이를 데리고 갈 수 있는 데가 이렇게 없다니! 그러나 이런 고민은 나 혼자만의 고민이 아니었다. '아이를 데리고 갈 수 있는 데라곤 마트나 백화점이 전부'라거나 '밖에서 뛰어놀지 못해 집 안에서 별나게 뛰어다니는 아이 때문에 힘이 든다'는 호소가 귀에 익숙하다. 아파트에는 그나마 놀이터라도 있으니 다행이다. 주택이나 빌라, 오피스텔이 밀집해 있는 지역의 부모들은 떼를 쓰는 아이 손을 붙잡고 인근 아파트로 '놀이터 원정'을 가기도 한다. 공공 놀이터나 어린이 공원이 있더라도 시설이 파손되거나 노후화되어 아이들을 마음 놓고 놀게 할 수 없다는 불만도 많다. 분위기 있는 식당에서의 한 끼, 영화관, 공연장, 전시회장 방문은 언감생심 꿈도 꿀 수 없다. 아이와 함께 갈 수 있는 곳도 잘 없거니와, 함께 간다고 하더라도 주변 눈치를 보고 극성떠는 아이의 뒤꽁무니만 쫓아다니며 말리다 오기 십상이기 때문이다.

모성을 틀 짓는 도시라는 공간
:

이런 숨 막히고 답답한 도시라는 공간은 엄마 노릇마저 규정한다.

"이건 풀, 이건 흙, 이건 돌…… 저기 나비가 날아가네!"라고 한가롭게 아이와 노닥거리고 있을 만한 장소는 도시 안에 흔치 않다.

집을 나서면 아이 손을 단단히 챙겨 잡아야 하고, 앞뒤 양옆에 신경을 곤두세워야 한다. 자동차나 오토바이가 언제 쌩하고 옆을 스쳐갈지 모를 일이다. 층간소음을 둘러싼 갈등이 이웃 간 폭력과 살인으로까지 번졌다는 기사가 왕왕 보도되는 요즈음, 아이들의 걸음걸이는 너무나 당연히 단속 대상이 된다. 뛰지 말고, 발소리를 쿵쿵 내면서 걷지도 말고, 피아노 치지 말고, 장난감 자동차도 매트나 이불 위에서만 가지고 놀고…… 아이가 말을 듣지 않을 땐 언성을 높이고, 등짝이나 볼기를 한 대씩 때리기도 한다. "아랫집 아저씨가 지금 너 혼내러 올라온다!" 협박도 서슴지 않는다.

> 제일 답답한 건 자동차. 도시 살아서 제일 불편한 거는 차가 많다는 거, 너무 위험하다는 거. 그래서 길을 다니면 아이들과 자유롭게 이야기를 하기보단…… 내가 감시자야. 일단은 감시 및 보호자야. 애가 위험한 짓을 하지 않나. 차가 위험하게 애한테 오지 않나. 이걸 보느라 내 입에서 나오는 이야기는…… 애들 이야기를 들을 수가 없어. 나는 신경을 곤두세우고 안전을 중요시해야 하니까. "뛰지 마! 이리 와! 엄마 손 잡아! 그렇게 가면 안 된다고 했지!" 이러고 다녀야 하니까. 그게 너무 짜증이 나는 거야. 특히 둘째는 뛰고 싶은데 뛸 수가 없어. 비정상적인 거리다, 이거는. 살 수가 없다.
>
> 그리고 도시는 외롭잖아. 애들을 같이 키우려면 오픈되어 있

어야 하는데. 아파트에 살면 내가 사람들 별로 만나고 싶지 않다고 문을 닫으면 평생 아무도 만나지 않고 살 수 있는 데가 도시인 거지. 그런 것도 아이들 키울 때는 좋지 않은 거 같고. 특히 우리는 아파트 꼭대기 층이라 애들 뛰면 막 난리가 나서. 그게 너무…… 그래서 둘째가 맨날 그러잖아. "엄마, 우리 시골 가서 살면 안 돼?"라고. 둘째 걔는 항상 뛰는 앤데. 못 뛰게 하고 맘껏 못 놀게 하니까, 항상. 애가 행복한가 아닌가를 보는 게 아니라, 애가 뛰나 안 뛰나 그것만 항상 보니까. "뛰지 마라. 아랫집에서 올라온다." 이런 이야기만 하니까. 밖에 있을 때는 앞으로 뛰지 말고, 집에 있을 때는 위아래로 뛰지 말고.(웃음) 내가 그런 이야기나 하는 사람이 되는 거지. 엄마가 얼마나 짜증나겠어.

——— 박희진

도시의 삶 속에서 엄마는 박희진 씨의 말대로 어느새 '감시자'이자 '잔소리쟁이'가 되는 것이다. 아이가 건강하게 잘 노는지 그렇지 않은지, 행복한지 그렇지 않은지는 오히려 부차적인 관심 대상이 된다. 집 안에도 집 밖에도 자유롭게 떠들며 뛰어놀 만한 공간은 없다. 조밀하게 들어차 있는 공동주택의 거주민으로서 분란을 일으키지 않고 살아가기 위해서는 '아랫집 아저씨'마저 무서운 존재로 아이에게 각인시켜야 한다. 아이에게 이웃은 이제 가장 가까이 사는 친근한 존재가 아니라, 눈치 보고 조심하고 피해야 하는 존재이다.

그래서 엄마들은 쇼핑몰로, 백화점 문화센터로, 키즈카페로 향한다. 시끄럽고 귀찮고, 때로는 지저분하고 걸리적거리는 '조그만 짐' 덩어리를 밀고 끌고 안은 엄마들을 받아주는 데가 거기뿐이다. 아니 받아줄 뿐만 아니라 두 손 들어 환영한다. 쇼핑몰에 들어선 순간, 문화센터와 키즈카페에 들어선 순간, 시끄러운 아이와 지친 엄마는 '소비자'로 거듭나기 때문이다. 이렇게 현대 도시의 공간 배치는 갈 곳 없는 아이와 엄마를 소비의 세계로 이끌기 시작한다.

돈으로 산 놀이 공간 '키즈카페'

:

아이와 엄마가 갈 데가 없어지면서 뜨기 시작한 것이 상품화된 놀이터들이다. 백화점 문화센터에 영유아를 대상으로 한 문화강좌가 운영되기 시작한 것은 이미 오래전 일이다. 문화센터는 개월 수별로 세분화된 프로그램을 제시하며 아이들과 엄마들을 불러들인다. 백화점을 포함한 많은 대형 유통업체들이 수유실과 휴게실을 넘어 놀이방 시설을 본격적으로 운영하기도 한다. 시설 안에는 직원이 상주할 뿐만 아니라 인형이나 블록 등 아이들이 가지고 놀 수 있는 다양한 장난감들이 갖춰져 있다. 옥상을 아이들을 위한 야외 공원으로 꾸미기도 하고, 아예 유아동 실내 놀이터나 유사 시설이 입점하기도 한다. 아이들이 좋아하는 캐릭터 테마파크를 유치해 쇼핑몰의 명소로 키우기도 한다. 장난감은 물론이요, 미끄럼틀과 터널, 텀블링 시설, 볼풀ball pool, 경우에 따라서는 범퍼카와 기차,

좋아하는 캐릭터와 영상물 상영관, 온갖 게임기와 다양한 먹거리가 가득한 점포들…… 이제는 아이들이 먼저 쇼핑을 가자고 졸라댈 정도이다.

고급 레스토랑과 호텔도 뒤늦게 이 경쟁 대열에 뛰어들었다. 이들은 어린이 놀이방을 운영하기도 하지만 더욱 차별화된 고급 서비스를 제공하여 '골드 키즈'와 그 가족들을 유인한다. 레스토랑 내에 놀이방을 운영하거나 생일파티 서비스를 제공하는 것은 기본이다. 부모가 식사를 하는 동안 아이들에게 피자를 직접 만들어 보게 하고 다 만든 피자는 구워서 선물해주는 레스토랑까지 등장했다. 호텔들 역시 VIB나 VIK(Very Important Babies/Kids)를 겨냥한 프로그램들을 출시한다. 어린이용 'GX룸'을 선보이고 '키즈 올림픽'을 진행하는 등 차별화된 유아, 아동 프로그램을 제시하면서 고객을 유혹하는 것이다.

특히 2000년대 이후 급부상하고 있는 놀이 공간 상품은 '키즈카페'이다. 실내 놀이터와 카페테리아가 통합된 키즈카페가 갈 데 없는 아이들과 엄마들을 끌어들이며 인기를 끌고 있다. 주요 지역마다 테마파크가 들어섰고, 대형 유통업체들도 경쟁적으로 프랜차이즈 키즈카페를 유치했다. 동네라고 사정이 다르지 않다. 어지간한 규모의 골목길이나 상가건물에도 키즈파크가 촘촘히 들어찼다.

키즈카페는 1990년대부터 보급되기 시작한 실내 놀이터에서 기원했다고 볼 수 있다. 그러나 실내 놀이터가 아이들만을 위한 공간이라면, 키즈카페는 영유아기의 아이들과 그 부모가 주 고객층이다.[1] 키즈카페는 선풍적인 인기몰이를 했는데, 이는 도시 속에서 아이와 부모가 함께 시간을 보낼 수 있는 공간에 대한 필요와 바람이 얼마나 많이 잠재되어 있었는지 보여준다.

키즈카페가 큰 인기를 끌면서 그 종류도 다양해졌다. 영유아의 놀이와 부모의 휴식이 결합된 기본형 키즈카페 외에, 직원들과 선생님들이 영어를 사용하며 아이들과 놀아주거나 과학 실험을 주요 테마로 하는 학습형 키즈카페, 밀림 여행이나 야외 캠핑, 자동차 운전이나 다양한 직업들을 경험하게 해주는 체험형 키즈카페도 만들어졌다. 아이들이 좋아하는 캐릭터들을 앞세운 캐릭터 키즈카페도 인기가 좋다. 이 밖에도 요리, 꽃꽂이, 미술, 연극, 모래놀이 등 다양한 활동을 할 수 있는 키즈카페도 생겨났다.

아이가 심심해할 때, 아이를 놀게 해주면서 부모도 쉬고 싶을 때, 아이와 잘 놀아주고 싶을 때, 가족이 함께 시간을 보내고 싶을 때 이제 많은 엄마 아빠들은 키즈카페나 쇼핑몰로 향한다. 도시에 이를 대체할 만한 공간이 별로 많지 않기 때문에 아이와 부모가 함께 즐거운 한때를 보내기 위해서는 놀기 위한 공간부터 '구입'해야 하는 것이다. 이것이 외식이나 쇼핑 등 부대 소비로 이어지는 것은 당연한 일이다.

그렇기에 키즈카페로 향하는 부모들의 마음은 편안하지만은 않다. 안전성이나 위생에 대한 걱정도 걱정이지만, 몇 시간 놀이에 지불해야 하는 비용이 만만치 않기 때문이다. 아이를 뛰어놀게 할 공간이 없어 돈을 내고 놀이 공간을 사야 한다는 현실도 못마땅하기는 마찬가지다. "집에서 답답해하는 아이 스트레스도 풀어주고 부모도 좀 쉴 수 있는 실내 놀이 공간을 자주 찾으면서도, 우리가 어릴 적엔 아무 데서나 했던 모래놀이조차 따로 찾아가서 돈 내야 할 수 있는 요즘 상황이 씁쓸하다"[2]는 한 엄마의 말은 부모들의 마음을 대변한다.

키즈카페의 주 방문 목적이 "아이와 함께 시간을 보내기 위해"(1순위, 35.0%)와 "놀이시설을 이용하기 위해"(2순위, 25.0%)라는 설문조사 결과 역시 이러한 현실을 반영한다.[3] 이 조사에서 연구자는 키즈카페의 유형을 놀이 강화형, 레스토랑 강화형, 교육 강화형, 복합문화 강화형으로 구분했는데, 유형을 막론하고 앞서 말한 두 가지 답이 키즈카페의 주된 방문 목적으로 나타났다. "교육 프로그램을 위해"(5순위, 6.7%)나 "아이의 파티 등 행사를 위해"(6순위, 1.7%)라는 방문 목적 비율은 낮게 나타났다. 즉, 대부분의 부모들이 '아이와 함께 시간을 보내고, 아이를 즐겁게 놀게 해주기 위해' 키즈카페를 찾는다는 것이다. 이 말은 거꾸로 키즈카페 외에는 그럴 만한 공간이 마땅치 않다는 뜻이기도 하다.

한 전문가의 지적대로 키즈카페는 "엄마들 육아 스트레스가 높고 아이들이 마음껏 뛰어놀 곳이 부족한 우리나라에서 생겨난 독특한 시장"[4]으로, 도시라는 공간 속에서 틀 지워지고 있는 한국 모성의 특성 가운데 한 면을 나타낸다. 아이들이 마음껏 뛰어놀 곳 없는 한국의 도시에서 좋은 어머니가 되기 위해서는 안전하고 즐거운 놀이 공간부터 구입해야 하는 것이다. 얼마 만에 한 번쯤은 제풀에 지칠 때까지 원하는 만큼 뛰고 뒹굴고 소리치며 놀 수 있게 해주어야 한다. 단, 그러기 위해선 돈이 필요하지만 말이다. 이렇게 현대 한국의 도시에선 놀이가 소비가 된다. 이렇게 현대 한국의 소비적 모성을 주조하는 또 하나의 축이 만들어진다.

자투리땅조차 없는 거대한 아파트촌

:

대체 언제부터 우리 도시가 아이들이 뛰어놀 수 없는 공간이 되었을까? 언제부터 아이들을 키우기 힘든 공간이 되었을까? 우리나라 인구의 90퍼센트 이상이 도시에 거주하고 있다는데, 그 사람들이 모두 이렇게 아이를 낳고 기르기 힘들게 살고 있다면 뭔가 문제가 있는 것이 아니겠는가.

물론 처음부터 이렇지는 않았던 것 같다. "어릴 적엔 아무 데서나 했던 모래놀이"의 추억은 우리에게도 있다. 나만 해도 동네 골목길에서 해질녘까지 언니 오빠들, 동생들과 무리지어 뛰어다니며 놀던 기억이 있다. 숨바꼭질, 공놀이, 줄넘기, 고무줄놀이에 지치면, 양지바른 곳에 옹기종기 모여 앉아 소꿉장난도 하고 공기놀이도 했다. 눈이라도 오면 좋아라 하며 뛰어나가 눈싸움도 하고 눈사람도 만들었다. 비탈신 골목길에선 종이상자로 눈썰매도 만들어 탔다. 시멘트 바닥이었지만, 아이들은 땀을 뻘뻘 흘리면서 신나게 뛰어놀았다.

그런 동네 골목들이 점점 사라지기 시작한 것은 1970년대에 들어 아파트 건설과 주택 개발 붐이 불면서부터였다. 이때부터 서울을 비롯한 대도시들에 정부와 건설자본의 합작품인 대규모 아파트 단지들이 들어서고, 소위 '집장사'들에 의해 주택 개발이 이루어지기 시작했다. 모든 빈 곳들과 옛 장소들은 개발의 대상, 이윤 축적의 대상이 되었다.[5] 이러한 아파트와 주택 건설 열풍은 1980년대까지 이어졌으며, 이는 도시 경관을 송두리째 바꾸어놓았다.

서울의 경우, 1970년대에 반포나 잠실 아파트 단지와 같은 초대형 아파트 단지들이 완공되었으며, 한강변을 따라 고층 아파트 단지들이 기하학적 모양을 이루며 흡사 '군대 막사'나 '군사 기지'같이 조밀하게 들어서기 시작했다. 빽빽하게 들어선 건물들로 인해 서울의 스카이라인은 예전보다 훨씬 높아졌으며, 보행자들은 단지와 단지 사이에 가로놓여 있는 넓은 자동차 도로를 건너기 위해 장애물 경주를 하듯 육교와 지하도를 오르내려야 했다. 1980년대에는 목동과 상계동, 서초, 강남, 송파, 강동구에 대규모 아파트와 주택단지가 건설됐다. 그 외에도 곳곳에 1,000세대 이하로 소규모 아파트와 주택단지 개발이 이루어지면서, 이전의 나지막한 집들과 공터, 구불구불한 골목들로 이루어진 옛 도시 경관은 점차 사라지게 되었다.[6]

이러한 도시 개발은 정부의 정책 지원과 주도하에 이루어졌다. 한국 정부는 불도저식으로 산업화를 밀어붙이며, 아파트 위주의 주택 공급 정책을 선택했다. 그것은 산업화로 인한 도시 주택 부족 문제를 해결하기 위해 주택 공급을 단기간에 늘리려고 한 선택이기도 했고, 동시에 산업역군이 되어야 할 노동계급을 포섭하고 그들을 중산층으로 육성하기 위한 전략의 일환이기도 했다.[7]

또한 중산층은 아파트를 도시 핵가족의 삶에 편리한 주거 형태로 인식하는 동시에, 높은 투자가치를 가진 재산 증식 수단으로 여기기 시작했다. 이를 바탕으로 한 전 인구의 아파트 선호 역시 아파트 건설 열풍이 유지되는 데 큰 역할을 했다.

중요한 것은, 이러한 다양한 요인들이 얽힌 가운데 아파트 수가 기하급수적으로 늘어나게 되었다는 점이다. 1970년대 전체 주택 수의 1.9퍼센트에 지나지 않던 아파트 비율은 1980년대를 경과하며 급격히 증가하여 2000년대 들어 전체 주택 수의 47.7퍼센트를 차지하게 되었다. 2010년 기준 아파트 비율은 전체 주택의 59퍼센트에 달했다. 아파트 거주 가구 수 역시 엄청난 속도로 불어났다. 1980년에는 전체 가구의 4.9퍼센트만이 아파트에 거주했으나, 2010년 기준 전체 가구의 47.1퍼센트가 아파트에 거주하고 있는 것으로 확인됐다.[8]

이러한 과정을 거치며 한국은 전체 인구의 90퍼센트가량이 도시에 살고, 전체 가구의 50퍼센트가량이 아파트에 사는 나라가 되었다. 급격한 개발 열풍 속에 도시 공간은 효율성과 이윤 추구의 논리로만 재단되었다. 빈 공간은 허용되지 않았으며, 자투리땅조차 놀리지 않았다.

그러나 원래 모든 도시가 이러리라는 법은 없다. 한 도시 연구자의 말을 빌리자면, 도시란 "선도 아니고 악도 아니다". 그것은 "사람이 만들고 관리하기 나름"이기 때문이다. 실제로 유럽에서는 근대화와 더불어 도시가 발달하면서 '산보'가 대표적인 도시문화의 하나로 자리 잡기도 했다.[9]

그러나 아파트 숲과 자동차가 붐비는 위험한 대로에서는 그러한 걷기 문화조차 생겨날 수 없다. 효율성과 이윤 추구 논리가 지배하는 도시에서는 이웃끼리 지역 현안에 대한 의견을 주고받을 자리도 아깝다. 주민들이 마음을 쉬게 하고, 공공의 문제에 대해 의견을 교환하고, 아이들이 마음껏 뛰어놀아야 할 '빈 공간들'은 이윤의 논리에 자리를 빼앗긴다. 그리하여 다른 모든 공공 공간들과 더불어 아이들의 놀이 공간 역시 도시에서 점차 사라지게 된다. 아이와 엄마가 갈 데 없는 도시가 완성되는 것이다. 이것이 전례 없는 속도로 경제 성장을 이루어낸 대한민국 도시 공간의 단면이다.

도시에서 아이 키우기

:

도시의 아파트 숲 조그마한 한켠에서 아이를 키우며, 동네 사랑방과 공터가 그렇게 아쉬울 수가 없었다. 아이를 풀어놓고 눈치 보지 않으면서 머물 수 있는 편안하고 안전한 공간이 있다면! 아이와 함께 흙바닥에 쭈그리고 앉아 개미도 구경하고, 우거진 잡풀들 사이를 헤치고 들어가 네잎클로버도 찾아보면서 시간을 보낼 수 있는 공간이 있다면!

그렇다면 대한민국 엄마들의 엄마 노릇도 조금은 달라질 수 있을 것 같다. 뛰지 말라며 아이에게 목소리를 높이던, 아랫집에서 올라올 거라며 아이에게 눈을 치켜뜨던, 아이를 안고 업고 마트를 전전하며 짜증을 누르던, 다만 몇 시간만이라도 아이에게서 놓여나서 고단한 몸을 쉬고 싶거나 가족들이 함께 단란한 한때를 보내기 위해선 키즈카페로 향할 수밖에 없던, 그런 엄마 노릇에서 조금은 벗어날 수 있을 것 같다. "인간이 도시를 만들고, 도시는 인간을 만든다"는 말이 있듯, 현대 한국 엄마들의 모성성 역시 그녀들이 살고 있는 도시 공간의 영향을 받을 수밖에 없기 때문이다.

> (이사 온) 동네 되게 좋아요.(웃음) 전에 살던 동네는 너무 복잡하고 차도 많이 다니니까 항상 "뛰지 마! 조심해! 차 오잖아!" 이런 말이 내 입에 붙어 있었는데, 여기는 조금 아이들 위주로 마을 구성이 되어 있어서. 차가 쌩쌩 다니지 못하도록 턱이 엄청 많고, 자전거 많이 타고 다니고, 아이들이 자유롭게 돌아다니고, 놀이터 많고. 그러다보니까 내가 안심하고, 마음이 편해져요.
>
> —— 박희진

이는 비단 엄마들만의 문제가 아니다. 도시 아이들이 실내에 갇혀 생활하면서 활동량이 줄어들고 사교활동이 축소되며 자율권이 약화된다는 학자들의 지적에도 귀를 기울일 필요가 있다. 밖에서 뛰어놀지 못하고 집 안에 갇힌 아이들은 쉽게 TV와 게임에 빠져든다. 그리고 이를 통해 점점 더 미디어와 미디어가 매개하는 소비문화의 지배를 받게 된다.[10] 마치 아이를 데리고 갈 데 없는 엄마들이 아이의 손을 이끌고 쇼핑몰과 키즈카페를 찾으며 소비의 세계에 점점 더 깊숙하게 발을 들이게 되는 것처럼 말이다.

일터가 도시를 중심으로 배치되어 있는 현대사회에서 도시를 떠나기란 그리 쉬운 일이 아니다. 그러나 도시를 떠나기 힘들다면 우리가 살고 있는 도시를 좀 더 살기 좋은 곳으로 만들면 된다.

그리하여 좀 더 좋은 어머니가 되기 위해서, 좀 더 아이를 잘 키우기 위해서 우리가 해야 할 일들 가운데 하나는 우리가 살고 있는 이 도시 공간을 새롭게 기획하는 것이다. 주거 지역에 자동차 과속 방지턱을 확충하여 설치하거나 보행자 전용 도로를 마련하는 작은 일부터 시작하는 것도 좋다. 아이 키우기 좋은 동네를 만들기 위해 지역 주민들끼리 머리를 모아보는 것도 훌륭한 시도가 될 것이다.

현대에 들어 새롭게 제안되는 '도시권'이라는 개념을 기억하는 것이 도움이 될 것이다. 도시권이란, 도시에 거주하는 다양한 주민들이 일상생활에서 도시 공간의 '충분하고 완전한 사용'을 할 권리를 확보하는 '공간 사용권the right to appropriate'과 도시 거주민이 도시 공간 생산의 의사결정 과정에서 중심 역할을 맡는 '참여권the right to participation'을 의미한다. 효율성과 이윤 창출의 논리에 경도된 개발의 산물인 우리 도시에 대해 다시 생각해볼 필요가 있다. 이 공간에서 아이를 낳고 키우며 삶을 살아가야 할 우리가 이 도시를 어떻게 사용해야 할지 목소리를 낼 필요가 있다. 좀 더 나은 삶을 위한 도시 기획에 참여할 필요가 있다.

5
장

엄마가 깐깐할수록 아이는 건강해진다?

엄마 혼자 짊어진 '가족 건강'의 책임

김향수

방사능 괴담

:

2013년 여름, 방사능 괴담이 전국을 강타했다. 괴담은 우리 동네 놀이터에도 흘러들어왔다. 놀이터에서 만난 엄마들 안부 인사는 "요즘 생선 먹어?"다. 일본과 인접한 동해보다는 서해안 생선이 안전하지 않을까? 서해산이냐 동해산이냐? 생협이 나을까? 노르웨이산이나 칠레산 생선이 나을까? 뉴스에서 요즘은 일본산, 러시아산 생선이라면 안 팔려서 원산지를 속인다더라. 생선만 안 먹으면 되냐, 김치에 젓갈도 들어가는데. 다시국물은 뭐로 내야 하냐. 남편은 뭐라고 하냐…… 질문은 끊이지 않는다. 절대 생선은 먹이지 말라는 남편, 호들갑 떨지 말고 골고루 먹이라는 남편. 남편들 반응도 각양각색이다. 이야기는 돌고 돈다. 결론은 나지 않지만, 모두 불안하고 찝찝한 마음을 떨칠 수 없다.

후쿠시마산 방사능 괴담은 큰애 유치원도 급습했다.

연일 계속되는 일본 원전 오염수 유출로 각 가정의 우려가 크신 것으로 알고 있습니다. 우리 유치원은 급식 재료를 농협 하나로마트에서 구입합니다. 각 가정의 우려로, 당분간 급식 메

뉴에서 수산물은 제외하기로 했습니다.

가정통신문을 읽자 순간 안도감이 들었다. 얼마나 많은 엄마들이 유치원에 전화를 했으면 생선 급식이 중단될까? 나만 불안해한 것이 아니라는 안도감이었다. 이런 감정은 처음이 아니다. 2011년 후쿠시마 원전 사고 후 한반도에 첫 비가 올 때였다. 대한민국 기상청은 바람이 편서풍이라 이미 방사능 물질은 '지구 한 바퀴'를 돌았고 극히 미량이니 안전하다는 말만 되풀이했다. 반가운 봄비가 아니었다. 방사능 낙진과 함께 내리는 비라니 걱정부터 앞섰다. 내일 아이와 집에 있어야 하나? 출근은 어떻게 하지? 창문 사이로 들어오는 바람에 방사능 물질이 함께 섞여 오면 어떻게 하나? 불안과 고민은 끊이지 않았다. 다음날 아침 뉴스에 나온 한산한 거리, 취소된 야외 행사들, 경기도 교육청의 재량휴교 소식. 이 모든 뉴스를 보며 처음 느낀 감정은 안도감이었다. 나만 불안해하는 게 아니구나, 내가 예민한 게 아니구나, 유난스러운 엄마는 아니었구나 하는 안도감, 바로 그것이었다. 며칠 뒤 한 신문에 방사능비 공포로 학교가 휴교되었다며 무지를 탓하는 기사가 실렸다.

도쿄전력 사장이 원전 오염수를 바다에 버린다고 인정한 2013년 여름, 방사능 괴담은 다시 한반도를 뒤덮었다. TV 예능 프로의 실시간 문자 투표 결과, 방사능 걱정에 요즘 생선을 '줄였거나 안 먹는다'는 답변이 68퍼센트에 달했다.[1] 정부는 후쿠시마 주변 수산물 수입을 금지하고 대한민국 바다의 방사능 수치를 검사하고 있으니 안심하고 생선을 먹으라고 말한다. 하지만 국민들 불안감은 여전하다. 여성 포털사이트와 커뮤니티에는 화장품 브랜드 제품별 원료의 원산지 분석 글이 올라오고, 분유와 영유아 식품 회사에 전화로 원산지를 문의한 후기가 공유된다.

모두 불안해하지만, 누군가 이 불안함을 말하면 비난 대상이 된다. 2011년 봄 한 포털사이트에서 방사능비로 인한 결석 찬반 논란이 일었다. 이 논란은 경상남도에 사는 초등학생 엄마 글에서 시작되었다. 이 여성은 자녀들을 결석시키려 했지만, "어머님, 너무 예민한 거 아닌가요?"라는 담임선생님 말에 아이들을 학교에 보낼 수밖에 없었다. 그녀는 교육청과 교육과학기술부에 문의했지만 책임을 서로 미루기만 했다며 분노했다. 그녀는 정부와 교사들이 어린이 건강을 좀 더 생각해달라며 글을 마쳤다. 누리꾼들은 공감한다는 반응과 한국 엄마들의 유난 아니냐는 반응으로 나뉘었다. 방사능비에 재량휴교도 하고, 관공서의 야외행사도 취소하지만, 아이를 학교에 보내지 못하겠다는 엄마는 호들갑스럽다고 손가락질한다. 사람들은 전문가와 정부를 믿지 못해서 직접 방사능 계측기를 들고 마트와 골목을 다니는 요즘 엄마들의 유난스러움을 탓한다. 왜 대한민국 엄마들은 유난스럽고 예민하며 호들갑스럽다는 비난의 대상이 되었을까?

위험사회와 신경질적인 주부들

:

현대사회를 살아가는 우리는 풍요와 편리를 누리지만 한편으로는 숱한 위험에 둘러싸여 있다. 과학기술이 발전하면 이 문제가 해결될 줄 알았지만, 새로운 문제들이 나타났다. 독일의 사회학자 울리히 벡Ulrich Beck은 이러한 현대사회의 특징을 '위험사회'라 부르며, "위험사회를 나타내는 것은 제조된 불확실성들이며, 이는 환경문제와 같이 기술적 경제적 발전의 의도치 않은 부작용들로, 과학적 기술적 진보가 문제들을 해결해줄 것이라고 짐작했지만, 거꾸로 제조된 불확실성들이라는 결과를 가져왔다"[2]고 주장한다. 화학 공장의 폭발 사고, 원자력 발전소의 방사능 사고 등은 제조된 불확실성의 특징을 드러낸다.

위험사회에서 가족 건강을 고민하던 여성들은 엄마로서, 시민으로서 사회적 책임을 묻기도 한다. 광우병 촛불시위의 유모차 부대가 그 예이다. 미국 풀뿌리 환경운동의 대표적 사례인 러브캐널 사건, 워번 사건도 유사한 동기에서 시작되었다. 아들의 천식과 신장질환, 간질환 그리고 동네 사람들이 걸리는 다양한 질병이 화학 폐기물처리장 때문임을 밝혀낸 로이스 깁스와 엄마들(러브 캐널 사건)[3], 마을 주민들의 질병과 열한 살 아들의 사망 원인이 오염된 식수임을 밝혀낸 앤 앤더슨과 엄마들(워번 사건)[4]. 이 엄마들은 아픈 자녀들을 보살피며, 그 원인이 바로 환경오염 때문임을 밝히며 풀뿌리 환경운동을 시작했다. 페미니스트 정치생태학자 조니 시거Joni Seager는 여성들이 주로 참여하는 미국 풀뿌리 여성 환경운동은 남녀의 다른 사회적 위치를 보여준다고 말한다. 미국뿐 아니라 한국 역시 그러하다. 국정감사에 나타난 아토피 자녀의 엄마들, 월계동 방사능을 발견한 차일드세이브 엄마들, 친환경 급식운동을 주도

한 엄마들 역시 건강, 안전, 환경 이슈에 적극적으로 목소리를 내는 여성들이다.

이 여성들은 이기적인 모성이 아닌 '사회적 주부들'이라 불리며 환호받기도 하지만, 성차별주의자들과 개발론자들은 이들을 '무지한 신경질적 주부들'이라 비난한다. 에코페미니스트인 린 넬슨Lin Nelson은 성차별주의자들이 이 여성들을 신경질적이며 조울증을 가진 엄살 부리는 엄마들이라 부르며, 아이들이 아픈 원인을 잘못된 양육 태도로 돌린다고 분석한다. 신경질적이라는 비난은 주부들에게만 국한되지 않는다. 《타임》이 선정한 '20세기를 변화시킨 100인' 중 한 사람인, 《침묵의 봄》의 저자 레이첼 루이스 카슨Rachel Loiuse Carson 역시 히스테리에 걸린 여자라는 비난을 받았다. 무분별한 살충제 사용이 생태계를 파괴한다고 고발한 그녀의 책 때문이었다. 화학업계는 생물학자인 그녀의 전문성을 문제 삼을 수 없자, 그녀를 "새와 토끼 애호가이며 고양이를 키우는 낭만적 생각을 가진 노처녀, 즉 통제 불가능한 여자"[5]라고 공격했다. 전문가들과 기업은 과학적 합리성이란 이름으로 논쟁을 이끌어가며, 여성들의 목소리를 히스테리와 무지로 몰아간다. 이는 삶 속에서 환경 변화를 관찰하고 건강 문제를 드러내는 여성들 목소리를 막는 효과적 방법이다.

신경질적이고 유난스런 여자라는 비난에도 여성들은 꿋꿋이 목소리를 낸다. 그녀들의 참여는 과학기술로 주도된 개발을 비판한다. 여성 풀뿌리 환경 활동가들은 누가 환경문제를 정의하고 어떻게 측정하는지 질문한다. 이들은 개인과 공동체 건강과 안전을 고려하고 생명에 대한 책임을 강조하며 환경 담론 변화를 이끌어 낸다.

과학사회 논쟁에 뛰어든 엄마들

:

방사능과 광우병에 대한 국민의 불안을 정부는 괴담이나 믿는 사람들의 불안이라 말한다. 무엇을 괴담이라 할까? 괴담이라고 하면, 어릴 적 들었던 홍콩할매 귀신, 밤 12시 학교에 나타나는 유관순 귀신이 떠오른다. 정부가 괴담이라 일컫는 것과 내가 괴담이라 생각하는 것은 큰 차이가 있다. 구체적인 내용을 살펴보면, 더 큰 차이를 발견할 수 있다. 바로 과학사회 논쟁이 벌어진다는 점이다.

정부와 시민단체 그리고 전문가들은 방사능 허용 기준치에 대한 논쟁을 치열하게 벌인다. 세슘 허용 기준치는 얼마인지, 1회 노출을 기준으로 할지, 지속적인 노출을 기준으로 할지, 현재 세슘과 요오드만 재는 정부 측정 방식을 어떻게 보완할지, 플루토늄과 스트론튬 등 세슘과 요오드보다 더 무거운 핵종에 대한 허용 기준을 세울지 말지, 성인과 영유아와 임산부의 허용 기준은 달라야 하는지, 다르다면 얼마나 다른지, 기준치 이상의 방사능에 한 번 노출되는 것이 위험한지, 극소량이더라도 지속적으로 노출되는 게 더 위험한지…… 이런 주장들은 전문가마다 다르고, 그 과학적 근거 역시 다르다.

이런 논쟁이 한국 사회에서 처음 벌어진 건 아니었다. 방사능 괴담, 광우병 괴담처럼 괴담의 지위까진 오르지 못했지만, 지난 5년간 대한민국 엄마들에게는 악몽과 같은 사건들이 있었다. 2008년 멜라민 분유[6], 2009년 석면 베이비파우더[7], 2009년 임산부용 석면 철분제[8], 2009년 식중독균이 검출된 유기농 이유식[9], 2010년 포름알데히드가 검출된 친환경 가구[10], 2011년 황색포도상구균이 검출된 분유[11], 2012년 세슘 분유[12], 2012년 글루타알데히드와 개미산 등이 검출된 섬유유연제[13], 2012년 발암물질이 검출된 놀이방 매트[14] 등 아이들이 먹고 마시고 뒹굴고 생활하는 물건에서 인체에 유해한 물질이 발견되었다는 과학적 사실이 보도된다. 이 과학적 사실들이 보도되면 사회적 사건이 된다. 여성 포털사이트와 인터넷 육아 카페에는 '안전하다는 광고만 믿고 샀는데 속았다'는 원망과 '제조사와 판매 홈쇼핑을 불 지르고 싶다'는 분노 글이 쏟아진다. 하루가 지나면 환불 후기를 공유한다. 며칠간 대체 제품이나 엄마표 이유식, 엄마표 세제 등을 만드는 기사, 직접 만든 후기 글, 사용한 간증 글들이 이어진다. 엄마들만 움직이는 게 아니다. 기업들은 '유해물질이 없다'며 재검사를 요구하거나, '검출량이 극히 미량이어서 인체에 무해하다'고 수장한다.

방사능 괴담은 최근 5년간 영유아 식품, 제품 유해물질 검출 논쟁과 유사하다. 바로 '미량이어서 안전하다' 혹은 '유해성이 충분히 입증되지 않았다'는 기업의 주장과 이를 반박하는 환경운동 단체와 소비자 단체의 논쟁이다. 세슘, 석면, 포름알데히드, 방사능이 얼마나 검출되어야 아이 건강에 악영향을 미치는지 과학의 언어로 숱한 논쟁이 이루어진다. 결론이 나지 않은 채 사회적 관심은 다른 주제로 옮겨가며 논쟁은 흐지부지 사라진다. 얼마 후 제품만 바뀐 채 이 논쟁은 다시 반복된다.

과학의 언어로 이루어진 논쟁은 전문가가 아니면 이해하기 힘들다. 이해하기 힘든 과학사회 논쟁에 왜 엄마들은 관심을 가질까? 바로 제품 사용이 내 아이의 건강과 직결되기 때문이다. 아이를 건강하게 키우고 싶어서 사용하는 제품들이 오히려 내 아이의 건강을 해친다? 생각하기도 싫은 문제다. 게다가 유해성 논쟁은 사람이 죽은 후에 진실이 밝혀지기도 한다. 환경운동 단체들은 가습기 살균제거제 위험을 10년 넘게 경고했다. 다음을지키는사람들은 시중에 판매되는 가습기 살균제거제는 "살충 살균제로서 트리클로로에틸렌, 알레트린, 디에틸렌글리콜, 포름알데히드, 붕산염, 벤젠 등 독성 화학물질의 한 종류로 아토피 질환을 근본적으로 악화시킬 뿐"이라며 정부의 관리 기준을 더 엄격히 적용하기를 주장해왔다.[15] 기업은 다양한 실험 결과를 근거로 인체에 무해하다며 시민단체 의견을 반박했다. 정부 역시 환경운동 단체의 경고를 무시한 채 제품 판매를 허가해왔다. 가습기 살균제의 유해성은 2011년 8월 수십 명의 인명을 빼앗아간 후 밝혀졌다.

유해성이 입증되어도 또 다른 문제들이 남는다. 첫째, 생명을 앗아간 유해 화학물질이 함유된 제품들이 여전히 시판되고 있다. 유해한 화학물질이 가미된 가습기 살균제는 금지되어도, 물티슈와 손세정제 등 다른 제품은 허가되고 있다. 화학물질 4종(PGH, PHMG, CMIT, MIT)은 "흡입이 아니라 피부에 닿을 때 유해성 여부는 아직도 논란 중"[16]이라는 근거로 가습기 살균제를 제외한 다른 제품 사용은 허가되고 있는 것이다. 이 화학물질들은 정부의 안전기준을 통과하여 지금도 각 가정에서 사용된다.

둘째, 소비자의 피해는 그 어느 곳에서도 보상받을 수 없다. 아이의 질병과 유해제품 사용 연관성은 쉽게 밝혀지지 않기 때문이다. 2009년 석면 베이비파우더를 사용한 영유아 부모 130명이 국가와 제조사를 상대로 한 손해배상 청구소송이 그 예이다. 이 소송은 원고 패소로 끝났다. 서울중앙지법은 "부모들이 받은 정신적 충격과 파우더 사용자의 질병이 의학적, 과학적 근거에 의해 입증되지 않는 이상 제조사에 배상 책임을 묻기 어렵고, 국가는 유해물질을 일부 함유한 제품을 미리 알지 못했으므로 배상 책임을 갖지 않는다"[17]고 판결했다. 석면이 들어간 제품을 판 기업도, 그 제품 판매를 허가해준 정부도 제품 사용으로 입은 피해를 책임지지 않는다. 이 판결은 유해제품 판매와 그 책임 소재에 대한 우리 사회의 맨얼굴을 보여준다.

잇따르는 식품안전 사고, 영유아 제품 사고 속에 개인들은 홀로 남겨졌다. 나와 내 아이가 사는 세상에는 계산할 수도 예측할 수도 없는 위험들이 도처에 있다. "인젠가 유해성이 충분히 입증되면, 그때 내 아이, 내 가족이 겪는 아픔과 고통은 누가 보상해줄 것인가"[18]라는 한 환경운동 단체 엄마들의 주장은 어떤 과학자의 주장보다 더 설득력이 있다.

유해 화학물질로부터 아기를 지켜라!

:

예측하지 못한 위험, 조직화된 무책임성으로 개인들은 불안해하고 홀로 위험을 없애야 한다. 이 위험이 가족이라는 울타리 안으로 들어오면, 대응 책임은 엄마인 여성에게 지워진다. 근대 가족은 여성의 가사노동과 돌봄노동이라는 성별 분업에 의존해왔기 때문이다. 최근 20년간 기혼 여성 경제활동 참가율은 증가해왔지만, 근대적 가정 중심성은 가족 안에서 일차적 책임을 여성에게 부과한다. 기생충 김치와 같은 식품안전 사고가 발생할 때마다 언론은 사고 경위와 그 대책 그리고 엄마표 먹거리 기사를 반복적으로 보도한다. 이화여자대학교 사회학과 함인희 교수와 정세경의 2011년 연구는 식품안전 사고 직후 등장한 여성의 역할 담론이 모성 이데올로기에 뿌리를 두고 있다는 점을 보여준다. 이 연구에 따르면, 언론의 생활면과 여성면은 친환경 식단과 웰빙 요리법을 소개하며 주부들이 직접 조리하길 권한다. 반면 경제면은 식품 유해성분을 소개하며 먹거리 불안을 자극한 후, 신제품인 식품이나 조리기구, 가전제품을 다룬다.[19] 이러한 보도들은 먹거리 불안에 대응하는 책임이 가족 내 누구에게 향하는지 여실히 보여준다. 여성은 이제 근대성이 만들어낸 위험까지 대응해야 한다.

유해 화학물질은 곳곳에 존재한다. 아이가 입고 먹고 자는 모든 것에 유해 화학물질이 있다. 꺼진 불도 다시 보듯 안전하다 주장하는 제품도 다시 봐야 한다. 보릿고개는 사라져 배곯는 아이는 줄었지만, 도시의 풍요 속에 피부를 긁고 천식에 시달리는 아이는 늘어났다. 산업화와 근대화는 한국 사회의 위험을 증가시키고, 자연과 인간을 위협한다. 과학기술 발달은 편리한 생활을 누리게 했지만 혜택만 가져오지는 않았다. 가사노동은 유해 화학물질로 인해 더욱 복잡해지고 정교해졌다. 요즘은 물건 하나 고를 때도 따져야 할 것이 많다. 유통기한은 기본이고 원산지, 성분까지 꼼꼼히 따져봐야 한다. 또한 사용할 때도 조심해야 한다. 너무 자주 쓰거나 너무 많이 쓰는 건 아닌지, 다른 제품과 같이 쓰면 위험하지 않을지, 의식주를 이루는 생활용품에 어떤 유해 화학물질이 있고 우리 몸에서 어떤 작용을 하는지 생각하며 써야 한다. 미디어는 "엄마가 깐깐할수록 아이가 건강해진다"며 엄마가 일상의 유해 화학물질을 없애라고 권한다.

유해 화학물질을 없애는 가사노동을 의식주 중심으로 한번 살펴보자. 의생활 변화로 여성들은 옷을 더 이상 만들지 않지만, 옷과 이불을 살 때 습득해야 하는 지식은 더욱 늘어났다. 기성복을 살 때 디자인뿐 아니라 원단도 꼼꼼히 봐야 한다. 아토피와 천식을 유발하는 천이 무엇인지 알아야 하며, 특히 아이가 사용하는 이불, 매트리스, 카펫의 원단도 꼼꼼히 봐아 한다. 호흡기 질환 유발 물질을 차단하는 원단을 썼는지, 너무 비싼 게 아닌지 합리적 소비를 해야 한다. 특히 아이가 바지에 붙어 있는 쇠징에 민감한 피부라면 디자인도 살펴봐야 한다. 세제를 살 때 합성 계면활성제, 표백제, 인공향 등 성분 표기도 꼼꼼히 읽어야 한다. 어떤 세제를 썼을 때 아이가 몸을 더 많이 긁는다면, 세제를 바꾸거나 엄마표 세제를 만들어야 한다. 드라이클리닝한 옷에는 벤젠 등 유기용제가 남아 있다. 유기용제를 증발시키려면 비닐을 벗겨 바람이 잘 통하는 곳에 두어야 한다.

식생활은 식품 구매, 조리, 주방 관리 등 더 많은 지식과 노력을 요구한다. 야채 하나, 우유 하나 고를 때도 깐깐한 소비를 해야 한다. 친환경 농산물 인증 표시가 유기 농산물인지 전환기 유기 농산물인지 무농약 농산물인지 저농약 농산물인지 구분해야 하며, 원산지와 첨가물을 꼼꼼히 확인한 후 조리해야 한다. 무턱대고 아무 것이나 사지 말고, 조금이라도 더 안전하고 건강에 좋은 것을 골라야 한다. 유아식 요리책은 라면과 수프를 고를 때도 엄마의 지혜가 필요하다고 말한다. 라면 면발은 기름에 튀겨 칼로리가 높으니 기름에 튀기지 않은 생면을 고르고, 수프를 고를 때도 화학조미료가 들어가 있는지 확인하는 지혜 말이다.

패스트푸드보다 맛있는 엄마표 슬로푸드를 만드는 친환경 요리법 역시 인기이다. 인공 착색료, 향료, 화학첨가물이 들어간 간식은 알레르기를 일으킬 수 있다. 설탕이 많이 들어간 과자는 충치나 비만의 원인이 된다. 방부제와 트랜스 지방 걱정 없는 엄마표 간식을 만들려면 가전제품의 도움을 받아야 한다. 오븐과 베이킹 도구에 투자하면 건강한 빵과 과자를 집에서도 만들 수 있다. 말린 과일이 진정한 웰빙 간식이 되려면, 채반보다는 도시 미세먼지로부터 안전하고 위생적인 식품 건조기를 사용해야 한다. 어쩔 수 없이 가공식품을 먹인다면 안전한 조리법을 사용해야 한다. 햄은 끓는 물에 살짝 데치고 어묵은 종이 타월로 기름을 닦아낸 다음 끓는 물에 데쳐야 화학물질을 없앨 수 있다. 통조림은 개봉 후 물을 따라

내고 온수에 담가두어야 염분과 색소가 빠진다.

건강한 식자재와 조리법을 사용해도 주방이 더러우면 아무 소용이 없다. 전자파와 각종 세균들로부터 가족 건강을 지켜야 한다. 비스페놀 없는 주방용품, 알루미늄 호일보다는 종이 호일, 친환경 조리도구 등 주방용품 하나를 사고 사용할 때도 엄마가 배워야 하는 지식은 늘어만 간다. 냉장고, 전기밥솥, 가스레인지, 오븐, 인스턴트식품, 외식과 배달 음식은 취사 노동과 시간을 줄여줬고, 식품 보관 역시 편리해졌다. 하지만 여성들이 취사노동에서 완전히 해방되지는 않았다. 연이은 식품안전 사고와 먹거리 불안으로 안전하고 건강한 음식을 만드는 여성의 역할은 더욱 강조되고 있다.

그렇다면 주거 환경 변화는 현대인에게 안락함만을 가져다주었을까? 한겨울 연탄을 가는 수고는 덜었고, 더 이상 외풍이 드는 방에서 생활하지 않아도 된다. 그렇다고 아이들이 건강해지기만 한 것은 아니다. 이제 아이들은 콘크리트 숲에서 살아간다. 공기 흐름을 막은 마감재와 벽 때문에 실내의 오염된 공기를 마시고 새집증후군에 시달리고 아토피와 천식에 잠 못 이룬다. 벽지와 집 안의 건축 마감재, 나무 바닥, 가구 접착세에서 나오는 포름알데히드 등은 실내 공기를 더럽힌다. TV 주부정보 프로그램은 새집증후군을 완전히 없앨 수는 없지만 조금만 주의를 기울이면 유해물질을 줄일 수 있다며 방법을 소개한다. 매일 창문을 활짝 열어 환기를 시키거나 공기청정기를 사용하거나 숯이나 관음죽, 벤자민, 고무나무 같은 공기정화식물을 키워야 한다. 실내공기 정화뿐 아니라 온습도 적절히 유지해야 한다. 홈쇼핑에서 가습기는 사라졌지만 에 어워셔는 여전히 판매되고 있다. 새로운 가구를 살 때는 원료의 채취, 유통, 가공 과정 역시 꼼꼼히 살펴봐야 한다.

편리하고자 사용하는 물건들이 우리의 건강을 해친다는 보도는 끊이지 않는다. 엄마표 슬로푸드, 엄마표 천연조미료, 엄마표 세제 등은 가사노동뿐 아니라 가족 건강의 책임자가 누구인지 보여준다. 위험에 대응하는 여성의 역할은 정보를 학습하고 소비로 위험을 줄이며 가사노동을 늘리는 등 더욱 복잡하고 정교해지고 있다.

'탄광 속 카나리아' 소리에 귀 기울이기

:

화학물질로 둘러싸인 환경 속에서 엄마들은 아이 건강을 위협하는 유해 화학물질을 최대한 없애야 한다. 육아정보 프로그램, 가사 관련 주부정보 프로그램은 친환경 살림법, 친환경 요리법, 웰빙 상품을 소개한다. 다양한 정보와 제품 홍수 속에 무엇을 선택할지 말지는 개인의 몫이다. 여성들은 정보를 습득하고, 내 아이의 건강에 더 도움이 되는 건 무엇인지, 가격 대비 만족도가 높은 것은 무엇인지를 끊임없이 비교하고 선택해야 한다. 정화 씨는 이러한 과제가 주어질 때마다 어려움에 처했다.

> 제가 육아 프로그램이랑 건강 프로그램을 즐겨 보는데. 쿡티비에 육아 카테고리가 있잖아요. EBS의 〈부모〉 〈우리 아이가 달라졌어요〉 〈스페셜〉 같은 것도 봐요. 그게 의사들도 하는 말

이 다 달라요. 간헐적 단식이 좋다, 1일 1식이 좋다, 디톡스가 좋다. 정보가 사람마다 다르더라고요. 아이한테 우유가 좋다, 아니다, 우유보다는 두유가 좋다, 두유도 성조숙증 걸릴 수 있다. 정보는 많은데 딱 선택하기가 어려워요.

——— 서정화

13개월 아기를 키우는 정화 씨는 최신 육아 지식, 건강 정보를 얻으려고 TV를 본다. 정보를 접할수록 그녀는 어려움에 빠졌다. TV 속 과학자들은 연구 결과를 바탕으로 서로 다른 주장을 한다. 문제는 '어떤 정보를 믿어야 하나'이다. 이 문제는 피할 수 없다. 반드시 풀어야 한다. 어쨌든 돌이 지나 모유를 끊은 아이에게 우유든 두유든 먹여야 하고, 영양에 더 좋은 것을 선택해야 하는 엄마이기 때문이다. 내가 선택한 게 옳을까, 아이 몸에 이상 반응이 나오면 어쩌지, 초보 엄마는 아이 건강 문제 때문에 갈등을 겪는다. 판단과 책임은 엄마 개인의 몫이다.

후쿠시마 원전 사고로 방사능 공포 역시 엄마들의 새로운 고민거리가 되었다. 네 살 딸과 9개월 된 아들을 키우는 채원 씨는 도쿄전력 사장이 방사능 오염수를 바다에 버린다는 발표를 뉴스에서 접하고 생선을 의식적으로 먹이지 않으려고 노력했다. 그녀는 우연히 인터넷에서 동영상을 보고 나서, 안전하다는 정부의 말을 더욱더 믿을 수 없었다.

생선은 안 먹어도 되잖아. 고기로 대체할 수 있고. 근데 멸치,

다시마, 미역은 안 먹을 수는 없으니 횟수를 좀 줄이는 거지. 미역국은 안 먹을 수 있고, 멸치도 좀 덜 먹긴 하는데 다시마는 어떻게 안 되더라고. 국물을 내야 하니까. 근데 내가 유튜브에서 그걸 봤거든. 외국인이 동해에서 나온 다시마로 방사능 검사를 하는데, 방사능 수치가 쫘악 올라가는 거야. 정말 우리 슈퍼마켓에서 파는 다시마였어. 그걸 보고 다시마도 꺼려지는데.

_____ 이채원

정부는 국내에 유통되는 모든 먹거리는 안전하니 먹으라며 장관까지 나서 직접 시식하는 모습을 보여준다. 과거 권위주의 정부 시절에는 언론을 통제하여 정보를 차단할 수 있었지만 더 이상 그럴 수 없다. 정부는 자신의 주장에 반하는 정보들을 괴담이라고 규정한다. 이는 역으로 정부의 신뢰를 떨어뜨린다. 다양한 출처의 정보들은 넘쳐나고, 여성들은 누구의 말을 믿어야 할지 혼란스럽다. 여성들은 어려운 과학사회 논쟁을 피할 수도 있고, 복잡하고 정교해진 엄마 노릇을 무시할 수도 있다. 하지만 아이가 아플 때, 특히 아토피를 앓는 아이를 둔 엄마들은 전문가들의 충고와 시장의 유혹에서 자유롭지 못하다. 매순간의 돌봄이 아이 피부에 바로 나타나기 때문이다.

내가 잘못한 게 아닌가, 내가 모유를 먹여서 아토피가 올라온 건지, 집이 더러워서 올라온 건지, 진드기가 있는지, 더워서 그런 건지. 아토피는 항상 그 조건 중에 뭔가를 딱 판단해서 원인을 없애줘야 하니까. 덥다 싶으면 시원하게 해주고, 계속 찬물로 씻기고. 찬물보다 미지근한 물로 씻기거나. 보습이 안 되면 보습을 하고. 그렇게 여러 가지 것들 중에 판단을 해야 하는데, 나는 다 잘했는데도 또 아토피가 생기고. 또 애 피부에 뭐가 올라왔다 이러면 내가 뭘 먹었는가, 모유수유할 때 뭘 먹었는가, 애한테 먼지가 들어왔나, 더웠나, 이런 것들을 항상 추적해서 원인을 없애기에 바쁜데 그게 참 힘들더라구. 아침에는 미친 듯이 청소하고. 그때가 참 지금보다 더 깨끗했어요. 집이 번쩍번쩍할 정도로. 어떤 먼지 때문에 영향을 받을 수 있다 공부를 하면 전부 다 조심할 것투성이니까. 되도록이면 그런 변인을 많이 피해갈라고 했는데. 개인적으로 많이 힘들었죠.(침묵) 그리고 바쁘면 달걀 해 먹일 수도 있고 우유 먹일 수도 있고, 그게 제일 만만하니까, 햄 볶아 먹일 수도 있고. 근데 내가 며칠 전에 햄 유통기한이 며칠 지났는데 그게 아깝더라고. 그래서 볶음밥을 할 때, 햄을 조금 썰어 넣었어요. 많이는 안 먹었고. 그리고 홈플러스에 갔다 와서 옆집에서 줄줄이 비엔나 소시지를 한 번 먹었어요. 날씨가 갑자기 더워지고 그날 목욕을 안 했는데, 그 전날까지 아이 피부가 깨끗했거든. 그다음날 좀 일어난다 싶더니, 막 밤새 긁는 거야. 그러면 나는 생각을 하지. 햄을 안 먹였어야 되는데. 정말 자책이 많이 들어. 그리고 그때 내가 피곤해도 목욕을 시켜야 했는데, 옆집에서 저녁을 먹이지 말고 내가 먹였어야 했는데, 그런 나쁜 햄을 안 먹이는 건데. 홈플러스를 가서 옷을 샀거든, 가지 말고 집에 있어야 했는데. 그런 것들 다 안 했다면 오늘 이렇게 아이가 안 간지러웠을 텐데. 아니면 잘 때 환기시켜서 안 더웠으면 긁지 않았을 텐데. 이런 자책감이 거의 자동적으로 항상 드는 것 같아.[20]

——— 문지희

지희 씨는 아이 피부에 뭔가 올라오면 자신의 잘못처럼 느낀다. 보습, 환기, 대형마트 공기, 유통기한이 지난 햄, 햄의 발색제, 결착제, 인공색소 등 모든 것을 적절히 차단하지 못한 자신을 탓한다. 이렇게 엄마는 아이가 아프면 자기 잘못이라 여기며 자책한다. '엄마가 깐깐해지면 아이가 건강해진다'는 통념은 도시 곳곳에 도사리고 있는 아토피 유발 요인을 차단해야 하는 사람으로 엄마를 지목하기 때문이다.

오늘도 라디오에서는 생활 속 위해성이 의심되는 화학물질을 미리 조심하라며 예방법을 소개한다. 위험은 사라지지 않은 채 엄마 역할은 점점 복잡하고 정교해지고 있다. 위험사회에서 가정의 수호자로, 가족 건강의 책임자로 엄마 역할을 강조하는 담론들은 여성들에게 덫을 놓았다. 여성들이 노력해도 얻을 수 있는 정보는 제한적이다. 기업의 후원을 받는 과학자들이 만든 정보일 수도 있고, 낯선 전문 용어와 외국어로 쓰인 정보일 수도 있고, 시간이 부족해 정보를 충분히 수집하지 못할 수도 있다. 한 사람의 소비자가 충분한 정보를 수집하고 비교하고 합리적으로 선택할 수 있다는 기대는 신화에 가깝다. 사람들의 선택과 행위는 사회적 환경에 의해 제한되는데, 과연 개인의 노력으로 얼마나 위험을 통제할 수 있을까?

깐깐한 엄마, 합리적 소비자, 가족 건강의 수호자로 호명된 여성들의 경험은 건강과 안전에 대해 중요한 질문을 던진다. 립스틱을 고를 때 중금속이 들어 있는지, 향수나 매니큐어를 고를 때 프탈레이트가 들어 있는지, 물건을 살 때마다 유해 화학물질이 무엇이고 이 제품에 어떤 것들이 함유되어 있는지 소비자 개개인이 매번 판단하기보다 차라리 유해 화학물질 사용을 금지하는 게 더 효율적이지 않을까? 왜 사람들의, 특히 아이들의 건강이 엄마의 선택과 노력만으로 지켜질 수 있다고 말할까? 왜 개인들은 위해성이 조금만 의심돼도 깐깐한 소비를 해야 하는데, 기업들은 위해성이 입증될 때까지 판매해도 되는 것일까? 왜 개인과 기업의 예방 기준이 다른가? 질문은 꼬리를 물고 이어진다. 선택의 문제가 아니라 선택지의 문제가 아닐까?

여성들의 목소리는 탄광 속 카나리아를 떠오르게 한다. 옛날 광부들은 탄광에 들어가기 전 카나리아를 먼저 들여보냈다. 탄광 안에 유독가스가 얼마나 퍼졌는지 카나리아 울음소리로 알 수 있기 때문이다. 카나리아가 울면, 광부들은 일을 멈추고 탄광을 나왔다. 카나리아는 갱 속의 일산화탄소와 메탄 함유량을 과학적 수치로 말하지 않지만 수많은 광부들의 목숨을 살렸다. 여성들은 탄광 속 카나리아처럼 아이들 몸과 건강 변화를 관찰하며 일상 속 환경문제를 발견하고 그 심각성을 이야기한다. 카나리아의 소리에 귀 기울였던 광부들처럼, 여성들의 목소리에 귀 기울여야 한다. 그러지 않으면, 아이가 먹고 마시고 뒹구는 순간마다 유해 화학물질을 걱정해야 하는 신경질적 모성은 계속 양산될 것이다.

예민하고 유난스럽다는 비난에도 여성들은 아이들의 건강 그리고 미래 세대의 건강과 생태적 지속 가능성을 물으며 과학사회 논쟁에 뛰어든다. 아토피 자녀의 엄마들은 2000년대 아토피 관련 입법과 정책 변화를 이끌었다. 차일드세이브 엄마들은 서울 월계동 아스팔트 방사능 오염뿐 아니라, 대형마트 식기건조대와 음이온 벽지 등 폐자재 방사능 문제를 공론화했다. 그 밖에도 여성들은 친환경 학교급식 조례운동, PVC 없는 학교 만들기, 대형마트 내 어린이 용품의 발암물질 감시 활동, 탈핵운동 등 생태 위험과 아동 건강 문제에 대해 사회적 목소리를 내고 있다. 지난 2014년 4월 부천시의회는 방사성 물질로부터 안전한 공공급식조례를 전국 최초로 제정했다. 여성들의 목소리와 환경운동 단체의 문제의식이 모아져 학교와 어린이 시설에 방사능 식자재를 차단할 수 있는 조례를 만든 것이다.

이처럼 녹색 공론장에 그녀들을 초대한다면, 환경문제가 존재하는지, 그 심각성은 어떠한지, 그리고 치유와 복원을 위해 무엇부터 할 수 있는지 실마리를 얻을 수 있다. 여성을 향한 비난을 거두고, 우리의 환경권과 환경 책임을 논하는 그녀들의 목소리에 귀 기울여야 한다.

인터뷰

"엄마가 잘못해서 아이가 아픈 게 아니야"

서른여덟 살 김지혜 씨는 서울 은평구 북한산 둘레길 근처에서 살고 있다. 남편은 교사이며 초등학생인 아홉 살 아들과 유치원에 다니는 여섯 살 아들을 두고 있다. 자연과 좋은 공기를 가까이하려고 일부러 산 근처로 이사했고 아이를 산에 안고 올라가 모유수유를 하면서 무엇보다 건강을 최우선으로 여겼다. 그러나 둘째아들의 아토피를 돌보기 위해 전력을 다했지만 원인을 알 수 없는 증세에 깊은 절망을 느끼고, 도시를 완전히 떠나 강원도의 산속에서 아이들을 돌보기도 했다.

결혼하고 10여 년을 전업주부로 지내면서 그이는 세상과 단절된 가족 속에 있었다. 아이를 낳았다고 바로 자신이 엄마라는 의식이 생긴 건 아니었다. 처음에 아이를 '한 생명'으로 여겼다가 아토피라는 피할 수 없는 상황 속에서 '내가 엄마여야 하는구나' 하는 사실을 받아들였다고 했다. 아이는 모든 것을 지켜보고 알고 있고 자신과 연결되어 있다고 여겨졌으므로 때로 무섭고 버거운 존재였다. 자신은 젖을 먹일 때나 집에서나 밖에서나 언제나 아이들에게 영향을 줄 수 있는 존재로 느껴졌으므로 끊임없이 책임감에 시달려야 했다.

그에게 '모성'은 자신의 성장담과 맞물린 이야기였다. 아토피를 앓는 아이를 양육하는 과정에서 자신의 상처와 끊임없이 대면해야 했다. 분노를 어떻게 표현하고 사람들과 어떻게 관계를 맺어야 하는지 모색하면서, 아이는 단순히 자신의 자식이 아니라 자신을 변화시키고 성장시키기 위해 밖에서 온 것이라고 이해하게 되었다.

2013년 봄, 홍대입구역 근처의 한 카페에서 그이를 만났을 때 그이는 높고 빠른 어조로 자신의 이야기를 풀어냈다. 나와 김향수 씨가 동석해 인터뷰를 진행했다. 김향수 씨는 〈아토피 자녀를 둔 여성의 모성 경험: 어머니 비난과 젠더 정치를 중심으로〉라는 석사논문을 쓴 적이 있는데 김지혜 씨는 제목의 '어머니 비난'이라는 어구만 보고도 눈물을 흘렸다고 했다. 어디에도 말할 수 없고, 말이 되기도 어려웠던 날것의 체험 이야기가 몇 시간 동안 그녀에게서 쏟아졌다. 그녀는 '엄마여야 한다'는 세상의 말 속에서 자신의 경험을 있는 그대로 드러내는 언어를 찾아갔다.

그녀는 몇 년에 걸쳐 한 지역신문에, 도시를 떠나 아토피 아이를 간호한 자신의 이야기를 기록했다. 앞으로 아토피 자녀를 둔 부모들과 작은 모임을 만들고 싶은 꿈도 있다. 생협 일에 관심을 가지면서, 아이들과 자신을 위해 마을에서 활동하려고 한다.

오랜 사투 끝에 아이의 아토피 증세가 완화되고 자신에 대해 돌아보면서, 그이는 아이의 건강에 대한 죄책감에서 천천히 벗어나고 있다. 무엇보다 '자신이 잘못했기 때문에' 아이가 아팠던 것이 아니라는 사실을 심리적으로 받아들이게 되었다. 아무도 그렇게 말해주지 않았으므로, 스스로 깨닫기까지 평생이 걸린 일이었다.

구술 ○ 김지혜

기록 ○ 안미선

24시간, 365일 풀가동

아이를 낳았을 때 건강하게 키우는 게 첫 번째 목표였어요. 그래서 먹거리 따지고 산도 좋아하고 좋은 공기 찾고 키즈카페(자연육아 사이트)도 많이 들어갔어요. 애가 아프면 딴 사람보다 더 심하게 걱정했어요. 조금만 아파도 내가 뭘 잘못한 거 같아서요.

이사할 때도 근처에 산이 있는 곳을 찾았어요. 임신 6개월 때 새 건물로 이사했는데 마감소재를 친환경으로 썼다 해도 불안감이 있었죠. 그래도 산이 있으니 괜찮을 거야, 그랬어요. 집 안에서보다 밖에서 많이 놀려고 했어요. 자연의 느낌이 없고 사람만 보고 사는 건 불안해요. 산의 기운을 많이 느끼고 싶고, 임신 때도 자동차 냄새에 민감했어요. 어릴 때 도시의 달동네에 살았기 때문에 시골 분위기에 약간의 추억이 있어요. 아이 낳고는 공원 가서 젖 먹이고, 젖도 애가 원할 때마다 줬어요. 제가 젖을 굉장히 오래 먹였어요. 큰애는 3년 반 먹이고, 둘째도 2년 반 먹여서 햇수로 6~7년을 먹였어요. 지하철에서도 막 먹였어요. 제가 자연분만한 산부인과 2층에 모유수유원이 있어요. 산후조리를 하지만 사실은 아이들

젖 먹이는 것을 가르치는 곳이에요. 그래서 엄마들 몸을 돌보기보다는 아이들 위주죠.

아이가 11킬로그램 될 때까지 안고 산에 갈 수 있는 체력이 됐어요. 산에 가서 풀어헤치고 바람 부는 곳에서 애 젖 먹이고 한 시간 정도 놀아요. 애도 좋아했어요. 아이를 어디 기관에 보내면 애들도 많고 좀 아플 수 있는 확률도 크잖아요. 그렇게 생각이 되니까 쉽게 보내기 힘들었어요. 문화센터같이 많이 모이는 곳도 아이가 아플까봐 싫은 거예요.

첫째아이 키울 때는 내가 엄마라는 생각을 안 했어요. '내 아들' 이런 게 아니라 '나만 온전히 바라보는 한 생명'으로 여겨져서 신기했어요. 엄마가 원풀 빨래방도 아니고 24시간, 365일 이렇게 풀가동하는 거를 처음 경험했어요. 육아책에 보면 '만 3세까지는 반드시 엄마가 책임지고 키워야 한다' 그러잖아요. 그거에 대한 압박도 있었어요. 육아책을 읽을 때 그런 생각이 들고 나를 돌아봐도 이 시기는 정말 중요한 시기인 것 같은 거예요. 그래서 '만 3년은 책임져야 하는 생명이구나' 하고 그렇게 했어요. 첫째아이를 그렇게 키우다 둘째가 태어났어요.

아토피의 시간을 견디다

둘째아이가 아토피였거든요. 맨날 젖을 먹여야 한다는 생각에 풍경 보며 바람 맞으며 한 달을 괜찮게 지냈는데 백일 지나고 나니까 얼굴에 동전만 한 빨간 게 생기는 거예요. 느낌이 굉장히 안 좋았어요. 동그랗게 시작해서 나중에 쓰나미처럼 아토피가 덮이고 정말 순식간에 번지기 시작했어요. 머리부터 발끝까지 손바닥, 발바닥 빼고 다 번졌어요. 피부가 없어지는 거예요. 표피와 진피가 없는 상태. 피진물이 엄청 나는 거예요. 이 몸에 어떻게 이 많은 피진물이 나올까 싶을 정도로 계속 뿜어져 나오는 거예요. 열덩이 같았어요. 정말 화상 환자 같더라고요.

아토피 딸을 둔 친구가 나한테 문자를 보냈는데 '엄마니까 할 수 있는 거야'였어요. 그 말이 너무 짜증났어요. '엄마니까 이겨내야지', 그거 하나로 다 설명을 하게 만들어버린 거니까요. 하지만 '이거는 피할 수 있는 일이 아니구나, 둘째아이에게는 내가 온전히 있어야 하는 엄마구나' 하고 받아들이게 되었어요. '나는 엄마여야 하는구나', 그 사실이 짜증났지만 '지금 얘한테는 엄마가 제일 필요한 사람이고 내가 그 역할을 해야 하는구나', 그래서 버텼죠. 아니, 버티면 쓰러지니까 견뎌내는 거예요. 다 받아들이고 견뎌내는 거. 하루하루 살아내는 거죠. 내일이 되면 또다시 엄마로 태어나는 거예요.

> 저는 이때처럼 무서운 적이 없었던 것 같아요. 내가 낳은 새 생명이 피땀을 흘리며 꺼져가고 있었어요. 수많은 밤을 아이를 안고 지새웠습니다. 뜰 것 같지 않은 태양이 떠오르면 아, 새날이 왔구나 싶었어요. 하지만, 어제와 같이 반복되는 고통의 오늘이 계속되자 우리는 이미 일상이라는 단어조차 꺼내기 힘겨웠습니다. 그 작은 몸에서 얼마나 많은 진물을 쏟아내는지 저

는 멍해질 때도 많았어요. 내가 이 아이에게 어떤 존재가 될 수 있는지, 무엇을 할 수 있는지 아무것도 알 수 없었어요. 가능성을 열어두고 여러 노력을 해봤지만, 정말 원인도 알 수 없고 예측도 할 수 없었어요. 생각할수록 깊은 수렁으로 빠져들고 영혼도 없어지는 것 같았어요.[21]

그 괴로움을 아이는 젖을 빨면서 견뎌냈어요. 젖을 깨물면서 버티는 거잖아요. 감사하죠. 그런데 제가 엄청 스트레스를 받고 아프잖아요. 그게 애가 먹는 젖으로 나가는 거잖아요. 이걸 먹고 애가 또 안 좋아지면 어쩌나 하고 양가감정이 들기도 했어요. 이게 독이 될 수 있으니까요. 애한테 독이 안 되려면 나는 계속 먹을 거를 엄청 조심하면서 감정도 조절해야 했어요. 이게 굉장히 부담이 되었던 것 같아요.

내가 알기로 아토피는 좋아지다 나빠지다 한다는데 우리 아이는 계속 나빠지는 거예요. 끝이 안 보이고 내일을 생각하면 더 불안하고, 그 과정을 내일 똑같이 겪어야 하는데…… 해가 뜨는지, 달이 뜨는지, 맨날 실내에만 있으니까 모르죠. 돌아다닐 시간이 없고, 잠잘 때도 피 진물에 흠뻑흠뻑 옷이 젖거든요. 그거를 네다섯 번 갈아입혀야 해요. 당연히 못 자죠. 잠도 못 자지.

남편은 밤늦게 직장에서 돌아오고 나는 자지 않는 아이를 달래려고 밤길 가로등 아래에서 밤을 새고. 잠을 하루에 한두 시간밖에 못 잤어요. 애가 너무 아프니까 울지도 못해요. 호흡을 잘 못하는 거예요. 팅팅 부어요. 애가 살이 빠지는데 부어요. 어느 순간 동공에 힘이 풀려요. 심각한 상황이 오는 거예요.

스테로이드 연고를 쓸 때마다 그 순간이 너무 힘들어요. 쓸 때 이거는 내 선택으로 다 좌우된다고 생각하니까 미치겠더라고요. 다른 사람한테 자문을 구해도 결국 해야 하는 사람은 나인 거예요. 이걸 판단해서 해야 하는 게 화가 나고. 엄마도 살아야 하니까, 어느 분들은 "연고를 7일 쓰고 애가 잠을 자면 엄마도 잠을 자는 거예요" 하고 일러줘요. 연고를 안 쓰려고 별짓 다하다가 끝에는 썼거든요. 근데 안 먹히는 거예요. 애가 기진맥진하면 연고 쓰고 견딜만하면 버티고 이런 생활을 거의 5~6개월 했어요. 가족이고 주변 사람들이고 다 미워지고 보기 싫어지더라고요.

애 아빠 보이지도 않지. 이 사람도 나름대로 노력하긴 했지만 나한테 도움이 안 되었어요. 도와주는 친정엄마가 없으면 어떻게 할까, 그러니 남편이 미운 거예요. "니가 아냐? 니가 하숙생인데 애한테 필요한 걸 아냐?" 이 말이 되게 폭력적이란 건 알지만 나는 또 미치겠는 거예요. 그 미치는 모습을 큰애가 보고 있어요. 사람이 미워지는 거예요. 엄마도 미워지고. 옆에서 그걸 다 보고 있는 게 굉장히 부담스러워요, 가족들이.

그때 그려졌던 그림들이 있었어요. 그게 언어로는 표현이 안 되는데, 내가 매번 일어날 때마다 느꼈던 건, 하루를 지나서 뼈가 하나씩 떨어져요. 내 몸에서. 프리다 칼로의 그림처럼. 내가 하나씩 떨어져요. 처음에 골반이 내려가고 다리뼈 하나 빠지고 손뼈 구부러지고. 오후가 되면 거의 다 떨어졌어요. 뼈가 없어서 힘이 없어서 잠자리에 확 누워요. 누워 있다가 아침이 되면 다시 끼우는 거예요. 뼈가 붙는 게 아니라 하나씩 끼우는 거예요. 아, 내가 지금 이렇게 버티고 있구나. 내가 표현이 된다면 꼭 표현하고 싶어요. 엄마들의 삶이라는 거에 대해서.

서울을 떠나 산에 들어가다

아는 분이 강원도 정선 산골의 암자를 소개시켜줬어요. "아이가 더 나빠질 건 없다, 더 좋아질 테니 그리로 가세요." 솔직히 걱정이 되었죠. 가마솥에 불을 때고 산 생활을 해야 하니까. 딱 백일만 있겠다고 해서 갔어요. 큰 기대는 안 했어요. 그때 마음은 '여기서 죽는 것보다 산에서 죽는 게 낫겠다', 정말 이 마음이었어요. 밤에 도망치듯이 갔어요. 짐 다 싸가지고. 외딴 산중이라 혹시 모르니까 약을 챙기고 책, 장난감, 간이책상까지 가지고 갔어요. 엄마가 불안해서 따라왔어요. 산에 온 건 좋았지만 막막했어요. 우리 엄마가 몸이 안 좋았어요. 허리도 다리도 안 좋은데 나 밥 먹을 동안 애를 안아줘야 하지, 누가 나무를 때준다 하더라도 불을 쪼그려 앉아 지펴야지, 생활이 너무 불편한 거예요. 엄마가 셋째 날에 그래요. "너, 여기 있을 수 있겠냐? 너 미친 거야, 너 여기 왜 왔어!" "엄마, 일주일만 지내보고 영 아니면 가자." 산에서 다 같이 울었어요. 둘째는 아파서, 첫째는 아빠가 그리워서, 나는 속상해서, 엄마는 마음이 찢어져서 다 같이 통곡을 했어요.

엄마는 새벽 5시에 깨서 둘째아이 포대기를 안고 산에 올라가요, 기도하고 오시느라고. 저는 그렇게 기도를 못했어요. 왜냐하면

기도가 안 되더라고요. 나는 둘째한테 기도를 못해요. 왜냐하면 내가 죄의식이 있는지 기도가 안 되더라고요. 어쨌든 내 몸에서 나왔는데 내가 잘못해서 이렇게 된 거 같은데 애를 살려달라는 게 너무 아닌 거 같은 거예요.(울음)

그때 스님이 속이 노란 나무를 잘라 와 가마솥에 끓여서 아이를 그 기름진 물에 집어넣었어요. 그 뜨거운 물에. 내가 기겁을 하니까 가만히 있으래요. 피부가 쪼글쪼글하게 건조해져서 햇볕 직사광선에 말렸어요. 3일 했는데 약간 딱지가 앉았어요. 딱지가 뜯어질 때까지 긁지 못하게 했어요. 열흘하고 며칠 지났나? 새벽에 깨다가 긁었을까봐 봤는데 너무 놀랐어요. 서너 시간을 잤더라고요. 그때 처음 아이가 그렇게 잠을 잔 거예요. 감사했죠. 희망이 보였어요. 잠을 자야 면역력이 생기고 발육도 되고.

사람들이 나한테 물어요. 아토피 아이 가진 엄마들은 "그렇게 산에까지 가야 나을 수 있냐?" 하는데, 그런 말 들으면 가슴이 아파요. 내가 죽을 거 같아서 간 거였어요. 여기서 죽는 게 아니라 거기 가서 죽으려고 간 거였어요.

요즘엔 아파트에 많이들 사니까 아토피 겪는 애들 많잖아요. 엄마들이 멍하니 밤새다보면 정말 뛰어내리고 싶다고 하는데, 정말 그거를 함부로 말하지는 못하는 거잖아요, 아이들도 듣고 그러니까. 저도 그런 생각 많이 했거든요, 정말. 그렇게 못하는 거죠. 애가 있어서, 안고 있는 애가 아니라 나머지 아이가 있어서.

하루하루 끈은 있는 거예요. 내일의 끈은 없어요. 맨날 똑같은 갈등이야. 갈등은 뻔하죠. 내부의 적하고 죄책감하고. 이건 아닐

거야, 지나갈 수 있는 거야. 너무 힘들었어요. 먹으면서 생각해요. 생각할 시간이 없어서.

갈등 엄청 생기죠. 사실 지금 말할 수 있는 건 아이가 살아남았기 때문인 거 같아요. 지금 정말 많이 나았거든요. 누가 어떻게 나았냐 물으면 말할 수 있는 게 없어요, 사실. 덕분에 나았어요. 스테로이드를 썼거나 기도를 해줬거나 주변에서 도와줬거나, 뭔가 조금씩 했기 때문에. 이유는 몰라요, 사실. 돌본 원칙은 있죠. 먹을거리라든가, 보습 필요할 때 해준다든가, 잘 놀게 해준다든가. 하지만 남들에게 구체적으로 해줄 말이 없어요. 원인 분석하다가 힘겨운 거야. 1년 동안 원인 분석했거든요. 딱히 안 잡혀요. 내가 힘들 때 아이를 가져서 그런가? 그러면 주변에선 아토피가 환경 영향이 많다고 위로해줘요. 답도 안 나오는데, '하루살이로 오늘 살고 오늘 할 만큼만 하고 죽자' 그렇게 살았던 거 같아요. 서울에 와서도 하루만 살아야지, 하고.

근데 애들이 조금 크고 잠도 자고 걸을 수 있고 나한테 일상이 왔다는 게 너무 놀라웠어요. 아토피가 심할 땐, 평생 이렇게 살 수도 있겠다 그랬는데. 막연하게 그래도 살아 있어야 하나보다 그랬는데.

엄마와 아이는 다 연결되어 있다

제가 둘째아이를 1년 동안 그렇게 돌보면서 계속 안고, 무리하고, 도시락 싸서 산에 다니고 하면서 골반과 허리가 많이 망가졌어요.

일자가 돼서 많이 아팠어요. 둘째아이를 돌볼 동안 첫째아이를 제대로 돌보지 못한 것 같아 학교 가기 전에 밖에서 맘껏 놀라고 숲에서 엄마랑 아이들이랑 모임을 같이했어요. 오전 10시에서 12시까지 숲에서 놀다가 밥 먹고 헤어지는 모임을 같이했죠. 아이들이 숲을 다니려면 엄마가 늘 붙어 다녀야 하니까 안 좋은 점도 있어요. 거리가 멀고 차를 타고 가야 하지만 같이 놀 또래가 필요하니까요. 저는 3년 동안 사람을 못 만나고 가족만 보고 살다가 처음으로 타인을 만나는데, 평범하게 일상을 누린 사람들을 만나는 게 무거운 느낌으로 다가오더라고요.

나는 엄마가 될 생각을 해본 적이 없었어요. 그런데 결혼하고 나서 내 몸을 증명하고 싶었던 것 같아요. 어릴 때 아팠기 때문에 임신을 하게 됐을 때 '나도 임신할 수 있는 몸이구나' 싶어서 좋았어요.

사람들이 나보고 모성애가 어떻다 그러면 어색했어요. 사실 그런 게 아니고 내가 어릴 때 아팠으니까 늘 품에 있었을 거 아니에요. 어떻게 보면 그게 당연할 수 있겠다, 이렇게 힘들게 컸는데 이 정도의 생명은 책임질 수 있어, 케어할 수 있어, 이런 마음이었어요. 내가 몸의 기능을 쓸 수 있는데 안 쓰면 왠지 죄인인 것 같았어요. 어릴 때 나보고 어떤 할머니가 그랬어요. "열 살 전에 애들이 아픈 건 다 엄마 탓이래." 그 말이 너무 기억에 남았어요. 애가 조금만 아파도 내가 뭘 잘못한 것같이 느껴지고 할머니 말이 잊히지 않는 거예요. '열 살 전에 아프면 내 책임이다', 그게 나한테는 무슨 데드라인 같은 거였어요. 아프게 하지 않는 게 엄마 역할이라는 게 제일 컸고요.

상담해주는 사람들도 얘기하지만 저도 그렇게 느꼈어요. 엄마와 아이는 다 연결되어 있다고. 지금도 그렇지만 어릴 때는 더 연결되었다고 믿었어요. 첫애를 키울 때도 내가 '화난다', 느낌을 가지기 전에 애는 이미 알고 있는 거예요. 내가 화나고 있다는 걸. 나는 내 감정을 먼저 아는 사람이 있다는 게 무서웠거든요. 애 앞에서 울 수가 없잖아요. 또 젖을 먹이면 내 감정이 다 전달될 거고. 참고 있던 감정이 폭발하면 미친 엄마를 지켜보는 아이가 있고.

큰애 키울 때도 '살아가면서 자기 분노를 잘 표현하는 방법만 알아도 좋겠다' 하고 바랐어요. '나는 이중적인 사람이구나', 사람들이 내게 성격이 좋다 하지만 내가 화나고 이럴 때 표현할 수가 없는 거예요. 저는 분노를 느낄 때 남한테 터뜨리지 않고 혼자 하는 거 같아요. 겉과 속이 다른 이중적인 모습, 솔직하고 싶고 있는 그대로 살고 싶었는데……

남편이 직장에서 일도 하면서 노동조합 활동도 하느라 늘 바빴어요. 나는 같이 양육을 할 수 있는 사람인 줄 알았는데 내가 생각했던 것보다 도움이 되지 않는 사람인 거예요. 난 한 번도 죽을 생각 안 했는데, 남편과 소통되는 느낌은 없고 나는 애를 키워야 하고. 그때 "나 정말 죽고 싶다"고 처음으로 남편한테 말했어요. "나한테 정말 필요한 사람은 너인데, 너는 지금 어디에 있냐"고. "난 죽고 싶다"고.

육아책을 보면 엄마가 자신을 봐야 한다고 나오는데 나는 계속 피하고 싶었거든요. 내 몸과 마음의 이중적인 모습이 불안하고 피하고 싶었는데 나의 모든 걸 고스란히 보는 아이가 있다고 생각하니 안 되는 거예요.

나를 변화시키려고 온 아이

아이가 아플 때, '어쩔 수 없구나, 다 부인하고 싶은데 내가 살기 위해서는 받아들일 수밖에 없구나. 그래, 누구에게나 올 수 있는 거야' 하고 생각했어요. 그래야 내가 사니까. 내가 무슨 일을 했기 때문에 나한테 온 거야, 하면 난 못 살 거 같은 거예요.

결혼 안 하고 애를 안 낳고 케어 안 했으면 나를 성장시키기 위해서 엄청 찾았을 거 같아요. 늘 갈구했기 때문에 실제로.

나이 들면 다음 세대에 기여할 수 있는 것이 나에게 있으면 좋겠다고 아이 낳기 전에도 생각했어요. 나는 내가 낳은 아이라고 생각 안 해요, 남편의 아이라고도 생각 안 해요. 생명 어딘가에서 나를 택해서 왔구나, 나한테 키워지고 싶어서 온 게 아니라 나를 변화시키려고 온 아이구나, 이런 생각 많이 했어요.

나는 아이가 나한테만 영향받기를 원하지 않거든요. 그건 무서운 거 같아요. 그럴 수도 없구요. 마을에서 아이가 커야 한다고 생각해요. 지금은 내 애만 잘 키우면 안 되고, 같이 키워야 한다고 생각이 드니 엄마의 부담이 더 커지는 거예요. 내 아이 둘만이 아니고 다른 아이들도 더 보호해야 하지 않나. 내가 엄마 역할을 더 해야 하는구나, 내가 남의 애를 키워야 다른 이도 내 애를 키워주겠구나 생각해요.

아토피를 앓았던 아이를 둔 엄마들과 모임을 가지고 싶어요. 조금 괜찮으니 데리고 나오지, 정말 아프면 못 나오거든요. 모임을 반드시 해야겠다. 그런 걸 나누고 싶어요. 뭔가 더 해야겠다. 제 애도 덕분에 많이 나았어요. 저 애 빨리 나았으면 좋겠다, 그런 기운 다 받았다고 생각해요. 고비는 지금도 있어요. 심한 상처는 자국 남고, 음식 먹고 나서 긁기도 하지만 옛날만큼 공포는 없는 거예요. 이제는 조심하고 내가 할 수 있는 만큼 남도 도와야 한다고 생각해요.

제가 산에서 내려오고 나서《녹색평론》읽고 모임을 만들고 싶어서 갔는데 지역신문 편집장이 제 얘기를 듣고 아토피 아이를 돌본 이야기를 기사로 써보래요. 내가 글로 다 까발리는 거 무서워하는데 해보고 싶었어요. 남의 글 인용 말고 있는 것을 그대로 쓰자, 힘들 때도 있고 다시 꺼내야 하지만, 애들한테 남겨주고 싶었거든요. 아토피 일지 쓰잖아요. 아이들 말을 마주이야기 식으로 많이 적어놓은 게 있어서 그걸 바탕으로 아홉 번 글을 연재했어요. 사람들이 글 재밌게 읽어줬어요. 내 고통을 재밌게 읽어주는 게 좋아요.

나는 분노를 숨기려는 게 아니라 잘 표현하고 싶어요. 분노를 잘 표현할 수 있는 방법을 배우고 그걸 나누어주고 싶어요. 말할 수 있게.

아이가 아픈 게 엄마 탓이 아니라는 걸 알았어요. 우리 아이에게도 그냥 일어날 수 있는 일이야, 나라서 일어나는 일이 아니고, 나 때문에 아픈 것도 아니고, 누구한테든지 일어날 수 있는 일이다. 난 몸으로 안 거죠. 있을 수 있는 일이라는 거.

6

장

아기는 언제나 이벤트 중

상업적 프로젝트가 된 아기 의례들

김향수

엄마인가, '사생팬'인가

:

큰애 백일 즈음 친정아버지는 매일 전화하셨다. "백일 사진 언제 찍을 거냐, 왜 너는 백일 사진 돌 사진 다 찍었으면서, 내 하나밖에 없는 손주는 백일 사진도 안 찍어주냐" 성화셨다. 쪽잠을 자며 백일의 기적을 바라던 나는 예상치 못한 친정아버지의 맹공에 시달리다가 신종플루 핑계를 댔다. 사진 찍으러 갔다가 애 잡으면 어떻게 하냐고. 백일 사진은 신종플루 덕에 용케 피해갔지만 돌은 그러지 못했다. 친정아버지 주문은 명확했다. 벽걸이 액자, 차량용 액자와 핸드폰 고리. 나는 굳이 그렇게까지 해야 하냐고 짜증을 부렸다. 친정아버지는 "남들도 다 하는데 뭐 그게 귀찮냐. 친구들에게 첫 손주 자랑하려면 이 정도는 기본이다"라면서 핀잔과 설득을 반복했다. 결국 나는 백기투항했다. 친정인 부산까지 내려가 돌잔치를 했고, 동네 사진관에서 돌 사진도 찍었다.

성장앨범을 만들 정도의 재력도 부지런함도 없는 엄마지만, 가끔 내가 '엄마인지 사생팬인지' 하는 생각이 든다. 하루 종일 아이 뒤치다꺼리하다가 아이가 잠든 금쪽같은 시간에도 아이 사진과 동영상을 보는 나를 볼 때 이런 '덕후'가 어디 있나 싶다. 아이가 태어난 순간, 젖을 처음 물린 순간, 첫 배냇웃음, 배밀이하는 모습, 옹알이하는 소리, 부엌 살림살이를 다 꺼내놓고 저지레하는 사진과 동영상을 보며 혼자 감동한다. 낮에는 스타를 쫓아다니며 촬영하듯 아이를 쫓아다니며 일상을 촬영하고, 스타 캐릭터, 화보집, 사인을 고이 간직하듯 첫 배냇저고리, 손싸개, 딸랑이 등 더 이상 쓰지 않는 아이 물건을 수집하고, 스타의 노래, 영화, '움짤'에 설레듯 아이 옹알이와 노래 부르는 동영상을 흐뭇하게 본다. 24시간 스타 생각만 하듯 아이가 우주의 중심을 차지했고, 나는 내가 엄마인지 사생팬인지 궁금할 때가 있다.

며칠 전 아랫집 엄마가 놀이터에서 놀던 아이 사진을 보내줬다. 그녀가 찍은 사진과 내가 찍은 사진을 번갈아 봤다. 분명 같은 날 같은 장소에서 찍은 사진인데, DSLR과 스마트폰 사진은 정말 달랐다. 아이의 표정, 뽀얀 피부, 통통한 볼살, 아이 움직임과 머리카락 한 올 한 올, 놀이터 낙엽 색감까지. 두 사진을 비교하면 비교할수록 DSLR이 갖고 싶었다. 100만 원 넘는 돈을 투자했는데 너무 무거워 집에 처박아두는 거 아냐? 컴퓨터를 켜고 DSLR 제품 후기를 찾아본다. 여벌 옷, 물티슈, 기저귀, 애들 간식으로 무거운 엄마 가방을 고려해, 작고 가벼운 육아맘용 신제품이 나왔다고 한다. 한시도 가만히 있지 않는 아이들의 움직임을 포착하는 어린이 모드 촬영 기능까지. 가격과 출사 후기, 사용 후기를 검색할수록 지름신이 강림했다. 전문가용 사진기를 사야 할지 말아야 할지, 산다면 DSLR을 살지 미러리스를 살지, 어떤 렌즈를 살지, 중고로 살지, 어디서 언제 살지 고민은 계속됐다. 흔들리는 마음을 동네 엄마들에게 말했더니 '온라인 마켓에 할인권이 떴다' '지금 홈쇼핑에 얼마 할인되어 나왔다' '코스트코에서 어떤 기종을 할인하더라' 하는 정보들이 끊이지 않았다. 아이가 한 살이라도 어렸을 때 사서 많이 찍어주는 게 본전 뽑는 거란 말을 들은 날 밤, 결국 사고야 말았다. 전문가용 사진기는 이제 취미생활이 아닌 필수 육아용품처럼 여겨지고 있다. 언제부터 전문가용 사진기가, 아니 사진기가 육아용품이 되었을까?

사진 대중화와 가족사진

:

사진과 사진기는 왜, 언제부터 보급되었을까? 단순히 과학기술의 발전 때문일까? 가족사진을 "2차 산업혁명의 부산물"이라 부른 니콜 허진스Nicole Hudgins는 1860년대에서 1920년대까지 일반인들이 가족이나 단체 사진을 찍기 시작하며 사진기가 보급되었다고 분석한다. 그에 따르면 가족사진 대중화 과정은 우선 기술적 진보가 첫 번째 요인이다. 이뿐만 아니라 사회적, 경제적 변화 역시 중요한 요인이다. 20년간 임금은 올랐지만 식료품비는 여전히 낮았다. 사람들은 경제적 여유가 생기자 여가 문화를 즐겼다. 가족사진 대중화의 세 번째 요인은 아동 개념이 새롭게 만들어지면서 가족 내 아이의 지위가 높아지고 의미가 달라진 것이다. 중세 유럽에서는 아이를 그저 몸집이 작은 어른으로 여겼다. 현대에 들어와서 한 가족의 가장 큰 관심사는 아이가 되었다. 부모들은 자녀가 아이에서 어른이 되어가는 과정에 시간과 돈과 정성을 쏟기 시작했다. 노동계급 부모는 자식을 위해 돈을 더 벌고, 특별한 경험과 체험을 기획하고 투자했다. 사진기는 아이가 느끼는 즐거움과 성취를 기록할 수 있게 한다.[1] 즉, 아이의 성장은 일반 가정에서 사진기와 사진을 소장하는 주요한 동기가 되었다.

수전 손택의 표현을 빌리자면 가족사진은 "한 가족의 유대감을 증명하는 휴대용 이미지"[2]이다. 사진은 인간의 기억보다 정확하고, 인간의 증언보다 더 강력한 증거가 된다. 우리는 사진을 통해 돌아가신 할아버지 할머니의 얼굴을 보며, 부모님의 유년 시절 모습과 생활을 엿볼 수 있다. 가족사진은 가족 구성원들에게 가족의 뿌리를 보여준다. 흥미로운 점은 사람들이 사진을 간직하는 행위에 초점을 두었을 때, 사진 대중화는 유럽의 산업화 그리고 도시화 시기와 일치한다는 것이다. 사람들은 고향을 떠나 일자리를 찾아 도시로 왔다. 가족 구조는 대가족에서 핵가족으로 급격히 변화했다. 도시에 홀로 남겨진 사람들은 고향에서 찍은 가족사진을 고이 간직했다. 대가족 사진은 뿔뿔이 헤어진 사람들의 마음을 달래며, 가족이 함께 살았다는 유일한 증거가 되어주었다.[3]

가족사진에서 가족 구성원 사이의 갈등과 긴장은 좀체 찾아보기 어렵다. 그래서 행복한 모습으로만 그려진다는 비판도 있지만, 여성들은 자신의 개인적 정체성을 드러내는 수단으로 사진을 사용하기도 한다. 가족사진은 특히 가족 구성원들이 사진의 기획, 생산, 소비에 이르는 전 과정에 참여하기 때문에 이미지를 사용하는 사람의 해석에 따라 사진의 의미가 달라진다. 하지만 한 가지 분명한 점이 있다. 가족사진은 소중하고 세밀한 내용을 이미지로 보존하여 한 가족의 시각적 아카이브를 제공한다는 점이다.

성장앨범과 돌잔치 시장

:

사진기가 각 가정마다 보급되지 않았던 시절에도 한국의 부모들은 사진관에서 백일과 돌 사진을 찍었다. 사진기가 가정에 보급되자 그걸로 자녀 성장을 기록했다. 2000년대부터 성장앨범이 판매되기 시작했다. 아이가 태어나기 전 찍는 만삭 사진, 갓 태어난 신생아를 촬영하는 뉴본 사진, 50일, 100일, 200일, 300일, 돌 사진으로 성장앨범은 세분화되었다. 성장앨범은 촬영 시기뿐 아니라 다양한 크기의 액자, 핸드폰 고리, 성장 동영상, 아기손발 조형물 등 패키지 상품으로 확대되었다.

> 일부 산부인과나 산후조리원은 50일 사진 무료 촬영권을 내걸고 고객을 유치하고 있다. ㅅ산후조리원은 30, 50, 100일 사진 촬영은 물론 산모의 만삭 사진 촬영과 아기 탄생신문 제작 서비스까지 하고 있다.[4]

2004년 축구선수 안정환-이혜원 씨, 야구선수 이승엽-이송정 씨 부부의 만삭 사진이 아침 방송에 나온 후부터, 일반인 사이에서 만삭 사진이 유행했다. 사진관들은 산부인과와 산후조리원에 온 산모들에게 만삭 사진 무료 쿠폰을 나누어 준다. 만삭 사진과 뉴본 사진은 소비자에게 무료 체험 기회를 주었고, 판매자에게 소비자를 끌어들이는 미끼 상품이 되었다.

> '아기 시장'은 '결혼 시장'보다 한층 영악했다. "찍어보고 결정하세요." 아기를 낳기도 전에 산부인과와 산후조리원을 통해 만삭 사진부터 아기 50일 사진까지 무료로 찍어주겠다는 제안이 빗발친다. 무료라니 한번 찍어보았다. 만삭 사진은 못 봐줄 뚱보여서 별로였지만 50일 사진은 귀여웠다. '오호, 이래서들 아기 백일사진을 찍어주나보군' 생각하기 무섭게 사진관에서 100만 원을 훌쩍 넘는 '성장앨범' 패키지 상품을 권한다. 웨딩 촬영보다 거절하기 어려웠다.[5]

언론은 만삭 사진과 성장앨범이라는 새로운 유행을 소개하며 상품을 광고한다. 무료 만삭 사진이지만 백일이나 돌 앨범을 계약해야 사진 원본을 주는 경우도 있다. 공짜인 줄 알았는데 바가지요금을 씌우는 만삭 사진, 수백만 원짜리 성장앨범은 언론 사회면을 장식하기 시작했다. 성장앨범뿐 아니라, 돌잔치 역시 '돈 잔치'라 불리며 사회문제로 부상했다. 수천만 원짜리 호화 돌잔치는 상류층만의 전유물이 아니다. 중산층 가정 역시 돌잔치에 300~500만 원 정도의 비용을 쓴다.[6]

> (돌잔치) 추가 비용도 만만찮다. C업체는 아기 부모의 헤어 메

> 이크업 추가 시 10만 원, 가족 의상 세트는 13만~20만 원, 돌잔치 당일 스냅 사진 촬영(25만~40만 원)과 비디오 촬영(16만 원) 등을 함께 팔고 있다. 김 씨(30, 여)는 "업체에서 계속 권하면 사진과 비디오 촬영을 안 하고 넘어가기는 어렵다. 손님 한 명당 식사비 2만 7,000원에 돌상, 답례품 준비비, 사진 촬영비 등을 다 더하면 생일 파티 한 번에 300만 원이 넘게 들어가는 셈"이라고 한숨지었다.[7]

영아 생존율이 낮았던 과거에 돌잔치는 가족이나 친지, 이웃 사람들과 함께 아이가 무탈하게 첫 생일을 맞이하는 걸 축하하는 자리였다. 그러나 이제 돌잔치는 다양한 산업의 합작품이 되었다. 호텔, 뷔페, 패밀리 레스토랑, 한정식 등 외식 산업, 전문 사회자가 진행하는 돌잡이, 축하 공연 등 이벤트 산업, 현수막, 포토테이블, 답례품, 덕담보드, 덕담카드, 미니 실물 스탠딩 등 인쇄업, 아이와 부모의 의상 구매 및 대여, 헤어와 메이크업, 스냅 사진과 비디오 촬영, 그리고 이 모두를 대행하는 돌잔치 패키지 업체까지. 한 돌잔치 사업 관계자는 "돌잔치 관련 시장 규모가 1조 원이 넘을 것"이라 추정했다.[8]

엄마표 DIY로 비용은 줄고 일은 늘고

:

지속되는 경기 불황에 엄마표 알뜰 돌잔치가 인기를 끌고 있다. 인터넷 쇼핑몰 옥션은 미국발 금융위기가 있었던 2009년 돌잔치 용품 매출을 발표했다. 이 보도에 따르면, 돌잔치와 생일파티 소품 판매량은 2월 한 달간 1만 7,000여 개였고, 전년도 같은 기간에 비해 213퍼센트나 급증했다. 아이 사진을 넣은 포토 현수막과 풍선을 포함한 패키지 상품은 하루 평균 350세트씩 팔렸다.[9] 고물가가 계속되자 부모들은 돌잔치와 성장앨범 비용을 줄이기 시작했다.

> 회사원 김양순(31, 여) 씨는 최근 아들 재준의 돌잔치를 직접 준비해 치렀다. 돌잔치 전문 사이트를 둘러보며 아이디어를 얻어 돌상과 포토테이블, 손님 테이블을 손수 꾸몄다. 파워포인트와 일러스트 프로그램을 활용해 초대장도 직접 만들고 손님들에게 추첨을 통해 나눠 주는 선물까지 준비했는데도 김 씨가 돌잔치에 쓴 비용은 50만 원 정도. 이벤트 업체에 맡겼다면 150만 원은 들었을 터였다. 김 씨는 "엄마가 직접 해주면 비용도 절약하고 의미도 있을 것 같아 준비했다"며 뿌듯해했다.[10]

> 지난 1월 아들 형섭이의 돌잔치를 한 김현진(30, 경남 창원) 씨는 '돌잔치를 꼭 해야 할까' 적잖게 망설였지만 양가 부모님의 권유로 결국 잔치를 했다. 대신 남편과 함께 아기 영상물 제작부터, 돌잔치에 전시할 사진까지 모두 손수 준비했다. 돌상도 따로 주문하지 않고 떡과 과일로 직접 차렸다. 김 씨는 "돌잔치를 준비하면서 남편과 함께 임신 때부터 돌아보면서 육아에 대해 서로 다짐하는 좋은 시간이었다"고 말했다.[11]

두 여성은 엄마표 돌잔치로 돈도 절약하고, 엄마가 직접 준비해줬다는 의미를 강조한다. 엄마가 손수 준비하는 것이 쉬운 일은 아니다. 두 여성은 음식 준비, 돌상 차림, 성장 동영상 제작, 초대장 제작, 포토테이블, 돌 답례품 준비 등을 직접 했다고 말하지만, 이것이 전부는 아니다. 한 육아잡지의 돌잔치 준비 매뉴얼을 살펴보면, 기획부터 손님 초대, 장소 예약, 대행업체 선정 등 엄마가 준비하고 해야 할 일은 부지기수이다.

돌잔치 준비 매뉴얼[12]

D-90 ① 어떤 분위기의 돌잔치를 할 것인지, 초대 인원은 어느 정도인지 계획한다. ② 장식, 돌상, 식사, 이벤트, 답례품, 사진 촬영 등 항목을 나눠서 예산을 짠다.

D-70 ① 예산에 따라 직접 준비할 부분과 대행업체에 맡길 부분을 정한다. ② 돌잔치 정보 사이트에서 엄마들과 많은 정보를 공유하고 적당한 업체를 찾아본다.

D-60 ① 돌잔치 날짜와 장소를 정하고 직접 돌아본 뒤 예약한다. ② 성장 동영상, 포토테이블에 올릴 사진, 콘텐츠를 준비한다. ③ 디지털카메라, 포토샵, 프리미어 등 필요한 프로그램을 익힌다. ④ 돌잔치에 참석할 손님 명단을 작성하고 이메일이나 카드 초대장을 준비한다.

D-30 초대장을 발송한다. 초대장 발송 후에는 일일이 전화로 확인하는 것이 좋다.

D-25 아이와 엄마 의상을 준비하고 메이크업과 헤어스타일

링을 예약한다.

D-20 ① 아이의 돌 사진을 촬영한다. 포토테이블용 사진, 현수막 사진 등을 위해 적어도 열흘 전에는 사진 촬영을 끝낼 것. ② 직접 제작하기로 한 콘텐츠나 장식 등이 있으면 시작한다.

D-07 초대한 사람들에게 참석 여부를 한 번 더 확인한다.

D-03 ① 당일 직접 가져가야 하는 준비물을 빠뜨리지 않도록 체크리스트를 작성한다. ② 파티 장소, 스타일링 등 각 업체에 예약 사항을 다시 한 번 체크해 진행에 차질이 없는지 확인한다.

D-01 ① 돌잔치 당일 움직일 동선을 체크한다. ② 아기가 낮잠을 오래 자면 늦게까지 자지 않아 다음날까지 영향을 줄 수 있으므로 수면 시간을 조절한다.

이 매뉴얼에서 포토테이블 준비는 사진과 콘텐츠 준비로 간략히 언급되지만, 이 역시 간단한 작업은 아니다. 한 잡지에 실린 "세상에 하나뿐인 엄마표 포토테이블" 가이드를 보자. 돌잔치 포토테이블은 아기가 1년간 자라온 모습을 보여주는 사진 전시 공간이다. 우선 사진을 꼼꼼히 선별하고 어떤 액자에 넣을지, 사진 전시 순서는 어떻게 할지 고민해야 한다. 사진 전시뿐 아니라 테이블에 놓을 답례품, 덕담보드, 방명록, 꽃장식 등 장식 소품, 테이블 크기와 높이 그리고 개수, 돌상과의 조화, 돌잔치 이후 집 안 전시까지 고려하여 포토테이블을 연출해야 한다.

돌잔치를 하지 않고 집에서 돌잡이만 한다고 준비가 간단할 거라고 생각하면 오산이다. 돌잡이의 돌상을 전통 돌상으로 할지, 서양식 파티 돌상으로 할지, 파티 플래너의 출장 돌상을 부를지, 온라인 마켓에서 저가 돌상을 대여할지, 중고나라에서 조금 더 싼 돌상을 살지 고민해야 한다. 돌잡이 용품은 빌릴까, 살까. 돌잡이 용품에 골프채를 넣을까, 마이크를 넣을까. 전통 돌잡이 용품으로 할까, 장난감으로 재사용할 수 있는 걸로 할까. 클레이가 나을까, 펠트가 나을까. 아이 돌복은 드레스가 나을까, 한복이 나을까. 가족 모두 맞춰 입어야 하나. 이번 기회에 옷을 살까, 아니면 대여할까, 혹시 옷을 빌릴 이웃이 있나. 집에서 간단히 돌잡이를 하려던 엄마들 역시 온라인 마켓과 돌상 후기를 보며 몇 주 동안 갈등한다.

엄마표 돌잔치뿐만 아니라 베이비 셀프 스튜디오 역시 인기이다. 시간당 몇 만 원에 돌 사진 소품과 스튜디오를 대여해준다. 조명 시설과 사진 촬영 세트, 소품과 의상을 갖춘 스튜디오 공간인 셀프 스튜디오는 수도권과 대도시를 중심으로 확대되고 있다.

> 서울 장안동에 위치한 베이비 셀프 스튜디오 '이글루스튜디오'의 김병규(34) 대표는 "1년 전 문을 열 때만 해도 서울 지역에 몇 곳밖에 없었는데 지금은 전국적으로 셀프 스튜디오가 30~40개 정도 된다"며 그 인기를 전했다. …… 고정은(33) 씨는 만삭의 몸으로 경기도 평택에서 서울 장안동 이글루스튜디오까지 찾아 아들 은준이의 돌 사진을 직접 찍어주었다. 고 씨는 "성장앨범을 만들어주려고 알아보니 120만 원을 불러 스튜

디오를 찾게 됐다. 스튜디오 대여비가 2시간에 4만 원, 인화비가 7만 원 등 총 11만 원 정도에 돌 앨범을 만들었다"며 "절약한 돈은 아기 펀드에 가입했다"고 덧붙였다.[13]

몇 백만 원 하는 성장앨범 대신 스튜디오를 빌려 부모가 직접 사진을 찍어주는 'DIY형 성장앨범'을 만들면 비용을 줄일 수 있다. 성장앨범, 베이비 셀프 스튜디오, 포토북 인화 등 선택지가 다양할수록 여성들은 정보를 모으고 비교하고 무엇을 선택할지 더 많이 고민한다. 사진을 누가 찍고, 언제 찍으며, 어떤 장면을 연출하느냐까지 선택의 폭은 다양해졌다. 사진기 보급과 디지털 기술 발달로, 사진관에 방문하지 않더라도 전문가용 사진기, 디지털카메라, 스마트폰을 이용해 자녀의 일상을 사진과 동영상으로 기록할 수 있다. 사람들은 전문가의 도움 없이 스스로 사진을 기획하고 찍는다. 'DIY형 가족사진'이 가능한 것이다. 한 장의 돌 사진에서 성장앨범으로의 진화는 소비자에게 다양한 선택지를 제공하며 더 많은 시간과 비용을 요구한다.

수십만 원에서 수백만 원이 드는 성장앨범, 수백만 원에서 수천만 원이 드는 돌잔치는 육아 비용을 상승시킨 사회문제로, 저출산의 원인으로 지목된다. 한 대학 교수는 호화 돌잔치가, "부모들이 '다른 사람들이 다 하니까 우리도 이 정도는 해줘야 한다'고 생각해 유행에 편승하는 것"이며, "주인공이 기억도 못할 호화 돌잔치는 부모의 과시욕에 불과하다"[14]고 지적했다. 호화 돌잔치를 하는 부모들도 있고, 발품을 팔아가며 엄마표 돌잔치를 준비하는 부모들도 있고, 돌잔치 대신 돌 사진전을 하거나 아이 이름으로 생애 첫 기부를 하는 부모들도 있으며, 셀프 스튜디오에서 촬영해 밤새워 포토북을 편집하는 부모들도 있다. 이들이 쏟는 노력과 돈을 단순히 모방심리, 과시욕으로 단정할 수 있을까? 돌잔치와 성장앨범이 사라지지 않고, 한국 사회에서 계속 생산되고 소비되고 진화되고 다양하게 변형되는 이유는 무엇일까?

의례에서 부모 사랑의 증표로

:

돌잔치와 성장앨범은 아기의 탄생과 성장, 가족 됨을 기리는 의례와 상업적 성격이 혼재한다. 돌, 성년, 결혼, 환갑, 장례, 제사 등 개인의 삶을 살아가는 과정에 치르는 의례는 "오랜 시간의 축적과 다양한 문화의 습합에 의해 형성"[15]된 것이다. 돌잔치는 단순히 생일잔치가 아니다. 통과의례라는 의미는 오늘날 약화되긴 했지만 여전히 남아 있다. 특히 가족 구성원들의 세대와 가치관에 따라 돌잔치의 의미는 달라진다. 희진 씨는 큰아이 돌잔치를 거창하게 치렀기 때문에 둘째 돌잔치만큼은 가족끼리 오붓하게 하고 싶었다. 비슷한 손님들을 두 번이나 돌잔치에 초대하는 건 너무 미안한 일이기 때문이다. 하지만 가족들은 그렇게 생각하지 않았다.

원래 둘째 때는 돌잔치 안 하려고 그랬는데. 아들이어서 해야 된다는 긴박한 요청으로.(웃음) 그래서 큰딸애보다 조금 더 좋은 뷔페에서 했어. 우리 어머님도 우리 신랑도 막 사람들한테 우리 아들을 보여줘야 한다고 해서 둘째도 돌잔치를 했지.

_____ 박희진

아이는 부부의 아이만은 아니었다. 아기의 첫 생일은 가족 모두에게 중요한 사건이다. 특히 남편과 시어머니에게는 단순한 둘째가 아닌 장손의 첫 생일이었다. 돌잔치는 가족과 친지들에게 장손을 공식적으로 보여주는 자리이자 많은 이들이 장손의 앞날을 축복해주는 자리여야 했다. 꼭 장손이 아니더라도 자녀 수가 적어지면서 아이는 가족 구성원들에게 더욱 중요한 의미를 지니게 됐다.

지난해 첫아이의 돌잔치를 치른 또 다른 이모 씨(31)는 "둘째를 낳는다는 보장이 없기 때문에 최고로만 치러주고 싶어 가장 유명한 곳으로 선택했다"고 말했다.[16]

아이지스튜디오 김태홍 대표는 "임산부의 과감한 포즈에 오히려 놀라기도 한다"며 "아기 앨범용 사진과 함께 동영상 CD를 원하는 사람들이 많다"고 전했다. 킹콩인러브스튜디오 임안나 대표는 "예전에는 부른 배를 창피해했는데 출산이 줄어든 요즘은 일생 한두 번뿐인 임신에 큰 의미를 담고 싶어한다"고 진단한다.[17]

일생에 한두 번뿐인 임신, 하나밖에 없는 내 아이는 더욱 특별한 의미를 지닌다. 의례라는 전통은 소비주의 사회에서 또 다른 의미를 얻었다. 돌잔치와 성장앨범은 바로 부모 사랑의 실천처럼 여겨진다. '요즘 초등학교 자기소개 시간에 성장앨범과 태아 초음파 사진까지 가져가야 한다'는 '카더라 통신'은 아이가 기억하지 못하는 순간마저 기록하고 축하해야 하는 소비주의 사회 부모의 의무를 만든다.

> 결혼이랑 애를 키우는 건 다른 건 줄 알았지. 웨딩앨범은 쓸모없었지만 성장앨범도 쓸모없을 거라 생각을 못했던 거지. 애를 처음 키워보니까 잘 몰랐던 거지. 당연히 해야 하는 건 줄 알고. 내가 첫째 때는 만삭, 성장을 다 했어. 남들이 다 한다고 하니까, 원래 다 해야 하는지 알았지. 애를 가지면 원래 이렇게 해야 하는 코스구나 생각을 했던 거지. 그런데 둘째 때는 아무것도 안 했어.
>
> ——— 이채원

> 사진은 동네 엄마들이랑 공구해야 한다고 하더라고. 그래서 안 한다고 그랬는데, 할 사람이 없어서 언니가 해야 우리가 공구를 한다, 이래서 했어. 굉장히 고급스러운 사진 촬영을 하고 액자도 막 주고. 나는 돌 사진 패키지를 많이 안 한 게 참 다행인 것 같아. 그 촌스러운 액자들 나중에 둘 데 없어가지고. 특히 병풍 액자. 나중에 밉상 액자 되잖아.(웃음) 어디 둘 데도 없고. 애 사진이니까 버릴 수도 없고, 창고에 박혀 있고. 가장 구

석진 곳에 자리 차지하고 있고 막 이러잖아. '병풍 액자는 안 해서 참 다행이다' 생각을 했지.

_____ 박희진

부모라면 당연히 만삭 사진과 성장앨범을 해줘야 한다는 인식은 사진이 예술이라기보다 사회적 관습으로 인식되기 때문이다. 수전 손택이 인용한 프랑스의 한 사회학 연구[18]에 따르면, 어린 시절 자녀의 사진을 찍어주지 않는 부모는 자녀에게 무관심한 부모처럼 여겨졌다. 시대도 사회도 다르지만, 지금 성장앨범을 찍는 한국의 부모들과 유사한 지점이 있다. 바로 소비주의 사회에서 성장앨범과 돌잔치는 자녀에게 무관심하지 않고 모든 지원을 아끼지 않는 엄마, 부모의 증표처럼 여겨진다는 점이다.

백일은 친정, 시댁 식구들 따로 식사를 했는데, 요즘 한정식집에도 백일상이 다 있더라고. 무료야, 서비스여서. 플라스틱으로 된 백일상 다 해놓고. 친정에서 할 때는 백일상이 다 돼 있었고, 시댁 식구들과 할 때는 백일상이 없어서 어머님이 떡이랑 수박, 과일 다 해 왔지. 난 준비 하나도 안 했어. 시어머님이 나한테 그랬어. "내가 안 가지고 왔으면 어쩔 뻔했니. 넌 뭘 준비한 거니." 난 "아…… 예" 이러고 말았지. 둘째 돌은 별로 하고 싶지 않은데 시어머님께서 돌잔치를 안 하면 서운해하실 것 같아. 우리 신랑이 직장 다니면 크게 할 것 같은데.

_____ 이채원

채원 씨는 아이 백일에 시가, 친정 식구들과 간단한 식사를 했다. 식사만 하는 줄 알았지만, 시어머니는 백일상을 손수 준비해 오셨다. 성장앨범, 백일상, 돌잔치는 소비주의 사회에서 '해줄 수 있는 것은 다 해주고 싶다, 다 해줘야 한다'는 부모의 욕망과 의무를 자극한다. 이 의무를 다하지 못하는 엄마는 채원 씨처럼 "뭘 준비한 거냐"는 질책을 받는다.

통과의례는 오늘날 소비주의 사회에서 변화된 모습을 보이고 각 가정마다 다른 듯 보이지만, 돌잔치 자체의 의미는 크게 달라지지 않았다. 바로 아기가 365일 동안 건강히 자라난 데 감사하면서 아이의 미래를 그리며 축복하는 것이다.

지금 이 순간을 놓칠 수 없다
:

지금 영유아를 키우는 여성들은 '남는 건 사진'이라는 걸 몸소 체득한 세대이다. 이들은 가정용 필름 사진기가 보급된 시기에 유년기를 보냈다. 여름휴가, 졸업, 친지 방문 등 특별한 날마다 사진을 찍었다. 디카, 폰카, 스마트폰으로 찍은 일상을 싸이월드나 페이스북, 카카오스토리에 올렸다. 사진첩을 넘기며 새록새록 그때의 기억을 떠올린 경험은 자녀 사진의 필요성으로 이어진다.

사진은 경험을 소유하는 수단이다. 사진기는 경험을 이미지로 기록해주며, 사진의 이미지는 기억보다 더 구체적이다. 사진을 소유한다는 것은 미래에 잃어버릴 수 있는 무언가를 기록할 수 있다는 것이다. 일례로 만삭 사진은 태아가 엄마인 여성의 몸에 있었다는 기록이다. 훗날 자녀가 기억하지 못하지만 자신이 엄마 배에서 자라났다는 사실을 증명하는 학습 도구이다.

> 근데 둘째가 계속 사진을 찾더라고.(웃음) 누나는 성장앨범이 있는데. 그래서 긴급하게 예쁜 앨범을 사서 돌잔치 사진을 탁 꽂아놓고 '이건 너 거다' 하고 보여줬지. 둘째가 그 사진을 여러 번 꺼내 보더라고. 누나 성장앨범은, 누나가 자기랑 많이 닮아서 자기라고 우기면서 보고 있어. 근데 애들이 좀 크니까, 그 전에는 모르지, '더 크기 전에 사진을 찍어주긴 찍어줘야겠다' 그런 생각이 들더라고.
>
> ——— 박희진

희진 씨는 아이들이 자라기 전에 사진을 더 많이 찍어야겠다는 생각이 들었다. 아이들이 커가며 어릴 때 사진을 찾고, 사진 속 자신을 이야기하는 시간이 많아졌기 때문이다. 소중한 추억을 도란도란 이야기하는 것이 바로 사진을 찍는 이유다. 사진은 찰나를 포착하며 풍부한 정보를 담는다. 가족 구성원들에게 공통의 추억과 유대감을 제공한다. 이러한 사진의 위력으로 사람들은 가족의 시각적 아카이브를 만든다. 돌잔치 스냅 사진 촬영에서 가족에게 중요한 사건을 기록하고자 하는 욕망을 엿볼 수 있다.

이 욕망은 산후 의례인 탯줄 보관에서도 드러난다. 윤여송과 서해숙의 〈출생과 관혼상제〉 연구에 따르면, 전라도 장흥군 일대에서는 삼신상, 태처리, 금줄 달기 등의 산후 의례가 이루어졌다.

> 출산할 때 산모와 태아를 연결한 '탯줄'은 대체로 가위로 자르고 길이는 무릎을 기준으로 하여 자른다. 탯줄은 방안 윗목에 놓아두었다가 사흘째 되는 날 저녁에 태워서 발로 비벼 꺼버린다. 또 탯줄을 불결하다 생각하여 남이 보지 않는 저녁에 태운다고 한다. 한편 탯줄을 묻어버리기도 하며 돌에 갈아서 물에 띄우기도 한다.[19]

불결하다고 생각해 남이 보지 않는 저녁에 태우거나 묻어버리던 탯줄은 이제 새로운 의미를 지닌다. 탯줄은 박물관에 있는 신라시대 금관처럼 소중히 간직하고 보관해야 할 소중한 무언가가 되었다. 사람들은 탯줄 도장, 탯줄 액자를 만들기 시작했다. 배냇액자 역시 인기 상품인데, 유리병에 담긴 탯줄, 아이가 태어났을 때 산부인과에서 손목과 발목에 붙여준 이름표, 배냇저고리, 손싸개, 발싸개 등을 한 액자 안에 전시한다. 피프PIFF 광장에 있는 유명 영화배우들의 핸드프린팅 같은 아이 손발 조형물 액자도 있다.

아이의 성장과 매일의 추억은 사진과 동영상으로 남겨야 경험을 현실로 기록하고 소유할 수 있다. 성장앨범, 배냇액자, 탯줄 도장 등은 아이를 중심으로 한 가족의 시각적 아카이브를 제공한다.

힘겨운 엄마 노릇을 인정받는 장

:

돌잔치와 성장앨범의 주인공은 아이이지만 그 기획과 실행은 부모, 특히 엄마의 몫이다. 돌잔치와 성장앨범을 할지 말지, 한다면 어디서 할지, 예산은 얼마나 할지, 엄마표로 할지, 아웃소싱을 준다면 누구에게 주고 점검은 어떻게 할지…… 이 이벤트의 기획, 집행 책임자인 엄마의 고민은 끊이지 않는다. 세상에 하나뿐인 아이를 위한 기록, 첫 생일 이벤트는 그리 행복하지만은 않다. 희진 씨는 두 번의 돌잔치 후 돌잔치가 '소비사회의 절정'이라고 느꼈다.

> 애가 엄마를 못 알아봐서 돌잔치 내내 우는 거야. 항상 화장을 안 하고 있다가, 그날 화장을 처음 했는데. 애 입장에서는 엄마 목소리는 들리는데 엄마 얼굴이 안 보이는 거지.(웃음) 내가 안고 있는데 엄마 아니라고. 그래서 아빠가 진정을 시키고. 울다가 돌잡이하다, 애가 지쳐서 잠들었어. 아, 돌잔치 이건 정말 아닌 것 같아. 뭔가 소비사회의 절정이라고나 할까?(웃음) 아니, 그렇게 죽어라 애를 키운 엄마들한테 돌잡이 전에 한마디 하라고 하잖아. 나는 그 얘기 할 때 되게 눈물이 났거든. 아니 3박 4일을 얘기해도 할 얘기가 없겠어? 뭔가 그런 걸 나눠야 되는 거 아닌가. 근데 불경기에 와줘서 고맙다는 말만 했지. 돌잔치 이건 정말 아닌 것 같아. 엄마 엄청 죽이는 일이지. 엄마가 집에서 돌상을 만들기도 하잖아. 돌상 대행업체도 있고, 엄마들이 그걸 구입했다가 중고로 팔기도 하고. 그게 다 산업이지.

> 어마어마한 산업이지. 근데 그걸 하려면 몇날 며칠을 준비해야 되잖아.
>
> ——— 박희진

아이를 위해 하는 돌잔치지만 엄마는 우는 아이를 달래느라 진이 빠졌다. "애 잡고 엄마 잡는" 돌잔치였다. 엄마가 해야 할 일은 아이 돌봄만이 아니다. 손님들이 오기 전에 돌상과 포토테이블, 현수막 등을 점검하고, 식사 도중 음식이 모자라지 않는지 확인하고, 이벤트 업체가 진행하는 돌잡이, 경품 이벤트를 아이와 함께 즐기고, 출구에 놓은 답례품이 모자라지 않는지 점검해야 한다. 우는 애를 달래며 이벤트 책임자로서 그녀가 해야 할 일이 너무 많았다. 특히 시댁과 친정 어르신들 모두가 만족하는 돌잔치를 위해 신경을 곤두세워야 했다. 희진 씨는 집에서 엄마표 돌잔치를 할까 고민하기도 했다. 온라인 마켓에 특가로 판매되는 돌상을 비교해보고 중고 마켓에 올라온 돌상도 찾아봤다. 하지만 엄마표 돌잔치는 도저히 엄두가 안 났다.

힘든 순간만 있지는 않았다. 여성들은 아이를 위한 일이지만 엄마 또한 그 주인공이 될 수 있는 기회를 활용한다. 엄마가 주인공이 되어도 전혀 지탄받지 않는 자리이기 때문이다. 만삭 사진은 무료 서비스라는 미끼로 여성들을 유혹한다. 성장앨범은 스튜디오 초상 사진의 연극적 성격으로 여성들에게 만족감과 환상을 준다.

> 만삭 사진 찍으면 재미있지. 내가 임신해서 화장 예쁘게 하고

사진 찍을 일이 없는데. 만삭 사진은 하나의 이벤트? 그런 거지. 난 만삭 사진을 세 군데서 찍었어. 무료래서 세 군데 예약해서 찍었어. 한 군데는 자연 속의 분위기였고, 한 군데는 되게 도시적인 분위기인데. 시멘트벽에 기대서, 멜빵 청바지 입고 멜빵 하나 내리고 부른 배를 까고 시크하게 찍고. 또 하나는 그냥 예쁘게 아기자기하게 공주풍으로 찍었어.

—— 이채원

흥미롭고 기록해야 하는 사건이기 때문에 만삭 사진을 찍지만, 역으로 만삭 사진 촬영으로 인해 임신이 흥미로운 사건이 되기도 한다. 채원 씨는 무료 만삭 사진이라는 기회를 적극 활용해 세 번이나 다른 콘셉트로 사진을 찍었다. 한 번은 자연 속 모성, 한 번은 도회적인 엄마, 한 번은 공주풍 여성 이미지로 촬영했다. 만삭 사진은 그 연극적 속성으로 임신이라는 경험에 흥미로운 특성을 부여한다. 스튜디오 선정, 촬영 콘셉트 역시 하나의 기획이 된다. 여성들은 연극적 공간에서 사진을 기획하고, 사진의 피사체가 되고, 그 사진을 전시하는 과정에서 즐거움을 느낀다. 현실을 재생하는 사진의 기능 때문이다. 여성들이 임신 중에 겪는 몸의 변화, 입덧, 부은 다리, 치골통, 허리 통증, 배 뭉침, 감정의 변화, 출산의 두려움 그리고 태아를 위해 참아야 했던 많은 것들은 잠시 접어두고, 만삭 사진을 찍으며 여주인공이 되는 체험을 하면서 임신을 흥미로운 이벤트로 기억하게 된다.

만삭 사진뿐 아니라 돌잔치도 연극적 성격이 짙다. 연극적 공간에서 유일한 성인 여주인공은 바로 엄마이다. 소품, 의상, 헤어, 메이크업은 연극적 행위를 완성하는 요소이며, 여성들은 이 이벤트를 위해 산후 다이어트, 피부 관리, 의상 구매 등을 실행한다.

돌잔치가 소비사회의 절정이라고 비판하던 희진 씨도 직접 만든 성장 동영상을 상영하던 순간을 이야기할 때는 미소를 지었다.

> 우리 때는 동영상이 또 유행이라 나도 큰애 때는 밤을 새워서 동영상을 만들었어. 그때 처음 배워 만든 거야. 나는 재주가 없어서 안 배운다고 그랬는데 "애 돌잔치잖아" 이래서 했지. 성장 동영상을 보면서, 스스로 자화자찬한 것 같아. 아무도 내 노고에 대해서 격려해주는 사람이 없었으니까. 스스로 되게 대견했어.
>
> ―― 박희진

"애 돌잔치잖아", 그 한마디에 휴식도 밤잠도 포기하고 성장 동영상을 만들었다. 그 동영상이 상영되는 순간, 이 모든 고비를 넘겨온 자신이 대견스러워졌다. 성장 동영상에는 임신-출산-육아 과정에서 엄마가 겪은 고통과 노력, 실천이 기록되어 있다. 이 동영상을 가족, 친지, 친구들과 함께 관람하며 자신이 수행한 돌봄과 노동을 알리고, 그 결과물로 아이의 성장을 인정받는다. 아이를 1년간 무탈하게 키워온 것도, 많은 사람들이 모여 축하를 하는 것도, 성장 동영상을 스스로 만들었다는 것도, 이 축제를 기획하고 추진해낸 것도 대견하고 자랑스럽다. "지 새끼 보는 게 뭐 어려워"

"애 보는 게 대수냐"는 편견은 "아무도 내 노고에 대해서" 인정해 주지 않는 인색함으로 이어진다. 그러나 여성들은 이 축제의 유일한 성인 여주인공으로서 365일 24시간 집에 고립되어 사회와 단절된 채 수행한 노력을 인정받는 공식적 자리로 활용한다.

돌잔치는 아무도 몰라주는 엄마 노릇의 노고를 공식적으로 인정받는 장이다. 이 과정에서 여성들은 긍정적인 엄마 정체성을 확립하곤 한다. 과거에 '결혼=부모 됨, 엄마 됨'은 여성 인생의 자명한 경로처럼 간주되었다. 그러나 이제는 결혼을 할지 말지, 누구랑 할지, 언제 할지, 아이를 가질지 말지, 언제 가질지, 하나를 가질지 둘 이상을 가질지 숱한 검토를 거쳐 선택한다. 아이를 갖고자 하는 계획과 다른 인생 계획들 사이에서, 그리고 실제로 아이를 키울 수 있는 여건이 되는지, 여건을 어떻게 만들지 여성들은 끊임없이 고민한다. 엄마가 되기로 신중한 선택을 한 여성들은 역설적으로 '아이를 갖고 키우는' 의미를 끈질기게 찾으며, 아이를 통해 자기 삶의 의미와 존재의 이유를 마련한다. 일생에 한두 번뿐인 임신에 큰 의미를 담고자 하는 욕망 때문에 다른 여성들을 상호 참조하며 엄마로서의 삶을 기록하고 인정받는 장으로 돌잔치와 만삭 사진, 성장앨범 등에 적극 가담하게 된다.

7

장

지금 시작하지 않으면 늦어요!

유아기까지 드리운 조기교육 경쟁

김향수

인적자원이 되어버린 아이들

:

2012년 대통령 선거가 있던 겨울, 언론은 유치원 공개 추첨 현장과 유치원 대란을 보도했다. 유치원 원아 모집 방법이 선착순, 추천제에서 추첨제로 바뀐 첫해, 경쟁률은 두 자리 수를 웃돌았다. 어느 유치원에 합격할지 모르기 때문에, 학부모뿐 아니라 이모, 삼촌, 할머니, 할아버지 온 가족이 동원되었다. 유치원 추첨 아르바이트까지 등장했다. 일부 유치원은 유아를 동반해야 추첨권을 주었다. 유치원 추첨 전쟁에 분통을 터트리는 학부모의 목소리가 높아져갔다. 언론은 앞다퉈 원인 분석 기사를 쏟아냈다. 유치원 추첨 대란이 일어난 이유를 유치원 교육과정 변화(유치원 교육과정과 어린이집 표준보육과정을 통합한 누리과정이 2013년부터 만 3~5세로 확대됨), 유아 학비 지원(무상보육이 2013년부터 어린이집에서 유치원까지 확대됨) 등으로 분석했다. 즉 유치원 추첨제도 변화뿐 아니라 정책 변화로 유치원 수요가 늘어날 것이라 예상되었는데, 정부가 아무런 대책을 세우지 않았다는 것이 요지였다. 대학입시도 아닌 유치원 입학 경쟁은 3살짜리 아이마저 추첨과 경쟁에 내몰리는 사회문제로 주목받았다. 언론 보도는 유치원 추첨 대란과 대학 등록금에 맞먹는 비싼 교육비에만 초점을 두었고, 입학설명회가 설파하는 메시지는 무엇이었는지 다루지 않았다. 왜 사람들은 유치원에 아이를 보내기 위해 온 집안 식구들을 동원하고 아르바이트까지 쓸까? 언론의 분석처럼 누리과정 확대, 입학 전형과 교육비 지원 변화만이 유치원 추첨 대란의 요인이었을까?

나 역시 그해 겨울 유치원 추첨 대란을 겪었다. 큰아이가 영아 전담 어린이집을 다녀서 다른 어린이집이나 유치원으로 옮겨야 했다. 동네에 하나밖에 없는 국공립 어린이집 대기번호는 여전히 세 자리 수였다. 7세까지 보낼 수 있는 민간 어린이집 역시 자리는 없었다. 인근 유치원 네 군데를 넣으면 하나는 합격되겠지 했는데, 정말 한 곳만 합격했다. 유치원 입학설명회를 가면, 유치원 교육철학과 교사 비율, 커리큘럼보다 한 달에 들어가는 비용부터 빠르게 계산했다. 유아 학비 지원이 확대되지만, 한 달에 적게는 10~20만 원에서 많게는 70~80만 원을 추가로 더 내야 하기 때문이다. 입학설명회에서 원장은 자기 유치원의 차별화된 교육 프로그램을 강조하며 원아를 유치한다. 어쩌면 자본주의 사회에서 유아교육이라는 상품을 판매하려면, 특히 비용 측면에서 국공립 유치원이나 어린이집과 경쟁해야 하는 입장에서는 당연한 일이다. 입학설명회 때마다 나오는 이야기가 있다.

> 어머님들, 누리교육과정이 내년부터 실시되는 거 아시죠? 늦었지만 국가가 유아교육의 중요성을 인정하고 그 프로그램을 제공하는 거예요. 그렇다면 그 교육은 누가 해야 할까요? 바로

전문교육을 받고 훈련한 유아교육 전공 교사가 해야 합니다. 우리 유치원은 4년제 대학 유아교육 전공자인 선생님들이 아이들을 가르칩니다. 어머님, 누리과정만 충실히 따라가면 된다고 생각하시면 안 됩니다. 누리과정은 기본으로 깔아줘야 하는 거고, 기본에 무엇을 더 해주느냐가 내 아이의 미래를 좌우합니다.

어느 유치원은 연령별 두뇌 발달 곡선을 대형 스크린에 보여줬다. 이 곡선은 아이의 뇌가 가장 빠르게 발달하고 형성되는 시기로 만 5세까지의 중요성을 강조한다. 아이의 뇌는 태어나서 5년 동안 크기나 기능이 어른의 97퍼센트에 이르는 놀라운 발달을 하므로, 이 시기 인지발달을 극대화하는 프로그램이 필요하다는 설명이 뒤따랐다. 두뇌 발달 곡선 다음에 제시된 그림은 헤크만의 '인적자원 투자 대비 효율성'이었다. 그 포물선은 앞의 포물선과 정확히 반대 모양이었고, 원감은 설명을 마무리하며 이렇게 말했다.

어머니! 지금 아이에게 쓰는 1달러가 고등학교 때 과외비 100달러와 같은 거예요. 나중에 100만 원짜리 과외를 시키시겠어요, 지금 1만 원을 투자하시겠어요? 그러니까 아이가 어리다고 지금 투자하시는 교육비를 아까워하시면 안 돼요. 이건 제가 지어낸 이야기가 아니라, 노벨 경제학상을 받은 사람이 한 이야기예요. 어머님, 앞으로 경쟁이 더 심해질까요, 아닐까요? 어머니 세대의 입시 경쟁, 지금 고3의 입시 경쟁, 비교가 안 되죠? 우리 아이들이 고3이 될 때는 더욱더 심해질 겁니다. 그러니 지금 투자를 아까워하시면 안 돼요.

유아교육 투자의 중요성을 설파하며 유치원 영어, 과학, 미술, 음악, 철학 토론 등 다양한 프로그램의 효과 설명이 이어진다. 뭔지 모를 불편함에 옆에 있는 엄마들의 얼굴을 보았다. 엄마들은 스마트폰으로 그 포물선을 촬영했다. 유치원 문 앞은 학습지, 예체능뿐 아니라 유아 수학, 영어 학원 홍보지를 나눠 주는 사람들로 가득했다. 마치 내가 이상한 나라에 온 앨리스가 된 것 같았다. 그날 나는 그간 외면해왔던 한국 교육 현실의 일부를 경험하고 깨달았다. 내 아이는 효율적 투자로 그 가치를 극대화해야 할 인적자원이라는 사실 말이다.

자녀의 입신양명을 책임지다

:

우리에게 자녀 교육과 어머니 역할은 역사적 뿌리가 매우 깊다. 조선시대 과거제도는 인재 등용의 기회였고, 몰락한 양반들에게는 가문을 번성시킬 유일한 기회였다. 맹모삼천지교, 한석봉 어머니 일화는 자녀 학업 성취, 나아가 사회적 성공에서 어머니 역할을 강조한다. 조선시대부터 어머니는 가문을 일으킬 아들의 출세를 위해 헌신해야 했다. 이 시기부터 어머니와 아들의 "성취 중심 도구적 모자관계"[1]가 시작되었다. 압축적 산업화가 이루어진 1960~1970년대 국책사업인 가족계획사업에서도 성취 중심적 모자관계가 이어져왔다. 서울대학교 사회학과 배은경 교수의《현대 한국의 인간 재생산》(시간여행, 2012)을 보면, 한국 가족계획사업에서 어떤 어머니상이 강조되었는지 알 수 있다. 가족계획사업에서 제시한 이상적 어머니는 "가족 경제를 일으켜 세우는 어머니이고 교육비를 충분히 대며 자녀의 학교 성적을 올릴 수 있는 어머니이며, 이를 통해 자녀의 계층 상승을 노리는 전략적 어머니"[2]였다. 압축적 근대화와 가족 복지의 부재로 가족은 스스로 생존했고, 가족 구성원들은 자녀 교육에 모든 지원을 아끼지 않았다. 교육은 인간의 전인적 발달을 의미하기보다 신분 상승과 출세 수단으로 여겨졌다.

어머니를 자녀 교육 책임자로 여기는 것은 한국만의 현상은 아니다. 최근 거시경제 변화는 어머니들이 가족 지위 생산 노동family status production work에 더욱 매진하게 만든다. 펜실베이니아대학교 사회학 교수인 아네트 라루Annette Lareau는《불평등한 어린 시절》(에코리브르, 2012)에서 미국 사회 부모의 사회적 지위와 불평등이 자녀 교육을 통해 어떻게 대물림되는가를 보여준다. 라루는 중산층 부모들의 새로운 양육 방식을 집중 양육이라 정의하며, 자녀 교육에 시간과 돈뿐 아니라 문화자본까지 투자하는 부모들의 일상을 보여준다. 특히 고용 불안정, 노동 유연화, 계급 양극화라는 거시경제 변화는 중산층 부모들이 자녀 교육에 더 헌신하게 만들었다. 미국의 이야기지만 그의 분석은 우리에게도 시사하는 바가 크다.

한국 사회의 중산층 몰락은 가족 생존을 위협하고 있다. 한국의 부모들은 과거 입신양명이라는 원대한 포부보다 이제 성인기 취업을 걱정한다. 조선시대부터 아들의 입신양명, 즉 사회적 성공을 위해 헌신하는 이상적 엄마상은 자녀 교육의 주요한 행위자이자 책임자로 이어져왔다. 엄마로서 여성들은 부의 세습과 계층 이동을 실천하는 담당자이자 때로는 과도한 치맛바람을 일으키는 문제 집단이 되었다.

유아기까지 내려온 고질적 사교육 문제

:

한국의 조기 사교육 시장은 1980년대에서 그 뿌리를 찾을 수 있다. 인류학자 윤택림의《한국의 모성》(미래인력연구센터, 2001)은 조기 사교육의 시작을 보여준다. 1980년대부터 유치원, 피아노, 미술, 태권도 등 사설 학원이 유아 프로그램을 제공했다. 1990년대부터 방문 학습지, 백화점 문화센터 등 유아 사교육을 제공하는 기관이 다양해졌다. 1990년대부터 3세 유아 학습지가 생겨났고, 1990년대 후반부터 만 1세 영아를 위한 한글, 숫자, 영어 학습지가 출시되었다. 우남희, 김유미, 신은수가 2009년 함께 발표한 연구 결과는 유아 전문 학습지 시장의 성장과정을 잘 보여준다. 1980년대 이후 형성된 학습지 시장은 1990년대 초 대기업의 참여로 전국적으로 확대되었다. 유아 전문 학습지 시장 규모는 2001년 기준 약 8,000~9,000억 원이며 꾸준히 상승하고 있다.[3] 학습지뿐 아니라 유아 사교육 학원도 소규모 사설 보습학원에서 대형 프랜차이즈로 변하고 있다.

1980년대부터 유아 사교육이 시작됐지만, 유아 사교육 시장에 대한 국가 통계는 2012년에야 처음 발표되었다. 2012년 2월 육아정책연구소의 〈영유아 보육교육 비용 추정 및 대응 방안〉에 따르면, 전국 영유아 사교육비는 연간 2조 7,000억 원이다. GDP의 0.2퍼센트에 달한다. 36개월 미만 영아의 41.9퍼센트, 유아의 86.8퍼센트가 유아 교육기관 밖에서 사교육을 받는다. 전체 영유아의 1인당 사교육비는 한 달 평균 8만 100원이다. 사교육비를 지출한다고 응답한 영유아만 치면 1인당 12만 5,700원이다.[4] 사교육비뿐 아니라 대상 연령도 점차 낮아지는 경향을 볼 수 있다.

영유아 사교육 프로그램 역시 다양하다. 어린이집과 유치원 같은 유아 교육기관 혹은 보육기관에서도 유아 사교육 프로그램을 제공한다. 특별활동이라는 이름으로 영어, 체육, 미술, 발레, 종이접기 등의 프로그램이 오후 시간에 이루어진다. 특별활동은 보육료나 유치원비에 포함되지 않고, 추가 비용을 내야 참여할 수 있다. 수도권생태유아공동체 임미령 이사장은 "정부가 특별활동을 오후에 하도록 한 것은 사교육을 공식적으로 허용한 것이며, 여유롭게 휴식을 취하는 것도 아이들에게 중요한데 자꾸 지식을 더하는 교육을 하면서 문제가 되고 있다"[5]고 비판한다. 사설 학원인 영어 학원, 미술 학원, 피아노 학원, 음악 학원, 태권도 학원, 짐보리뿐 아니라 백화점과 대형마트 문화센터, 주민센터 역시 유아 사교육을 제공한다.

학원에 가지 않아도 집에서 유아교육 서비스를 이용할 수 있다. 학습지, 에듀시터(교육education과 보모babysitter의 합성어)와 같은 방문 과외 프로그램뿐 아니라 엄마표 홈스쿨링, 체험학습 등 통계상 잡히지 않는 프로그램도 있다.

다양한 교구와 전집, 체험활동 역시 유아교육으로 볼 수 있다. 맥포머스, 몰펀, 멜리시안러그 패턴 블록, 레고, 듀플로 블록 등 창의력 교구는 다양한 모양과 색깔로 창의력을 높인다고 광고한다. 큐브, 미니루크, 밤비노 루크 등 두뇌 개발 교구는 기억력, 집중력, 관찰력을 향상시킨다고 광고한다. 창작 동화, 바른생활(인성) 동화, 수학 동화, 자연관찰 동화, 전래 동화, 세계명작 동화, 철학 동화, 리더십 동화, 경제 동화, 위인전 등 유아전집의 종류도 다양하다. 아이 연령에 따라 글의 양도 살펴봐야 한다. 출판업계는 6~7세 유아에게 초등학교 교과서와 연계된 전집을 권장한다.

이들 교구와 전집은 아이의 어휘력, 상상력, 창의력, 기억력, 집중력을 높여주며, 체험활동은 풍부함 경험으로 재능과 능력을 개발하여 더 나은 인간으로 성장하게 한다고 부모들을 유혹한다. 이처럼 조기 사교육 제공 기관과 프로그램은 다양해지고 있다. 장난감 하나, 동화책 하나 고를 때도 더 똑똑한 아이로 만들 수 있다는 유혹은 끊이지 않는다.

조기 사교육 시장이 커지자 우려의 목소리도 커졌다. 첫 번째 비판은 유아 공교육이 사교육 시장에 의해 좌우되고 있다는 점이다. 우남희 교수 팀은 영유아 공교육 부재가 사교육 시장을 키웠고, 비대해진 사교육 시장이 유아교육의 정규 교과과정에마저 영향을 끼쳤다고 주장한다. 이뿐만 아니라 조기교육의 효과마저도 사교육 시장에 의해 좌우되는 현실을 비판한다. 이들은 유아 공교육이 시장에 의해 파행을 겪는 이유를 다음과 같이 설명한다.

> 우리나라는 저출산으로 유아들이 부족한 상태에다 미술 학원, 영어 학원, 태권도 학원 등 유아프로그램 운영으로 정규 유치원은 사교육에 밀려 원아모집에 어려움을 겪게 되었다. 따라서 영유아들의 학교인 유치원에서도 원아모집을 위하여 특기 적성, 영어 학습 등을 교과과정 속에 포함시켜 정통 유아교육은 파행을 겪는 실정이다. 유아들은 유치원을 그만두고 영어 학원으로 이동한다. …… 현재까지 사교육 전반에 걸친 교육 효과나 적절성에 대한 국내 연구는 부족하다. 빠를수록 아이들이 쉽게 빨리 배운다는 단순한 통념에 의해 과학적 뒷받침 없이 과도한 교육이 이루어지는 실정이므로 현행 조기 사교육의 적절성에 대한 체계적 연구가 요구된다. 특히 우리나라의 사교육은 교육자들에 의해 이루어지는 것이 아니라 20조 원이 넘는 사교육 시장에 의해 좌지우지되고 있으며 과대 광고나 허황한 광고에 현혹된 학부모들이 신뢰할 수 없는 비교육자들에게 자녀 교육을 맡기고 있으므로 이들에 대한 연구나 교육도 절실하다.[6]

두 번째 비판은 과열된 사교육 열풍으로 부모들의 경제 부담과 아이들의 피해가 발생한다는 점이다. 사립대 등록금에 맞먹는 유치원 비용, 조기 사교육으로 정신건강 문제를 겪는 아이들이 대표적 사례다. 영어 유치원을 다니다 소아정신과 치료를 받거나 조기

독서로 경계성 자폐 진단을 받는 등 아이들 상황은 심각하다.

입소문이 난 영어유치원 수업은 빡빡하다. 수학, 과학, 사회, 문학과 미국 교과서 등 5교시 수업을 매일 하고, 한 시간 정도만 미술, 체육, 음악을 돌아가면서 한다. 초등학교보다 과목이 많은 셈이다. 보통 영어유치원에 3년쯤 다닌 '7세 3년 차'가 되면 3학년 미국 교과서 정도를 가르친다. ㄱ씨도 엄마들도 조기교육의 해악을 모르는 게 아니지만 '그래도 내가 옳은 선택을 했다'고 믿고 싶어하는 것 같다고 말했다. 남편이 반대한 경우도 적지 않고, 그런 만큼 엄마들이 아이들의 성과에 집착했다는 것이다. 고액 유치원에서 아이들이 스트레스 받는다는 것을 알면서도 그 말이 아이가 뒤처지고 있다는 것처럼 들릴까봐 말하지 않는 경우도 많았다. 간혹 일반 유치원으로 나가는 아이들을 '낙오자' 취급을 하는 엄마들도 있었다. 원어민들은 이런 현실을 보고 대개 경악한다. '영어를 모국어로 쓰는 미국 1학년 아이들도 이런 걸 안 시키는데 여섯 살 때부터 읽고 쓰는 것이 가능하냐' '책을 주니까 가르치긴 하는데, 문화적 배경도 전혀 없고, 아이들이 내용을 이해할 만한 나이도 안 된 상태에서 너무 심한 것 아니냐' '가르치면서도 너무 황당하다' 이런 이야기를 하는 원어민 강사들에게 '한국 엄마들은 자녀 교육에 있어서만은 물러서지 않는다'는 식으로 설득하면서도 ㄱ씨는 뭔가 잘못되고 있다는 느낌을 지울 수 없었다고 했다.[7]

이 기사는 영어 조기교육의 부작용을 보여준다. 사교육 문제는 학령기 아이를 둔 부모만의 문제가 아니다. 사교육 연령 하향화, 사회 계층 간 위화감 심화, 사교육 기간 장기화로 인한 경제적 부담 증가 등 이들 부작용은 조기교육을 유아 공교육이나 교육기관이 아닌 시장이 주도하며, 기업이나 개인이 제공하는 상품으로 판매하면서 생긴 문제들이다.

불안과 죄책감이 키우는 교육 시장

:

언론과 전문가들은 시장과 결합한 조기교육론자들의 유혹에 넘어가지 말라며 부모들에게 충고한다. 언론은 조기 사교육을 소비하는 젊은 엄마들을 다루며, 치맛바람을 일으키는 '극성 엄마'들이라고 윽박지른다. 조기교육으로 고통받는 아이들에 대한 보도는 부모의 비틀어진 욕망을 꾸짖으며 끝난다. 그렇다면 이 욕망은 어디에서 오는 것일까?

대중매체의 사교육 담론은 교육 역시 상품이라는 논리를 충실히 전하며 사교육 시장의 입이 되고 있다. 언론 사회면과 교육면은 사교육 폐해를 고발하며 적기 교육의 중요성을 강조한다. 또한 대안 육아와 교육 실천을 소개한다. 조기교육에 대한 상반된 주장 속에서 부모들은 갈등할 수밖에 없다.

오지연(32, 서울 중랑구) 씨는 "굳이 남보다 앞서 가르치지 않아도 학교에 가면 또래들보다 뒤지지 않을 것 같다"고 생각해 30개월 된 딸에게 굳이 '학습'을 시키지는 않는다. "맞벌이를 하다보니 정보가 부족해서 안이한 생각을 하는 게 아닌지 불안"하지만, 오씨는 앞으로도 딸을 학원에 보내는 대신 집에서 좋아하는 그림을 마음껏 그릴 수 있도록 해줄 생각이다. …… '늦어도 4살 때는 한글 교육, 5살 때는 영어를 시작해야 한다'는 주변의 '성공담'을 듣기라도 하면 마음이 조급해지기 마련이다. …… 조기교육 경쟁에 발을 들이는 건 부모들에게 적잖은 부담이다. 소신을 가지고 "아이를 마음껏 놀게 하겠다"는 부모들도 "잘하는 건지 속으로는 불안할 수밖에 없다"고 털어놓는다.[8]

소신을 가진 부모도 두뇌, 창의성, 감성 발달과 연계된 조기교육 담론에서 자유로울 수 없다. 조기교육을 할지 말지, 한다면 언제 시작할지, 무엇부터 시작할지 고민은 반복된다.

육아잡지와 서적은 유아의 인지력, 감수성, 창의성 개발을 위한 다양한 교구, 교재, 체험을 소개한다. '아이 발달 단계에 맞는 자극과 환경을 얼마나 제공해주는가'가 두뇌 계발에 가장 중요하다고 강조한다. 이들은 엄마가 집에서 다양한 자극을 주는 것은 한계가 있으니, 전문가들이 만든 프로그램을 이용하라 권한다. 아이 발달과 흥미를 고려한 전문가들의 프로그램을 구매하면, 아이들이 더 쉽게 즐기며 놀이처럼 배울 수 있다고 유혹한다. 조기교육은 이처럼 교육 상품 소비로 이어진다.

전문가들은 조기교육 효과가 입증된 바는 없으며, 조기교육을 빙자한 '엄마들의 취미활동'일 뿐이라고 경고한다. 여성들은 서로 다른 주장 속에 갈등한다. 갈등하는 이유는 경쟁적 줄 세우기 교육이 유치원까지 내려온 현실과 각종 '카더라' 통신 때문이다.

> 주변 엄마들 이야기를 들으면, 나도 조기교육을 해야 하는 게 아닌가 생각이 들지. 그런 엄마들이 이야기를 해. 나 아는 애기 엄마가 그러는데 "다 시켜서 초등학교에 보내야지 안 그러면 확실히 떨어진다" 이런 이야기를 흘리면, 엄마들 마음이 요동치는 거지. 진짜 해야 하나? 요즘 이런 것들로 너무나 많은 고민을 하는 거야. 우리 애가 내년에 유치원에 들어가는데. 다른 엄마들이 이것저것 시킨다는데. 아무것도 안 시켜도 되나 생각이 드는 거지. 그리고 뭐 ○○대 부속초등학교인가? 거기는 아예 입학할 때부터 영어 우월반을 나눈다는 이야기를 들으니까 뒤처지면 안 되겠다는 생각이 있지.
>
> ——— 이채원

> 정말 잠깐잠깐 하는 수업도 4만 5,000원, 5만 원 이래요. 언어치료 같은 거 40분에 7만 원 해요. 그런 거를 하고 심리치료, 미술치료, 놀이치료 받고. 아들애가 뭔가 뛰어나진 않아도 너무 순하니까 뭔가 이상하다고 주변에서 뭐라 하고. 그래서 자극이 필요하다 싶은데 내 스스로 정리할 능력도 없는 것 같고, 애한테 한 달에 150만 원, 200만 원을 썼어요. 그게 약간 사기 같

은 게 엄마들의 불안감을 조성하고 우리 아들 못한다 하면 학원이든 뭐든 할 수밖에 없게 되거든요. '하다가 안 하면 얘가 다른 애들보다 뒤처질까? 학교에 적응을 못할까?' 어릴 때는 시키는 대로 다 할 거라는 착각이 있잖아요. 주변에서 '어릴 때 뇌교육을 시켜야 한다, 머리를 활성화시켜야 한다, 자극이 필요하다' 자꾸 이런 식으로 몰아갔어요.

—— 김희수

두 여성의 이야기는 자녀 교육 지원이 대학입시에 한정되었던 과거와 달리 영유아기까지 내려왔다는 점을 보여준다. 두 여성 모두 청소년기 입시지옥을 경험한 세대이다. 부모들이 교육에 무조건 투자했듯이, 자신도 자녀 교육에 투자해야 한다는 압박을 느낀다. 초등학교 입학부터 경쟁이 시작된다는 사실은 유아기부터 사교육을 해야 하는 당위로 다가온다.

영유아 조기교육 열풍은 초등교육 정책 변화로 더욱 심화되었다. 첫 번째 변화는 줄 세우기 학력 경쟁이 초등학교까지 내려온 것이다. 초등학교 일제고사 실시, 입학부터 영어 우월반 선발하는 사립초등학교, 초등학교 3학년까지 내려온 영재 선발 등 교육 정책 변화는 초등학교 입학 전 선행학습이 필요하다는 시장 논리에 기여한다. 초등학교 때부터 지역 교육청의 영재라는 스펙을 만들어주어야 특목고든 대학입시든 수월해진다는 카더라 통신은 엄마들의 발길을 학원으로 이끈다. 대학입시가 유치원까지 내려온 것이다.

둘째, 글로벌 창의인재 양성이라는 교육과정 변화 역시 영유아 영어교육 열풍을 가져왔다. 정부 교육 정책으로 2008년 영어몰입교육이 도입되며 영어 사교육 바람이 불었다. 사교육걱정없는세상에 따르면, 사립초등학교의 영어교육 실태는 다음과 같다.

> 서울 소재 40개 사립초등학교 전부가 초등학교 1학년부터 영어교육을 시키고 있다. 정규 교과과정에서 영어교육은 초등학교 3학년부터 시작한다. 3, 4학년은 주당 2회씩 연간 132시간, 5, 6학년은 주당 3회씩 연간 204시간 영어수업을 듣는다. 반면 사립초등학교 상당수는 1학년 때부터 연당 200시간이 넘는 영어교육을 받는다. 영어 수업시간이 이렇게 많이 잡힌 까닭은 수학, 과학, 사회, 도덕 등 다양한 과목을 영어로 가르치는 영어몰입교육을 시행했기 때문이다. 서울 사립초등학교 가운데 28개 학교가 영어몰입교육을 실시하고 있다. 초등학생이 한글로도 이해하기 어려운 수준의 수업을 영어로 진행한 셈이다. 1, 2학년의 경우 '창의적 체험활동' 시간을 영어수업으로 활용한 것이 드러났다. 또한 수업을 수준별 학습을 하며, 선행학습을 시키고 있다.[9]

국제중, 교육국제화특구는 영어가 아닌 교과목마저 영어로 가르치는 사립초등학교를 만들었다. 이는 사립초등학교를 다니는 아이들과 학부모들만의 문제가 아니다. 국공립초등학교 학부모들 역시 자녀 영어교육의 비교 대상은 사립초등학교 아이들이기 때문이다. 이처럼 교육 정책 변화로 유아 영어교육 시장은 급성장했다. 성인 영어학원이 유아 영어시장에 뛰어들었다. 영어 전문학원은 영어유치원이란 이름으로 급속히 퍼졌다.

채원 씨와 희수 씨는 내 아이가 '다른 아이보다 뒤처질까, 초등학교에서 적응하지 못할까' 걱정하며 조기교육을 시작한다. 사교육 시장은 경쟁에 뒤처질까 두려워하는 엄마들의 심리를 파고든다. 자녀 교육에 소신 있는 엄마들마저 무심하고 부족한 엄마라는 죄책감을 느끼게 된다. 엄마의 불안과 죄책감은 교육 상품 소비로 상쇄된다. 소비자본주의 사회는 마치 이 교육 상품을 소비하면 아이 발달이 촉진될 것 같다는 환상을 엄마들에게 가져다주기 때문이다.

조기 사교육은 '더 빨리 시작하는 게 좋다'는 막연한 기대와 함께 아이의 성공한 삶을 보장하는 투자처럼 여겨진다. 이부미와 이수정은 조기교육 열풍이 "무한 경쟁체제로 특징지워지는 우리 사회 교육의 적나라한 모습이며, 사회적 문화적 심리적 압력이 작동하는 현상"[10]이라고 분석한다.

즉 조기 사교육 열풍은 개개인들에게 가해지는 사회적 압력 때문이다. 결국 개인의 불안인 동시에 우리 사회가 만든 구조적 불안인 것이다.

조기교육이냐, 적기교육이냐

:

언론과 전문가들은 조기교육의 폐해를 말한다. 조기교육의 악영향이 드러날수록 부모들이 경각심을 가지고 조기교육을 그만둘 것이라 기대하지만, 문제는 그리 단순하지 않다. 경쟁적 교육 환경은 여전히 변하지 않기 때문이다. 시장은 소비자들을 유인하기 위해 마케팅 포인트를 수정한다. 사교육 시장 담론은 조기교육과 적기교육을 대조하는 담론들을 비웃으며, "적기를 앞당기는 육아 기술"을 강조한다. 교육 적기는 자연스럽게 생기지 않으며, 주 양육자가 아이의 관심사를 잘 파악하고 호기심을 자극하는 환경을 제공해야 한다는 것이 이들의 주장이다.

> 영어교육 전문가들은 이구동성 조기교육을 반대하고 적기교육을 지지한다. 모든 배움은 아이 스스로 호기심을 갖는 때가 있으며, 바로 그 순간이 배움을 시작해도 좋은 공부 적기라는 것. 하지만 마냥 기다린다고 없던 호기심이 갑자기 생겨나고, 지적 능력이 꽃피우는 것은 아니다. 아이의 호기심을 자연스럽게 끌어내기 위한 환경 자극이 필요하다.[11]

이들은 획일적인 조기교육이 아니라 맞춤형 교육을 이야기한다. 엄마가 내 아이의 발달을 잘 살펴보고 아이가 좋아하는 것이 무엇인지를 파악해야 한다. 그래야 내 아이의 호기심과 동기를 자극해 교육 적기를 앞당길 수 있다. 엄마는 시각, 촉각, 청각 등 충분한 감각 자극 환경을 만들며, 개방적이고 창의적인 질문과 대답으로 아이의 상상력에 날개를 달아주어야 한다. 이들은 엄마가 맞춤형 교육을 한다면 아이의 영재성은 더 크게 발휘될 것이라며 엄마들을 유혹한다. 글로벌 시대의 필수 언어로 강조되는 영어 조기교육 기사를 살펴보면, 엄마들에게 요구되는 것이 무엇인지 더 자세히 알 수 있다.

> 영어 성장판을 아이 스스로 자극하기는 힘들기 때문에 엄마의 역할은 매우 중요하다. 아이에게 자극이 필요한 시기를 재빨리 캐치하는 것도 중요하지만, 아이와 함께 영어를 공부한다는 마음으로 즐겁게 놀이하듯 접하려고 노력해야 한다.
> 엄마표 영어수칙 1. 결코 조바심을 내지 말 것. 어차피 영어교육은 장기전이므로 반짝 효과를 기대하면서 고가의 교재를 구입한다거나 교육시킨 만큼 아웃풋이 나오지 않는다고 실망해서는 안 된다. 아이들마다 그 성과는 제각각이기 마련이므로 늦되는 아이일수록 기다려주는 자세가 중요하다.
> 엄마표 영어수칙 2. 엄마 스스로 영어와 친해져야 한다. 자신이 없다고 해서 오디오만 틀어주거나 선생님에게만 의존해서는 결코 만족스러운 결과를 얻기 힘들다. 같이 읽고, 같이 공부하고, 같이 즐기면서 이끌어주도록 한다.
> 엄마표 영어수칙 3. 모국어가 완성되어가는 시기의 제2언어 교육이므로 우리말 습득에도 각별히 신경을 써야 한다. 영어에 노출시키는 것 이상으로 우리말 책과 자료에 충분히 노출시키

고 엄마가 우리말로 차고 넘치도록 수다를 떨어주기도 한다. 엄마표 영어수칙 4. 정보에 뒤떨어지지 않는 것도 중요하지만, 분위기에 휩쓸리지 않는 줏대도 필요하다. 인터넷 커뮤니티 등을 통해 내 아이에게 필요한 영어 정보를 적절히 취하고 과열된 교육열에 대해서는 경계하는 자세를 잊지 말자. 아직 준비되지 않은 아이들에게 어려운 책을 읽힌다든지, 어느 시기에는 무엇무엇까지 마스터해야 한다든지 하는 근거 없는 기준보다, 내 아이의 현재 상황에 맞는 방법으로 진행하는 지혜를 갖춰야 한다.[12]

"영어 성장판 쑥쑥 키우는 교육법: 성장판 자극의 주역은 엄마와 아이"라는 기사 제목에서 알 수 있듯이 엄마의 기획과 노력이 강조된다. 조기 영어교육 부작용은 아이 수준을 맞추지 못하고 성급히 교육 효과를 바라는 부모 욕심 때문에 생기는 것처럼 그려진다. 엄마가 능력을 발휘한다면 아기가 영어 거부감을 가지지 않고 영어 성장판을 자극할 수 있다고 강조한다. 기사는 영어 성장판 자극을 위해 수준별, 성향별 자극법(아이의 성격, 학습 태도에 맞는 방법)을 제시한다. 아이가 집중할 수 있는 시간은 월령에 따라 다르며 아이마다 개인차가 크므로, 엄마는 아이의 발달, 기분, 반응 등 아이의 신호를 민감하게 파악해야 한다. 내 아이의 발달을 가장 잘 아는 사람은 주 양육자인 엄마이므로, 엄마의 작은 관심과 노력으로 조기 영어교육 성공을 만들 수 있다고 유혹한다. 이러한 기사는 영어 조기교육 부작용을 아이의 눈높이에 맞추지 않은 엄마 잘못으로 인식하게 만든다. 엄마 욕심으로, 엄마의 능력 부족으로 아이는 호기심과 탐구력을 잃은 무기력한 수동적 학습자가 되는 것처럼 그린다.

엄마표 홈스쿨링은 학습뿐 아니라 문화생활에도 적용된다. 다양한 체험과 문화생활은 전인적 발달과 창의적 인재를 만드는 데 필수 아이템으로 강조된다. 엄마가 조금만 신경 쓰면 아이는 문화생활을 제대로 즐길 수 있다며 엄마 역할은 거듭 강조된다. 아이 취미를 고려해 첫 문화생활로 연극을 볼지 영화를 볼지 박물관을 갈지 미술관을 갈지 엄마가 선택해야 한다. 첫 문화생활을 하기 전 엄마가 아이 흥미를 높이기 위해 관람 내용을 미리 설명하거나 예행연습을 하는 것도 권유된다.[13]

사교육 담론은 "조기교육이냐, 적기교육이냐"라는 교육 전문가들의 담론을 비웃으며 진화하고 있다. 교육 전문가들이 조기교육의 폐해를 지적하며 적기교육의 중요성을 강조하지만, 시장은 적기를 앞당기는 엄마표 교육을 강조한다. 여성이 자녀의 관심사와 취미, 수준, 성향 등을 고려하여, 자녀가 거부감을 가지지 않고 흥미롭게 교육, 체험을 하도록 시간을 분배하고 의사소통을 통해 자녀와 협상을 한다면, 내 아이에게 조기교육의 폐해란 없을 것이라 유혹한다. 엄마들은 교육 소비자이면서도, 어린 자녀 교육의 투자, 지원, 관리를 주도하는 기획 조정자, 실천자, 책임자로 호명된다.

모성의 덫, 끝나지 않는 엄마 역할

:

여성들은 뱃속 태아를 품고 태어난 아기를 돌보는 경험을 통해, 아이의 성장 발달을 지켜보며 엄마의 중요성을 배운다. 아이의 성장은 몸에 한정되지 않는다. 아이의 어휘력, 집중력, 기억력, 상상력, 추론 능력을 발달시키기 위한 놀이와 교구는 아이가 자라면서 서서히 자녀 교육 문제로 옮겨간다.

> 애가 어릴 때는 먹여주고 재워주면 다른 게 없었잖아. 근데 지금은 감성을 채워줘야 하고 교육을 시켜야 하잖아. 먹여주고 재워주는 것은 기본이고. 이제는 엄마들이 어떻게 가르치느냐, 애 감성을 어떻게 채워주느냐. 이건 엄마의 실력 문제잖아.
>
> ——— 이채원

채원 씨는 아이의 재능을 발견하고 그에 맞게 키우는 것이 엄마의 주요한 역할이라는 압박을 느낀다. 자녀 교육이 엄마들의 실력 문제라는 그녀의 말은 이러한 현실을 반영한 이야기이다. 유아기가 중요하다는 조기교육 담론에서 그녀 역시 자유롭지 않다. 경쟁적 교육 환경은 바뀌지 않았고 오히려 더 아래로 아래로 내려왔기 때문이다. 뒤처지지 말길, 조금 더 앞서 가길 바라는 마음은 아기 엄마마저 교육 상품을 소비하게 하며, 자녀 교육에 승부를 거는 경쟁적 엄마 노릇으로 인도한다.

육아기 지나면 '우리 애는 밥 먹는 걸 잘 못했는데 이제는 잘 먹어' 그렇게 할 때쯤 되면 공부를 해야 되잖아. 근데 이상하게 공부를 하면 애보다 엄마들이 더 걱정이고 애보다 엄마들이 알아봐야 할 게 많다니까. 특히 요즘 같은 시대는, 알아서 혼자 공부할 수 있는 시대가 아니기 때문에 더 그렇지. 엄마의 정보력이 떨어지면 그만큼 차이가 나고 따라가지 못하고. 당연하게 "엄마는 뭐 하는 사람이야?" 이렇게 묻잖아. 나는 부당하다는 생각이 들지.(웃음) 엄청 부당하다고 생각해. 엄마라서 유보되는 많은 지점들. 애들을 어떻게 길러야 된다, 남편한테 어떻게 해야 된다, 집을 어떻게 꾸며야 된다, 식생활을 어떻게 해야 된다, 이 모든 것들에 대한 주문 사항이 쏟아져 나오고 그 매뉴얼대로 움직여야 되는 사람이 엄마잖아. 항상 숙제만 있지. 그걸 잘했다고 뭔가 환원받거나 충분한 권리를 누리는 것은 없어. 뭘 어느 정도 해서 평안히 유지가 됐다, 그러면 임무가 끝나는 게 아니라 끊임없이 긴장하고 뭔가를 더 해야 되는 상태에 놓여 있는 것 같아. 내가 이미 했던 것보다는 아직도 못한 것들을 자꾸 바라보면서 살고 있는 것 같아. 안 그러는 엄마들이 거의 없는 것 같고. 엄마들 중에 '나는 정말 너무 잘했어. 나는 잘하고 살아. 난 충분히 잘했어' 이러고 사는 엄마들이 있을까? 별로 없을 것 같아.

—— 박희진

희진 씨는 육아가 시간이 지남에 따라 수월해지기보다 새로운 숙제들이 쏟아지며 끝나지 않는 임무에 허덕이게 된다고 토로한다. 갓난아이를 돌볼 때처럼 쪽잠을 자지는 않지만 아이 혼자 공부할 수 없는 사회이기 때문에, 아이가 커가며 엄마가 해야 할 일은 점점 많아진다. 엄마들은 막대한 재정 지원, 정보 수집과 선별, 교육 상품 선택과 모니터링, 정서적 지지라는 숙제를 떠안는다. 또한 학습 동기를 높이기 위해 아이와 협상해야 한다.

엄마로서 성공과 완성을 향해 나아가야 한다는 압박 때문에 여성들은 끊임없이 긴장과 불안 속에 살아갈 수밖에 없다. 하지만 엄마 노릇의 성공은 무엇으로 판단할 수 있을까? 사회적으로 인정받는 아이, 훌륭한 인적자원을 만들면 성공한 것인가? 여성들은 쏟아지는 엄마 역할에 질문을 던진다. 엄마라는 이름에 주어진 숙제들이 너무 부당하다고 말한다.

> 아이가 커가면 성적으로 (엄마들이) 서로를 평가하지. 저 엄마는 정말 모성애가 강한 엄마야. 저 엄마는 애는 내팽개치고 자기만 살려는 사람이야. 그런 게 싫은 거지. 나는 솔직히 육아는 체질이라는 생각을 되게 많이 하거든. 육아를 잘하는 엄마들이 나한테 이야기를 해. 자기는 정말 이게 체질에 맞는다고. 아이랑 놀아주고 이야기해주고. 나 같은 경우는 그게 너무 적성에 안 맞는 거지. 사회에서는 엄마라면 무조건 애들을 잘 케어해주고 돌봐주고 재능을 살려주고 가르쳐야 하는 존재지. 그런데 이걸 못하는 엄마들도 있잖아. 내 일이 더 중요한 나는 내가 더 잘 살았으면 좋겠고. 이런 엄마들을 "저 엄마는 못된 엄

마야"라고 평가하는 게 나는 싫은 거지. 엄마는 무조건 양육 스트레스를 견디고, 무조건 산후우울증을 견뎌내야 하고, 애가 잘 크는 걸 바라봐야 하고. "왜 언니는 육아에 올인하지 않아? 전업주부인데도 왜 올인하지 않아?" 그렇게 묻는 거지. 나도 내 일이 있고, 내가 하고 싶은 일이 있잖아. 어떻게 애가 우선이야. 난 내가 우선이야. 만약 바쁘면 하루 청소 못할 수도 있고, 내가 아프면 애 반찬을 잘 못 챙겨줄 수도 있고. 그런데 그 엄마들은 그게 이해가 안 가는 거야. 나는 기본적인 것을 다 해주고 옵션을 못해줄 뿐인데, 이 엄마들은 그 옵션까지도 모두 다 해야 한다고 생각하는 거지.

——— 이채원

아기가 어렸을 때는 '잠만 푹 잘 수 있다면' '모유수유만 벗어날 수 있다면 마음대로 먹고픈 걸 먹을 텐데' 하는 바람으로 채원 씨는 바쁜 남편을 대신해 홀로 몇 년을 버텨왔다. 4살 큰아이와 둘째를 임신했을 때 그녀는 몇 달간 자신을 위해 여가 시간을 보냈다. 동네 엄마들은 그녀에게 이러쿵저러쿵 훈수를 뒀다. 그녀는 자신에게 쏟아지는 비난이 억울했다. 엄마로서 "기본을 다 하고 옵션을 못하는" 것뿐인데. 그녀는 자신을 비난했던 엄마들과 자신이 엄마로서의 기본에 대한 규정이 서로 다르다고 생각했다.

사회가 요구하는 엄마 노릇을 충실히 수행한다고 해도 갈등은 존재한다. 자녀 교육에 승부를 거는 엄마들 역시 불안하긴 마찬가지다. 아이가 하는 이 교육 상품이 제값을 할까, 효과가 있을까? 아이 교육에 돈과 시간을 모두 투자했는데 아이 성적이 오르지 않으면 어쩌지? 더 좋은 학군으로 이사를 갈까? 경쟁이 지배하는 사회, 부족한 복지제도, 불공정한 한국 사회는 엄마들에게 '낙오자로 아이를 키워서는 안 된다'는 불안을 조성한다.

"세 살 버릇 여든까지 간다"는 속담은 아기의 신체적, 정신적, 지적 발달뿐 아니라 체제가 요구하는 인적자원을 완성시키는 데 엄마의 역할이 결정적이라는 신화로 변화한다. 믿으면 천당 간다는 논리처럼 엄마면 뭐든 다 해야 한다는 '만능 엄마교'가 만연해져간다.

엄마가 자녀의 몸과 마음 그리고 인생까지 기획하고 관리하며 위험 요인을 줄일 수 있다는 신화는 개별 여성들에게 '모성의 덫'을 놓았다. 엄마들의 책임과 역할은 강화되고 있다. 각종 지침과 결합된 강도 높은 모성 이데올로기는 엄마들에게 도달하지 못할 기준을 제시한다. 엄마들은 늘 결정적 시기인 영유아기에 더 많은 자극과 기회를 제공해야 한다는 강박과, 내 아이가 뒤처지지는 않나 하는 불안과, 항상 부족한 엄마라는 자책감에 시달리고 있다. 과연 엄마 역할의 기본은 어디까지인가? 갈수록 커져만가는 엄마의 역할과 책임이 과연 엄마 개인의 문제일까? 당연히 엄마 개인이 극복해야 하는 시련은 아니다. 우리 사회가 만든 '모성의 덫'에 포획된 엄마들의 문제는 바로 우리 사회의 문제이기 때문이다.

“내가 불안해서 사교육을 시킨 거예요”

처음 보는 나에게 김희수 씨는 기꺼이 자신의 이야기를 들려주었다. 비가 내리는 날이었다. 김희수 씨가 사는 마을의 도서관에서 만나 마주 앉았고 그녀는 처음부터 끝까지 내 눈을 응시하며 이야기했다. 그이에게는 하고 싶은 이야기가 있었다. 취학 전의 아이에게 4,000~5,000만 원의 사교육비를 썼던 일을 낱낱이 상세히 말해주고 싶어했고, 자신이 왜 그렇게 했으며, 지금은 어떻게 해서 그 소용돌이치는 행위에서 벗어나고 있는지 말하고 싶어했다. 아이를 기르며 자연스럽게 이웃의 말과 행동을 따른 일이 얼마나 잘못된 결과를 초래했고, 그 잘못된 풍경이 일상이 된 우리 사회가 얼마나 비뚤어졌으며 위험한 방향으로 가고 있는지 증언하고 싶어했다. 한 번도 쉬지 않고 나지막한 목소리로 조곤조곤 이야기하며 집중했다. 이따금 젖어드는 눈빛과, 작아졌다 커지던 목소리와, 물끄러미 쳐다보던 시선을 나는 그렇게 이해했다.

단지 아이가 학교에 들어갔을 때 공부 못해서 상처받을까봐, 경쟁에 뒤처질까봐 지레 두려워 ‘꼭대기만을 쳐다보며’ 돈과 시간과 아이와의 관계까지 시장의 먹잇감으로 내놓았다. 나중에 그 어떤 것도 조기교육으로 해결되지 않고, 오히려 새로운 이름의 병명과 사교육 상품만 꼬리를 물고 부추겨지는 것을 보고, 그녀는 그 무의미한 '돌진'을 용감하게 멈추려고 마음먹었다.

김희수 씨가 말해준 경험담은 어느새 상식이 되어가는 일상의 모습이었다. 태어나자마자 비싼 분유와 유모차, 성장앨범 구매를 시작으로 아이들은 제각기 특별해져야 했고, 이는 뇌교육이나 영어유치원, 놀이학교, 체험학습같이 과학의 이름으로 포장된 교육을 받는 것으로 이어졌다. 그 교육의 목적이 오로지 '판매'에 있었다는 것, 사교육은 시장을 유지하기 위한 목적뿐이라는 것을 문득 깨달았을 때 후회스러웠다고 했다. 엄마의 역할은 잘게잘게 쪼개져 시장의, 이른바 전문가들의 손에 넘어갔다.

'아기가 늦되다'는 한마디로 시작되어 부추겨졌던 그 8년여의 숨 가쁜 시간 뒤에는 결혼과 출산 후에 이어진 깊은 우울감과 공허함이 자리 잡고 있었다. 우울감을 벗어나 행복해지고 싶다는 당연한 마음, 상처 주지 않고 아이를 기르고 싶다는 희망, 새로운 삶을 살고 싶다는 욕구와 바람이, 시장논리로 확장된 육아산업과 사교육 속에 빨려들어갔다.

다시 처음으로 돌아가 어떻게 하면 상처받지 않고 고립되지 않고 소외되지 않은 채 좀 더 행복하게 더불어 살 수 있을지 그녀는 묻는다. 불안을 한껏 부추기며 환상을 향해 질주하게 한 시장에서 한 걸음 비껴나 뼈 아프게 던지는 질문이다. "아무리 잘 키우려 해도 세상이 오염돼서 너무 악하잖아요. 엄마들은 내 새끼만 잘 키우면 될 거라고 생각하는 게 너무 많아요. 함께라는 공동체 의식만 느껴도 달라질 수 있을 거 같은데……" 그녀는 가까스로, 세상이 일러준 것과 다른 방식으로 아이를 사랑하기 시작했다.

구술 ○ 김희수

기록 ○ 안미선

다른 애들보다 늦다는 한마디로 시작된 일

결혼하자마자 바로 아이가 생겼어요. 만삭까지 일을 하고 한 달 정도 쉬었는데 아이에 대해 관심이 별로 없었어요. 생명이 태어나고 이런 것보다는 제가 먹고살기 바빴던 거예요. 제가 서른일곱에 애를 낳았거든요. 준비된 결혼도 아니었고, 저희 엄마가 18년 정도 누워 계셨고, '아, 결혼을 해야지 엄마한테서 벗어날 수 있겠다' 싶어서 도피하듯이 결혼을 했어요. 결혼을 하니까 남편이 돈을 벌 줄 알았더니 남편도 갑자기 휴직이 되어버리고 제가 벌어놓은 수입으로 살다보니까 애를 등한시했어요. 그전만 해도 제가 엄마를 책임지고 생활해야 하는 가장 아닌 가장이었는데 결혼해서도 그렇게 된 거죠. 내가 우울증이 온 거예요. 사는 게 너무 의미가 없다 싶어서. 나가서 벌 수 있는 상황이 안 되잖아요. 애가 너무 싫어지는 거예요. 제 현실을 외면한 거죠. '삶이 이런 걸까' 하는 생각이 자꾸 들어서 그 우울함으로 인해 애는 밥만 먹이면 되고 그런 걸로 생각한 거예요. 모유수유도 힘들어서 안 해버렸어요. 애한테 맨날 텔레비전이나 보게 하고. '이렇게 살아선 안 된다, 죽어야 하는 거 아닌가.' 남편은 직장생활 못했던 거 때문에 절 터치하지 않고 혼내지 않고 놔뒀어요. 제가 밥은 잘해줬으니까. 자기는 공부한다고 무조건 문 잠가놓고 그랬어요. 차라리 애기가 예민하거나 계속 울거나 하면 안아주고 그랬을 텐데 이 녀석이 너무 참을성이 좋아요. 엄마한테 치근대는 것도 없고 장염이 와서 설사를 해도 그냥 해맑게 웃고 다른 애보다 늦되었죠.

그런 식으로 1년 애기를 키우고 아무 생각이 없다가 17개월이 되었는데 애가 다른 애들보다 늦다는 걸 알게 된 거예요. 옹알이도 잘 안 하고 아프다고 표현도 안 하고 순하기만 하고. 주변에서 "다른 애들보다 늦으니 신경을 써야겠다" 애기를 해주더라고요. 17개월 전까지는 옆집에 누가 있는지도 모르고 오로지 애만 봤어요. 소통하는 게 전혀 없었어요.

꼬맹이 데리고 바깥에 한번 나가보니 동네 엄마들이 애들은 책을 많이 읽혀야 한다, 이런 식으로 말하더라고요. 책 많은 사람이 있고, 그래서 저도 모르게 100권 되는 책을 잔뜩 샀어요. 세 질을 85만 원인가에 지른 거예요. 뭐랄까, 남편하고 힘들고 우울증도 있고 애가 늦다는 소리도 듣고 하니까 감당이 안 되는 거예요. 그때부터 시작되었어요. 책을 사고 돈을 쓰면서 교육에 관심이 생기고 '얘한테 뭔가 해줘야 되겠구나' 생각이 든 거예요.

신경 못 쓴 거 때문에 애한테 더 올인하고…… 유모차두요, 요즘 되게 비싸요. 엄마들이 애들하고 집에 있다보면 컴퓨터로 인터넷 많이 해요. 사이트 보면 유아박람회 이런 거도 있고 유모차도 카시

트도 괜히 비싸게 사야 할 것 같고. 제가 성장앨범 같은 것도 강남 유명한 데 가서 450만 원 주고 했어요. 애 성장을 일곱 살까지 찍어준다고. 그런 거 아세요? 지나고 나니까 바보가 된 느낌, 사기당한 것 같은 느낌이 드는 거예요. 엄마들 비싸게 하니까 나도 같이 하고…… 대한민국 엄마들이 모여 다니잖아요. 애 데리고 다니며 살게 너무 많은 거예요.

취학 전에 사오천만 원을 사교육비로 쓰다

사교육 하는 데 엄마들이 쫓아다니면요, 집에서 아무것도 할 수 없고 애한테는 인스턴트 먹일 수밖에 없어요. 애를 2신가 3시에 데려와서 서너 과목씩 돌렸거든요. 그러면 집에 6시 반이나 7시쯤 와요. 저도 걔 따라다닌 거잖아요. 집에 와서 7시면 다른 사람들이 회사 다니는 거랑 똑같이 들어오는 건데 어떻게 밥을 제대로 차려줄 수가 있겠어요. 간단하게 햄 같은 거 먹고 그렇게 되는 거예요.

경제적으로 형편이 안 되는 엄마들은 어떻게 하냐면 문화센터가 좀 싸요. 요새는 복지관마다 하는 프로그램이 있어요. 1만 5,000원, 2만 원, 그런 거를 기본적으로 다 돌려요. 그걸 서너 가지 하면 똑같이 우리랑 돌아요. 결국은 불안해서 시키고 누가 안 시키면 "너무 방치하는 거 아니야?" 쉽게 말 내뱉을 수밖에 없는 거예요. 저두 처음에는 내가 잘나서 내가 돈을 많이 투자했으니까 친구 애도 끌어주고 싶은 생각에 '이거 좋은 거 있으니 같이 하자' '쟤는 애를 집에 어떻게 처박아놓고 왜 방치하지' 비난한 사람이거든요. 같이 안 어울리면 왕따처럼 되고, 우리끼리 되고.

초등학교는 사립학교 보내요. 딱 한 엄마가 '내가 사립학교를 보냈지만 사립학교 보낸 애나 안 보낸 애나 똑같다. 근데 내가 같다고 하면 너무 억울하지 않냐'고 말하는 거 들었어요. 요새는 ○○사립학교 같은 경우 한 반에 서른다섯 명 정도인데, 일반 초등학교도 스물다섯 명으로 똑같지. 다만 원어민 선생 있고, 급식이 맛있고 비싼 거고, 차로 왔다 갔다 하는 게 다르죠. 프로그램은 재미있다지만 차이가 크게 있을까요? 그런데도 친구들이 꼬시니까 나도 사립초등학교 사업설명회 다 다녔어요. 일곱 살인데 입학사정제 이야기 듣고 (입시) 분위기가 어떤지 알아보고 그런다니까요. 잘못되었다 생각해도 변함없는 갈등 속에 있는 것 같아요. 참 어려운 거 같아요. 한 선생님이 '그렇게 해도 의미가 없는데 너무 꼭대기만 보고 가는 게 아니냐, 애가 정말 원하는 게 뭔지 모르시고 그런 것 같다'고 얘기를 하셨어요.

친구 딸애가 사립초등학교 다니다가 홈스쿨링한대요. 애가 너무 뛰어나니까 사람들한테 시기, 질투, 공격을 받아서 괴로워서 학교를 그만뒀대요. 사립학교 엄마들이 어릴 때부터 자기 애들처럼 사교육으로 다져진 거면 그 애를 덜 욕할 텐데 일반학교에서 전학 온 애가 5학년 1학기 때 너무 잘하니까 질투해서 상처를 준 거예요. "부모가 돈 얼마나 갖다 바쳤니?" 친구랑 딸애가 상처받았죠. 왜 이런 소리 들어야 하고 질투받아 왕따되고 집에 와서 울어야 하지? 문제가 있는 거예요. 이거는 뭐야? 행복하려고 보냈고 공부시켰는데…… 외고 다니는 아들 둔 어떤 엄마는 자기 아들이 뛰어나 사교육 안 한 것처럼 말해요. 상대가 자기랑 경쟁 안 되면 얘기해도 경쟁 되면 얘기 안 해요. 나중에 얘기 들어보니 아이 사교육비가 매달 250만 원 들어서 힘들어서 생활비 60만 원 갖고 산대요. 나보다 더 어렵게 사는 거예요. 왜냐면 그쪽은 35평 아파트 대출금도 갚아야 하니까, 너무 극빈자같이 생활해요. 남편이 450만 원 버는데도…… 중학교 대안학교의 한 선생님 얘기를 들어보니 아이들이 학교 와서 잔대요. 사교육 받고 대안학교에서도 얻을 게 있나 싶어서 요즘 두 가지를 병행한다는 거예요. 어디든 야단났어요. 세상은 미쳐가지요. 바로잡기는 너무 크고……

저번에 문화센터에서 사교육으로 초등학생에게 대학교 수능을 가르친 유명한 강사를 봤어요. EBS에도 나온 사람이에요. 그 사람은 학벌과 인맥이 좋아서 조선TV에도 나오고 꽤 TV에 나와요. 그 사람이 그랬어요. 부모가 능력이 안 되는데 애들이 공부를 잘한다 하면 걔는 저주받은 아이다. 그 얘기 듣고 충격받았어요. 애들 머리 좋은 거는 먼저 아빠를 보고 다음에 엄마를 보면 안다, 머리에 자신이 없으면 자기에게 맡겨 고액 과외를 받아라. 그렇게 사람들의 마음을 움직이더라구요. 한 달에 100만 원(선행학습 영재반) 들여 지금 투자할래? 나중에 할래? 서울대 가려면 악기 같은 거 할 새 없다. 오직 국영수 공부만 시켜라. 이건 또 무슨 소리야. 우리 애가 머리가 좋아도 능력 안 돼서 못 가르치면 저주받는다는 말에 2주일간 우울했어요.

괜찮은 애들한테도 '인지가 부족하다, 부모와 애착관계가 안 좋다'는 소리를 해요. 그게 말하기 나름이잖아요, 진짜. 엄마를 불안하게 하니까, 가면 안 할 수가 없게 만드는 거예요. 과외수업처럼 일대일 선생님을 붙여서 치료를 하는 거예요.

아이큐 검사, 무슨 심리, 인지 검사, 검사란 검사는 다 했어요. 떼쓰는 애를 잡고 안 간다는 걸 데려가서 의자에 묶어놓고 검사를 받으라고 했으니 애가 얼마나 충격을 받았겠어요. 달라진 건 없었는데. 심리검사 약속 한 번 잡는 데 6개월씩 걸리고, 돈 들어가면 10만 원, 15만 원이 예사예요. 미술도 일대일로 하는 거 좋아하는데 12만 원이에요. 치료를 하게 되면 30~40분당 15만 원이거든요. 일반적인 건 30분에 3만 5,000원, 40분에 4만 5,000원. 그런 거를 하게 되는 거예요. 뇌운동을 활성화시킨다는 걸 어떻게 하게 됐는데 이것도 다섯 살 때부터 하게 된 거예요. 애가 너무 늦되다는 이유로 내가 뇌를 활성화시켜야 되지 않겠나, 막 인터넷 검색하고 찾아보고. 요새는 영어유치원 말고 놀이학교라는 게 있어요. 150만 원, 250만 원 이래요. 정원이 다섯 명밖에 안 되거든요. 영어유치원 같은 경우 기본적으로 200은 넘고, 근데 걔네들이 영어유치원 하나만 하는 거 아니거든요. 저같이 뇌교육 하면 15만 원 정도 들고 다른 것도 추가로 하지, 영어 하지, 미술 하지, 뭐 하지 그러면 300 넘을 걸요. 이렇게 살다가 사람들 다 큰일나겠는 거예요. 눈에 보이는 게 아니잖아요. 교육, 이거는요.

한편으로 다른 선생님이 또 그래요. 이제 사교육 염증 느끼고 엄마도 한계에 다다르니까 옛날에는 '우리 애 대학 보내려고 사교육 시켜야지' 했다면 요즘은 지쳐서 '다른 사람도 안 하면 나도 안 하겠다'는 생각을 많이 갖고 있대요. 사교육이 갈 데까지 간 거니까.

하우스푸어 얘기하는데 교육도 거지가 다 되는 거예요. 돈 다 쓰고 나면 자기네 노후는 어떻게 되는 거죠? 애들이 챙겨주나? 아니잖아요. 애들이 결혼하면 네 명의 엄마, 아빠를 모셔야 하는 거예요. 걔네들이 무슨 능력이 있겠어요.

늦되다는 데 기준이 뭐였을까요? 1년 6개월 정도 늦는 애들이 태반일 텐데. 어린이집에 가서 물었어요. "우리 아이가 늦나요?" "어머니, 늦지 않아요." 더 늦어도 검사 안 하는 엄마도 있더라구요.

이런 게 필요한 게 아니었구나

아이가 정상인 엄마들은 정상인 엄마대로 그렇게 올인을 하구요, 지적장애나 발달장애나 자폐인 애들은 그 애들을 정상적인 애들로 만들려는 욕구가 있잖아요. 그 욕구가 있으니까 걔네들한테 치료비 쓰는 게 장난이 아니에요. 저는 양쪽으로 다 보고 있는 거잖아요. 하아, 되게 멀쩡한 애들을 안 좋게 만드는 경우도 많아요. 저도 그렇게 꼬임에 넘어가서 지금까지 치료를 계속 받고 있구요. 아이가 선생님하고 친하다보니까 제가 포기하면서 해주는 거지. 애가 치료해서 더 많이 좋아진다, 이런 거는 많이 벗어났거든요. 제 아이가 워낙 사랑받고 싶어하는 욕구가 강하기 때문에 선생님이 40분, 50분 자기만 봐주고 얘기하는 거 너무너무 좋아하는 거예요. 내가 사교육을 졸업시켜야 하나, 하는 생각이 들어요. 치료인데 이제 사교육으로만 보이는 거예요.

저도 지금 반성하고 있어요. 뇌교육 선생님이 이런 말 하더라구요. 애들이 다 껍데기 같대요. 제일 중요한 건 엄마랑 같이 대화하고 그런 건데 사교육은 교육적인 것만 투입시켜서 넣어주잖아요. 제일 중요한 건 놓치고 겉에 보이는 것만 막 하는 거죠. 기초라든지, 인성이라든지, 엄마가 해결해야 할 것들은 통제가 안 되고 그게 덮어진다 해도 교육받은 게 자기 거 되는 게 아니잖아요. 엄마들한테 배울 게 있는데 그건 안 하고. 주변 수학 선생님은 애 고액과외 시키려고 자기가 수학 과외 선생님 해요. 돈 벌어서 욕구충족하는 게 아니라 애를 잘 가르치려는 엄마 욕심에 또 다른 사교육을 조장할 수밖에 없는 거죠.

요새는 애들이 많이 산만해요. ADHD 심하면 약물을 또 남용한다는 거예요. 일곱 살인데 에너지 넘치면 검사해보라는 말 들어요. 제가 이때까지 돈을 많이 들였는데 ADHD 소리 듣고 무슨 말 들으니 상처받아요. 친구 애가 ADHD라고 약 타 와서 그 엄마가 한번 먹어봤어요. 약을 먹으니 그렇게 심장이 뛴대요. 그러다 어느 순간 삭 비행기 타듯 가라앉는대요. 약을 먹여서 애를 잠재우는 거죠. 제가 마을 병원에 가서 약을 먹일지 의사 선생님하고 상의했어요. 의사 선생님이 말씀해준 거예요. "약을 먹든지, 아니면 지금부터 준비해서 돈 안 들이고 아이를 잘 자라게 하는 방법이 있겠죠." 맞아요, 약을 먹지 않을 다른 방법도 있어요.

그러고 나서 제 생각이 조금 달라지더라고요. 아무리 잘 키우려 해도 세상이 오염돼서 너무 악하잖아요. 따라갈 수밖에 없는 거예요. 내 새끼만 잘 키워서 해결이 안 돼요. 그런데 엄마들은 내 새끼만 잘 키우면 될 거라고 생각하는 게 너무 많아요. 길에서나 학교에서 애들이 또래 애들을 두들겨 패도 어른들이 무서워 거리감을 두고 학부모도 나서지 않는데 우리가 보호해줘야 하지 않을까요? 우리가 보호해야지, 불쌍한 애들을요. 함께라는 공동체 의식만 느껴도 달라질 수 있을 거 같은데…… 자기만 잘나고 잘 키우는 거 아니니까.

마음 아픈 얘기를 들었어요. 아는 언니 애가 대학교에 들어갔는데 이 친구는 너무 처절하게 공부한 거예요. 엄마한테 인정받고 싶어서. 4년 장학금 받고 들어갔으면 잘했잖아요. 서울의 대학교에 들어갔는데 은둔형 외톨이가 되어서 3년째 안 나와요. 사춘기가 늦게 온 건지. "어릴 때 못해준 게 있어." 땡깡 부리고 은둔하고 밥도 죽지 않을 만큼만 먹고 나오지 않는 거예요. 얼마나 힘들겠어요. 공부도 잘하고 잘 키운 줄 알았더니. 요번에는 너무 속상한 게 엄마 앞에서 애가 손목을 그어버렸어요. 언니가 기절하는 거지. 그동안 너무 노력을 많이 하고 절실한 마음으로 했대요. 대학생 딸이 울면서 외치는 소리를 그 집 밖에서 제가 우연히 듣게 되었어요. "엄마! 어릴 때 이것도 못해줬어, 엄마, 내 마음 모르잖아. 내 마음 모르잖아!" 계속 우는 거예요. "엄마는 내 마음 몰라, 전혀 몰라!" 뒤돌아서 왔는데 계속 그 말이 귀에 남아 있어요. 대학생이지만 정서적으로 일곱 살이에요. 엄마 사랑을 갈구하니까. 슬프더라구요.

예쁘게 키웠고 애가 원한 게 아니라 내가 불안해서 욕심껏 시켰는데 우리 애가 나중에 "엄마, 언제 내가 그런 거 시켜달라고 했어? 나는 엄마랑 놀고 싶었어"라고 이야기한다면 전 할 말이 없는 거예요. 자살을 시도하며 그 애가 "엄마가 좋아서 했지, 내가 원한 건 그런 게 아니야"라고 말하면 어쩌겠어요.

요번에 우리 아들이 뇌교육 수업하다가 생긴 일이 있어요. 여섯 명 그룹으로 하는데 세 명은 영어유치원 다니고 둘은 놀이학교 다니는 애들이었어요. 우리 아이가 수업 시간 중에 물 먹고 돌아다니니까 다른 아이들 엄마가 정신없다고 우리 아들을 떼놓고 수업해달라고 선생님한테 말했대요. 너무 속상했어요. 너무 상처받고. 그 많은 걸 시켰는데, 최선을 다했는데 그런 얘길 들으니 '내 새낀데 너희가 감히?' 너무너무 화가 나는 거예요. 그 엄마들은 투자를 엄청나게 많이 해서 우리 애가 노는 꼴을 못 보는 거죠. 선생님한테 제가 물었어요. "우리 애 다른 심리치료 시켜야 할까요?" 선생님이 그래요. "아이 마음을 봐주세요. 아이가 웃는 모습하고 우는 모습이 똑같아요." 결국 뭐였을까요. 아이를 위한 바쁜 시간이 아니라 아이 없이 바빴던 거고…… 아이에게 축구를 시켰더니 이 녀석이 축구 선생한테 올인해서 그 사랑을 받고 싶어해서 축구를 못하더라구요. 그래서 축구 그만뒀어요. 애한테 필요한 건 사랑일 텐데.

이건 아닌 거 같아 정신을 차려보니까 그게 애 여섯 살 정도 되어서였어요. 우리 애가 지금 일곱 살이거든요. 정신은 차렸는데 너무 사교육을 많이 했던 게 있으니까 내가 그걸 안 하면 안 될 거 같아서 정리를 못하는 거예요. 그래서 6개월 전에 '사교육걱정없는세상'에 회원 가입을 했어요. 내가 스스로 벗어나지 못할 거 같아서.

그곳에 들어가서 '마케팅 사회에 오염되면 안 된다, 엄마가 스스로 의지를 가져야 된다'고 들었어요. 저는 지금까지도 정리를 못하고 한 달에 70만 원 정도 쓰는 거 같아요. 올 때까지 왔고 이제는 빚을 지게 되는 거예요. 저는 많이 정리했다 해도 주변에 만나서 물어보면 230, 250, 그렇게 써요. 제가 노출된 데를 다니다보니까 그런 엄마들하고 어울리잖아요. 돈 안 쓰는 엄마들은 아예 사라져 있고 내 눈으로 볼 수가 없지. 초등학교 들어가면 엄마들이 정리가 많이 되더라구요. 어릴 때는 더 예쁘니까, 그거(사교육)를 마케팅하는 게 더 극렬하다고 해야 하나, 더 치밀하고 전략이 있는 거 같아요.

우리 애도 남의 손 타서 두세 개 학원 돌리고 6시에 쉬려고 하면 학습지 선생님이 또 와요. 체력 보충도 안 되고 이상해져요. 그런 게 다 필요한 게 아니었구나. 그렇게 하면 다 일등 하고 잘해야 하는데 그건 아니잖아요. 내가 최선으로 해주는 건데 이건 아니구나, 정리하게 됐죠. 가끔 발동 걸릴 때도 있지만요. 불안하니까. 정리가 되고 안 하려고 하는데도, 빚을 질 때까지 해야 정리될 것 같은 느낌이 들기도 해요.

일단 아이에게 텔레비전이랑 스마트폰을 보지 못하게 했어요. 강력하게 저항할 거라고 생각했는데 애들은 엄마가 어떻게 하느냐에 따라 달라져요. 제 말을 따르더라구요. 또 저녁 8시에서 9시 사이에는 전화 안 받는다고 주변에 알리고 그동안 아이랑 시간을 보냈어요. 애랑 나랑 사이가 좋아지는 걸 조금씩 느꼈어요. 아이가 저를 실수로 때리면 "엄마 아파, 조심해야 하고 피해야 하고" 대화도 하고 사과도 바로바로 하고요. 집에 와서 아이가 식빵 자르는 칼로 두부를 하나 썰어요. 시간이 걸려도 지켜봐요. 이런 걸 진작 해야 했는데. 지금 아이가 글을 궁금해해서 대답해주면 빨리 습득해요.

애는 원하지 않는데 내가 해줬던 거잖아요. 돈에 쪼들리면서 너 키웠는데 하는 생각부터 들잖아요. 꼬맹이가 "엄마, 싫어!" 하면 전에는 '이젠 감정코치를 시켜야 하나?' 생각했죠. 이제 제가 소화를 해요. 전엔 이것저것 세브란스 치료센터까지 다 다녀봤어요. 엄마도 자기 욕구가 있고 엄마들끼리 수다를 떨어도 아이와 눈 맞출 시간은 없었던 거죠. 다른 누군가가 도움이 되겠지, 나는 부족하니까 더 전문적인 사람이 말해줘야 하는 거겠지. 지금 생각하면 그냥 엄마가 "하지 마" 하고 말하면 되었던 건데.

학교 가서 상처받지 말라고 그랬던 건데

그때는 누가 그런 말 해도 하나도 안 들렸어요. 불안하고. '너네 아들은 잘하니까. 우리 아들은 늦되잖아. 중간은 가게 해야지, 학교 가서 상처는 안 받게', 그 마음이 많았어요. 그게 제일 컸던 거 같아요.

애가 학교에 가서 다른 애들하고 경쟁이 붙었을 때 이겨서 많이 행복해지라고 조기교육 해준 거거든요, 솔직히. 그게 엄마의 걱정하고 불안이 섞여서 그러지 않았나 싶은 생각이 들어요.

산후에 우울증이 왔던 게 애를 혼자 봐서 그런 거예요. 누구한테 제대로 육아에 대해 말을 들었으면 그렇게까지 애한테 죄책감을 가지지 않았을 텐데. 미안하다는 생각이 강하니까 보상을 해주고 싶었던 거예요. 사교육 쪽 상담을 받으면 나보고 다 잘못했다고 오히려 몰아붙였어요. 그 사람들이 나를 탁탁 공격하면서 돈을 들여 교육을 시켜야 한다고 하고. 그 사람들하고 상담하는 게 아니었는데. 그 사람들은 돈 벌려고 하는 사람들인데. 그러니까 누가 옆에, 주변에 있는가가 중요해요. 사람이 어떤 사람을 만나느냐가 중요해요.

제가 지금 마을의 생협을 만나서 협동하는 것을 배우고 조합원들도 만나고 수다도 하고, 남을 존중하고 함께하는 법을 배우다보니 불안이 없어졌어요. 인생은 마라톤이고, 들어보면 학교 꼭 보내야 하는 거도 아니고, 공동체와 마을이 아이를 함께 키워야 한다 이야기도 듣고 책도 보고요. 전에 혼자 있을 때는 그런 이야기 못 들었잖아요.

우리 안에도 엄마, 아빠한테 받은 상처들이 있잖아요. 저도 어렸을 때 엄마한테 받은 상처를 치료받을 부분이 있어요. 치료받지 않은 자아가 그걸 애한테 강요하고, 우리 엄마처럼 보고 배운 환경이 있잖아요. 우리 어릴 때는 엄마들이 그냥 키웠잖아요. 말도 함부로 하고, 저희 엄마는 그랬거든요. 그렇게 키우고 싶지 않은 욕심에 더 오버하고 애를 망치는 경우가 있어요. 전 공부 못했으니까 아이가 학교 가서 잘했으면 하는 보상심리가 있어요. 상처받지 않고 학교 가서 그냥 잘했으면 좋겠는 거예요. 못하면 상처받잖아요. 상처를 6년, 12년 받을 거 그게 싫은 거지. 공부 잘하는 애들은 "애는 이렇게 시키면 돼" 자신 있게 말하지만, 내가 공부를 안 해봤잖아요. 애한테 어떻게 시켜야 할지 모르겠는 거예요. 서너 살 때 하는 게 나이 들어 하는 것보다 효과가 있다, 그 말에 제가 미쳐서 한 거거든요, 결국에는.

나중에 공부 가르쳐야 하는데 내가 잘 못해봤고 어떻게 가르쳐야 하는지 모르니까, 돈으로 체계적으로 습관을 잡아줘야지 하고 잘못 생각했잖아요. 애를 고스란히 끌고 가는 거잖아요. 문제 있는 애는 없고 문제 부모만 있다고 하는데 제가 사교육하고 아다리가 떨어져서 쓰지 말아야 할 돈을 쓴 거잖아요. 그동안 애한테 4,000~5,000만 원은 쓴 거 같아요. 요즘같이 경기도 안 좋을 때…… 집도 살 수 있는 돈이었고, 엄마의 미래, 애를 위해 쓸 돈을 사교육으로 쓴 거예요. 지금은 "부질없어" 소리가 더 크게 들려요. 이제 돈이 없기 때문에, 내 노후가 중요해. 이런 식으로…… 많이 답답했어요.

비교할 수 없는 삶들

저는 애들을 볼 때 '왜 저런 행동을 할까?' 생각하고 애 마음에 대해 생각을 하려고 귀를 기울이니까 사이가 좋아졌어요. 마음 나누고 같이 가는 거 그게 우선순위가 돼야 해요. 다들 예뻐하기 때문에 욕심을 내게 되는데 삶 자체를 남들과 비교하다보면 애들도 비교하잖아요. 늦게 갈 수 있는 거를 못 기다려주는 거, 한 템포 늦추면 다들 행복하게 지낼 수 있는데. 중학교, 고등학교 때, 이해 안 가는 사춘기 올 때 안 통하는 것보다 어릴 때 미리 사랑해주면 낫지 않을까요. 자살하려던 딸을 둔 언니가 그랬어요. 은둔형 외톨이 되기 3년 전에 만약 가족치료 했다면, 어릴 때 아프다고 할 때 공감하고 걔 얘길 들어줬다면 이렇게 상처 주지 않았을 텐데…… 지금 병원에 입원하는 것보다 나았을 텐데. 사립초등학교를 그만둔 그 애도 엄마, 아빠한테 인정받고 싶어서 공부했대요. 아빠가 남 같고 아빠는 내 마음을 몰라줘, 딸이 그랬대요. 그 엄마가 생각해보니 딸과 어릴 때 어떻게 지냈는지 기억이 안 나더래요. 초등학교 6학년짜리가 여덟 살 행동을 한대요. 지금 아이들이 버틸 힘이 없는 거예요. 공부하는 데 모든 에너지가 갔기 때문에, 사람 관계에서 어떻게 행동해야 하는지, 겸손한 태도라든가 그런 상황 대처를 못 하는 거예요. 인성적인 부분, 자기 감정이 있고 다른 사람도 똑같은 감정이 있다, 그걸 알아야 사람을 배려할 수 있는 거잖아요. 애들이 슬픔을 표현해야 상대도 이럴 때 슬프다는 것을 알게 되는데, 엄마들이 "공부만 해" 그러면 애가 자기 정체성을 가지고 남의 소중함을 느끼지 못해요. 애들을 3분이나 5분 정도라도 눈을 마주치고 마주 봐야 해요. 전 그렇게 하니 효과가 있거든요. 눈을 마주치고 대화를 하면 나아지지 않을까? 엄마들이 너무 바빠요.

아들과 텃밭에 가보니 땅 파고 노는 걸 너무 좋아하더라구요. (사교육 하는) 엄마들은 이렇게 생각할 거예요. '누구나 땅을 팔 수 있는데, 그걸 왜 해? 1 더하기 1은 3이 나와야 하는데.' 텃밭에서 당근을 키우는데 당근 순이 나왔어요. 텃밭에서 아이가 "당근 순이지?" 하고 물어요. 아이와 같이 삶을 나누고 함께하면 할 말도 많고 더 자세하게 할 수 있어요. 그 시간에 다른 데 학원 보내면 당근 순도 모르고, 같이 놀아줄 수도 없는 거지요.

이런 것도 있어요. 저는 우리 엄마를 이해하게 된 거예요. 어릴 때 '엄마는 능력도 없는데 왜 나를 낳아서 이것밖에 못해줘?' 그렇게 생각했어요. 엄마는 최선을 다했을 텐데, 엄마 돌아가시고 나니까 느끼는 거예요. 엄마를 이해하는 거 같고 시대를 이해하는 것 같고, 사람이 이렇게 될 수밖에 없구나. 예쁘고 사랑하니까 희생하는 거고. 나 같은 경우는 예쁘고 뒤떨어질까봐 돈을 썼는데 내가 아이가 힘든 걸 짐을 지기 싫어서 그랬던 건 아닐까? 그 아이로 인해서 내가 받는 사랑, 주고받는 사랑이 있지 않을까…… 그전에 일방적이었다면 요새는 죄책감에서 벗어나서 최선을 다하고 있어요. 그리고 우리 엄마 때문에 내 인생이 잘못됐다, 그런 거 없어졌어요.

내 새끼, 니 새끼 아니고 같이 사랑하고 보호해주는 사람이 많으면 많을수록 좀 더 행복하지 않을까요. 그게 제일 중요해요. 내가 공동체나 생협을 통해 배려하고 나누고 텃밭에도 가면서, 그 모습을 보고 아이가 나눠 주고 서로 돕는 걸 자연스레 배우듯 그게 교육이 아닐까 생각해요.

사교육을 하지 못하는 엄마의 슬픔도 있을 거예요. 소외되는 분들은 더 행복하게 해주고 싶은데 못해줘서 자책하는 거지요. 하지만 내가 이 엄마보다 이런 거는 못해주지만 인격적인 부분에서는 다 해준다, 돈으로 해줄 수 없는 걸 해주기 때문에 우리 아이가 더 잘 자라고 건강하다고 많은 엄마들이 같이 느꼈으면 좋겠어요. 상처받고 위축되는 엄마도 있지만 세상에 안 그런 엄마들도 많이 있고 소신 있게 키우는 엄마들이 있잖아요. 아이는 절대 혼자 키우는 거 아니고 같이 키우는 거 같아요.

8
장

일하는 엄마와 살림하는 엄마의 끙끙앓이

‘이상적 어머니’와 ‘이상적 노동자’ 신화에 갇힌 엄마들

김보성

일하는 엄마의 딜레마

:

아이를 낳고 얼마간 알 수 없는 감정에 휩싸여 있었다. 서른의 나이에 느지막이 진학한 대학원에서 막 박사과정을 수료하고 난 때였다. 일과 공부를 병행하던 와중에 틈틈이 본 육아서적에는 신생아에게는 두세 시간 간격으로 수유를 해주어야 한다고 적혀 있었다. '그럼 두 시간 간격으로 수유를 해도 한 시간 반은 내 시간으로 쓸 수 있겠군. 잠도 자고, 집안일도 하고, 익숙해지면 책도 읽고 일도 할 수 있지 않을까'라는 맹랑한 생각을 했다. 그만큼 몰랐다. 아이라는 존재와 그 아이를 길러내는 일에 대해. 막상 아이가 태어나고, 아이를 먹이고 진자리를 치워주고 재우고 하는 기본적인 일만 하는 데에도 내 모든 체력과 시간이 들어간다는 것을 알게 되었을 때, 두려운 감정이 들었다. 아이를 사랑하는 마음과는 또 다르게, 어렵사리 틀을 세운 내 인생 계획을 다시 또 크게 수정해야 할지도 모른다는 불안한 마음이 들었다.

불안한 마음을 잠재우려 출산과 육아, 모성에 관한 책들을 읽기 시작했다. 그러다 알게 된 저자가 책의 서문에서 한 고백에 가슴이 내려앉았다. "어린 딸과 처음 몇 주를 보내면서, 내가 사는 세상에서는 아기를 돌보는 일과 집중이 필요한 일을 병행할 수 없다는 사실이 점점 더 분명해졌다. 갓난아기의 엄청난 연약함과 의무의 막중함, 또 나를 매일 24시간 대기조로 만들었던 지칠 줄 모르는 요구는 충격으로 다가왔다. …… 나는 내가 선택한 직업에서 성공하기를 정말로 절실히 원했다. 하지만 내 딸이 필요로 한다고 확신했던 정서적 안정감을 빼앗고 싶지도 않았다. 개인적인 야망은 내 아이의 욕구와 충돌하는 길목에 있는 것으로 보였다."[1]

그 충돌은 나에게도 점차 현실로 다가왔다. 온몸이 불덩어리가 된 아이를 베이비시터에게 던지듯 맡겨두고 집을 나서야 할 때, 병원에서 지금 바로 아이를 입원시켜야 한다는 말을 듣고도 내일 일을 쉴 수가 없을 때, 잠투정을 하는 아이 등을 토닥이면서 책상 위에 쌓여 있는 일거리들을 생각할 때, "엄마아, 엄마아" 울며 옷깃에 매달리는 아이를 억지로 떼어내고 출근길에 나설 때. 아이 곁에 함께 있어주고 싶고, 일도 하고 싶을 뿐이었다.

내가 아이에게 고통을 주고 있다는 생각이 항상 마음에 짐이 되었다. 아이에게 '충분한' 보살핌을 제공하지 못하고 있다는 생각에 죄책감이 들었다. '내가 하는 일이 그 정도로 가치 있는 일인가?'라는 의문이 머리에서 떠나지 않았다. 그렇다고 일을 손에서 놓겠다는 결심도 서질 않았다. 그저 안절부절못하며 일터에서도 집에서도 발을 동동 구를 뿐이었다.

게다가 걷는 시기가 또래보다 좀 늦거나 말문이 좀 늦게 트여도 사람들은 '일하는 엄마'를 돌아봤다. 영유아기에 엄마와의 안정적인 애착 형성이 '정상적인' 정서 발달에 필수적이라는 육아 지침

서들의 말 역시 어느 순간엔가는 무겁게 떠올랐다.

애를 좀 키워놓으면 나아지겠지, 라는 기대는 "학교에 보내보면 맞고 다니는 애들이나 때리고 다니는 애들은 죄다 일하는 엄마 애들이더라"라는 친구의 말에 무너졌다. 친구는 애들을 키우는 데에는 손 갈 일이 그렇게 많더라는 것, 그래서 엄마 노릇에는 끝이 없더라는 뜻으로 무심코 던진 말이었지만, 그 순간 내 머릿속에는 또래와 어울리지 못한 채 친구들 사이를 겉도는 내 아이의 모습이 떠올랐다. 내 아이도 맞고 다니거나 때리고 다니는 애들 중 하나가 되는 걸까? 다른 엄마들에게서 "재랑은 놀지 말아"라고 손가락질을 받게 되는? 내가 지금 아이의 안정적 애착과 사회성 발달을 위해 좀 더 시간을 많이 쏟지 못한다면?

그러고 보면 '직장맘 애들은 반장 시키지 말자'거나 '직장맘은 숟가락만 얹는 사람이라 애들 엄마 모임에 끼워주지 않는다' '직장맘들은 애들을 돈으로만 키우려 든다'는 이야기들을 언론에서나 주변에서나 흔히 들어본 듯도 하다. 게다가 일하는 어머니들이 자녀의 학교생활과 관련해 '엄마 네트워크에서 소외' '학부모회, 급식당번 등 시간 할애' '학교의 갑작스러운 요구 사항 해결' 등 어려움을 겪는다는 한 연구소의 설문조사 결과도 일하는 엄마들의 고충을 증명한다.[2]

일터에 있는 나의 한쪽 발목을 늘 붙잡고 있던 죄책감은 어느 순간엔가 의문으로 변했다. 도대체 엄마들은 양립할 수 없는 이 두 가지 일을 어떻게 감당하며 살아온 것일까? 엄마들이 무거운 마음을 안고 일터와 집 사이를 종종거리며 다니는 동안 남편들은, 이웃과 사회는 무얼 했을까? '엄마 손이 덜 가서'라고 혀를 끌끌 차며, 육아의 책임을 어깨에 짊어진 채 이리 뛰고 저리 뛰는 엄마를 질책할 권리를 누가 그들에게 부여했을까?

살림하는 엄마가 빠진 덫

:

흥미로운 것은 이러한 사정이 전업주부 엄마들이라고 해서 크게 다르지 않다는 것이다. 여성학자 박혜란의 말대로, "워킹맘들이 시시때때로 '아이도 제대로 못 키우면서 무슨 영광을 보겠다고 이 고생을 하나'라는 회의에 젖는다면, 전업맘들은 '돈도 못 벌면서 아이도 제대로 챙기지 못하니 이게 무슨 꼴인가'라고 자책"을 한다.[3] 전업주부 엄마들이 엄마 노릇에 집중하여 고군분투하는데도, 엄마 노릇은 불충분하기만 하다. 왜냐하면 사회적 기준이 아주 높아서 늘 아이를 제대로 챙기지 못하고 있다는 불안함과 죄책감을 떠안게 된다는 것이다.

첫째를 낳고 육아에 전념하기 위해 직장을 그만두고 전업주부의 길로 들어선 후배가 있다. 후배는 둘째아이를 영영 잃을 뻔한 아찔한 사고를 겪은 적이 있다. 유치원에 다니는 첫째, 막 아장아장 걷기 시작한 둘째를 데리고 남편과 함께 오랜만에 쇼핑몰로 외식을 나갔더랬다. 정말 눈 깜짝할 사이에 사고가 벌어졌다. 둘째아이의 몸이 에스컬레이터에 말려들어간 것이다. 너무 놀라 비명을 지르며 에스컬레이터를 멈추게 했다. 그러고는 살이 뜯기고 핏줄이 다 터져버린 둘째를 안고 응급실로 달려갔다. 응급처치와 온갖 검사를 받고, 다행히 목숨에 지장이 없다는 진단을 받았다. 힘든 입원생활을 끝내기까지 지옥 같은 시간이 흘렀다.

병원에서 후배가 눈물을 꾹 참고 이야기했다. 아이를 잃게 될 줄만 알았던 그 몇 시간도 지옥 같았지만, 병원에서 보낸 입원생활도 지옥 같았다고 했다. 입원실에 들른 간호사가 지나가듯 내뱉은 말에서 시작됐단다. "다 엄마 때문이지, 뭐." "네? 뭐라고요?" "엄마 때문이라고요. 그럼 누구 탓이겠어요."

어이가 없어서 대꾸도 못했단다. 그런데 그 어이없는 일이 자꾸만 벌어졌다고 했다. 고생하는 아이를 동정하는 끝에 사람들은 주저 없이 이야기했다. "그런데 엄마는 뭐 하고 있었어요?" "세상에, 엄마가 잘 봤어야지." "애가 무슨 죄래?" "부주의한 어미 탓에 네가 고생이구나, 쯧쯧."

이런 이야기를 반복해서 계속 듣다보니, 지워버리고 싶을 정도로 끔찍했던 사고 장면을 하루에도 수십 번씩 돌이킬 수밖에 없었다. '내가 아이 손을 놨던가? 내가 뭘 하고 있었던 거지?' 나중엔 정말 다 자기 잘못인 것만 같아 고통스러웠다고 호소했다.

이른바 '애가 잘못된 건 다 엄마 탓'이라는 것이다. 비단 아픈 것뿐이랴. 잘 먹고 안 먹는 것, 잘 크고 못 크는 것, 공부를 잘하고 못하는 것까지 모조리 엄마 탓이다. 그것이 "지극히 평범한 대한민국 남성"[4]의 생각이고, 평범한 우리 가족, 우리 이웃, 우리 사회의 생각이다. 아이의 발끝에서 머리끝까지, 출생부터 성장까지, 모든 것을 엄마만의 책임으로 돌리고 있는 것이다.

게다가 전업주부 엄마들은 단지 전업주부라는 이유만으로 더 강도 높은 엄마 노릇을 해내라는 압력을 받는다. 그러면서 동시에 소득활동에 종사하지 않는 비생산적 인구라는 시선을 함께 받는다. 인터넷 주부 커뮤니티에 흔히 올라오는 "전업맘인데 이유식 시켜 먹는 거에 죄책감 느껴요" "전업맘인데 아이 어린이집 보내는 거 너무 이기적인가요" "전업맘들 아이랑 어떻게 놀아주나요" "남편 벌어오는 돈 쓰기가 미안해요" "집에 있으면서 애한테 그거밖에 못하냐고 해요"라는 말들은 전업주부들의 공통된 경험을 나타낸다. 전업주부이니 이유식은 당연히 매끼 만들어 먹여야 하고, 어린이집 종일반은 보낼 생각도 하지 말아야 하며, 하루 종일 아이와 놀아주며 아이의 발달을 위해 다양한 자극을 주어야 한다는 것이다. 그렇게 해도 '아이에게 충분히 잘하지 못한다'는 평가에서 자유롭지 못하다. 전업주부들은 더 높은 엄마 노릇 기준을 충족시켜야 한다는 압박을 받고, 육아의 가치를 낮게 평가하는 가족과 사회의 시선에 고통받고 있는 것이다.[5]

그리하여 죄책감은 전업주부의 마음속에도 깊이 자리 잡게 된다. 게다가 현대사회로 올수록 여성의 경제활동 참여는 점점 더 늘어나고 있는데, 이로 인해 전업주부를 '집에서 노는 여자'로 바라보는 시선 역시 더 강해지고 있다.

> 내 콤플렉스는 경제적 의존성. 뭐 하나는 해야 하니까 애를 보고, 경제적으로는 남편이랑 시부모님에게 의존하고. …… 직업란에 전업주부라고 쓸 때가 제일 싫어요. 항목에 있는 것도

싫어. 실직자랑 똑같아. 사회적 시선도 마찬가지고. 내가 안 그렇게 생각하면 그만인데, 그렇게 안 돼요.

_____ 이수현

인터뷰에 응해준 이수현 씨는 전업주부인 자신을 '실직자'에 빗대어 표현하고, 자신의 엄마 노릇을 '뭐 하나는 해야 하니까' 하는 일로 묘사했다. 소득활동을 하지 않는다는 이유만으로 전업주부를 비생산적인 존재로 치부하고 낮추어 평가하는 사회적 시선을 내면화하고 있는 것이다. 전업주부 여성들에게 대단히 강도 높은 엄마 노릇의 책임을 부여하지만, 막상 그 활동의 가치는 충분히 인정해주지 않는다.

의문은 꼬리를 물고 이어진다. 왜 엄마들은 일을 하더라도, 가사와 육아에 전념하더라도 이러한 죄책감과 불안감을 안고 살아야 할까? 왜 정시에 퇴근하면서 상사 눈치를 보고, 어린이집에 늦게까지 있을 아이 생각에 회식 자리에서도 바늘방석에 앉아 있는 듯 시계를 보고, '아이에게 좀 더 잘할 수 없어?'라는 압박을 받고, '집에서 노는 여자'라는 시선을 받아야 할까? 아이와 가족, 자신을 위해 일터에서든 가정에서든 애를 쓰는 이런 엄마들의 손은 누가 잡아주어야 할까?

'이상적 어머니'라는 환상과 어머니 찬양 또는 비난
:
어머니의 마음[6]

나실 제 괴로움 다 잊으시고
기를 제 밤낮으로 애쓰는 마음
진자리 마른자리 갈아 뉘시며
손발이 다 닳도록 고생하시네
하늘 아래 그 무엇이 넓다 하리오
어머님의 희생은 가이없어라

사람의 마음속엔 온 가지 소원
어머님의 마음속엔 오직 한 가지
아낌없이 일생을 자식 위하여
살과 뼈를 깎아서 바치는 마음
인간의 그 무엇이 거룩하리오
어머님의 사랑은 그지없어라

우리에게 익숙한 〈어머니의 마음〉이라는 곡 역시 우리의 뇌리에 깊이 박혀 있는 '이상적 어머니'상을 노래한다. 1930년대에 만들어져 널리 보급되어 지금까지도 애창되고 있는 이 곡은, 가없고 그지없는, 한마디로 무한한 어머니의 사랑과 희생을 예찬한다. 어머니란 "손발이 다 닳도록" "일생을 자식 위하여 살과 뼈를 깎아서 바치는" 희생적인 존재요, 사람이라면 누구나 갖는 "온 가지 소원"도 없이 오직 자식 위하는 마음 한 가지만이 있는 헌신적인 존재다. 그야말로 인간의 경지를 뛰어넘은 '거룩'한 존재, 사랑과 헌신, 자기희생의 화신인 것이다.

그러나 인간의 경지를 뛰어넘은 인간이라는 말 자체가 역설이다. 인간인 어머니에게 인간의 경지를 뛰어넘는 거룩함을 요구하는 것 자체가 말이 되지 않기 때문이다. 그렇다면 왜 인간인 어머니에게 거룩함을 요구하는 걸까. 왜 '여자는 약해도 어머니는 강하다'며 "살과 뼈를 깎아서 바치는" 강인함을 요구할까. 왜 "손발이 다 닳"는 희생과 자식을 위하는 "오직 한 가지" 마음만이 있는 헌신을 요구할까.

오랫동안 사회를 지배하며 우리에게 영향력을 떨쳐온 '이상적 어머니'에 대한 환상이 이러한 요구를 만들어낸다. 어머니라면 누구나 자기를 희생하고 자녀에게 헌신하며 사랑으로 가득 찬 존재여야 한다는 믿음이 어머니에게 자녀와 가족에 대한 희생과 헌신을 요구하는 것이다.

그러나 현실의 엄마들은 완벽할 수 없다. 설혹 육아에 전념하기를 택한 전업주부 엄마라고 해도 그렇다. 자애롭고 헌신적인 '이상적 어머니'라는 모성상 자체가, 이 책 여러 곳에서 설명했듯, 근대의 남녀 성별 분리와 더불어 만들어진 역사적이고 사회적인 구성물이라는 사실을 기억할 필요가 있다.

사실 근대에도 많은 여성들이 생계를 위해 남편과 함께 일을 해야 했다. 가정에 머무르면서 '이상적 모성'을 실천할 수 있는 여성은 남성의 벌이만으로도 충분히 생계를 꾸려나갈 수 있는 중산층 가정의 여성들뿐이었다. 상대적으로 빈곤한 노동자 계급의 여성들은 가족을 위해 끊임없이 일을 해야만 했다. 먹거리를 기르고 옷을 짓거나, 아니면 이것들을 구입하기 위한 돈을 벌거나. 아이를 키우는 일은 노동자 계급 여성들에게도 주요한 임무였지만, 이것이 가족의 생계를 위한 경제활동에 우선할 수는 없었다.

그럼에도 근대 중산층을 모델로 한 '이상적 어머니'라는 모성상은 시간이 지나면서 점점 더 큰 사회적 영향력을 갖게 되었다. 이것이 중산층을 넘어 노동계급에까지 영향력을 미쳤고, 사회의 지배적인 모성상이 된 것이다.

이러한 모성 이데올로기는 현실의 엄마들로 하여금 이상적 어머니가 되도록 스스로를 끊임없이 채찍질하게 한다. 그리고 그 기준을 충족시키지 못하는 자신을 끊임없이 자책하게끔 만들었다.

'어머니 찬양'과 '어머니 비난'은 사회에서 모성 이데올로기가 유지될 수 있게 해주는 담론이다. 모성 이데올로기의 양쪽 날개인 것이다. 이러한 담론들은 이상적 어머니를 예찬함으로써 이에 도달하지 못하는 현실의 많은 엄마들을 나쁜 어머니로 낙인찍고 비난한다. '일을 손에서 놓겠다는 결심'을 세우지 못한 여성에게 '엄마 손이 덜 간 애들은 어떻게든 티가 난다'고 속삭이고, 아픈 아이 곁에서 고통스러워하는 여성에게 "다 엄마 때문이지 뭐"라고 손가락질을 하고, 돌봄 책임을 전담한 채 가정에서 아등바등 최선을 다하고 있는 여성에게 "좀 더 잘할 수 없어?"라고 질책하며, 어머니들에게 '거룩'한 사랑과 희생의 화신으로 거듭날 것을 주문하면서 말이다. 아무리 노력해도 닿을 수 없는 어머니의 이상을 설정하고, 그러한 어머니의 희생과 헌신을 찬양하며, 그 책임을 홀로 감당하고 있는 여성들에게 공감과 위로를 표하며 짐을 나누어 드는 대신 오히려 '어머니 비난'을 통해 여성들에게 죄책감을 부여하고 있는 것이다.

이러한 어머니 찬양과 어머니 비난을 통해, 여성들은 어머니로서 구성되고, 규율되고, 통제된다. 이를 통해 자녀 양육은 어머니 몫으로 지속되고, 여성과 남성의 성별 분업은 유지되며, 가부장적 사회구조는 더 튼튼해지는 것이다.[7]

풀타임 엄마인 동시에 풀타임 노동자

:

현대에 접어들어 여성들의 경제활동 참여가 확대되고 많은 기혼 여성들이 직업을 갖게 됨에 따라, 일하는 엄마들의 죄책감은 더욱 커지게 되었다. 일하는 엄마들이 직면한 딜레마는 어찌 보면 당연한 것이다. 헤이즈가 지적했듯, 노동시장에서 성공과 성취 같은 논리는 헌신적으로 자녀에게 집중하는 강도 높은 엄마 노릇의 논리와는 애당초 양립할 수 없는 것이기 때문이다.[8]

일 중심 사회에서 이상적 노동자는 '출산이나 양육이라는 가족의 의무에서 자유로운 풀타임 노동자'이다. 자본주의의 성장과 발전을 위해서는 다른 장애물 없이 생산활동에 전적으로 몰입할 수 있는 노동자가 필요하기 때문이다. 따라서 남성들이 이상적 노동자의 전형이 되었으며, 여성들은 노동세계에서 점차 멀어지게 되었다. 많은 여성들이 출산에서 자유로울 수 없으며, 모성 이데올로기의 정착으로 양육 역시 전적으로 여성의 책임이 되었기 때문이다.

그리하여 현대의 일하는 엄마들은 이상적 어머니 규범과 이상적 노동자 규범을 동시에 충족시켜야만 하는 이중 부담을 안게 되었다. 언제나 아이의 요구에 응하는 풀타임 엄마인 동시에 언제나 기업의 요구에 응하는 풀타임 노동자여야 하는 것이다. 그러나 이는 현실적으로 불가능하다.

사회생활을 시작한 지 얼마 되지 않았을 무렵, 대학 시절 알고 지내던 한 남자 선배가 점심을 사주겠다고 해서 친구와 나간 적이 있었다. 오랜만에 만난 터라 시종일관 웃으며 오므라이스를 맛있게 먹고 있었다. 그러던 중 선배가 꺼낸 이야기가 아직도 잊히지 않는다. 회사에서 자신이 이끌고 있는 팀의 한 여성 직원에 대한 불만이었다. 프로젝트들을 기한 내에 끝마치기 위해 때때로 팀원들이 모두 주말 근무를 해야 한다고 했다. 다른 남성 직원들은 아무 문제 없이 주말 근무에 임하는데, 그 여성 직원만 유독 주말 근무를 못하겠다고 하소연했단다. 집에 돌잡이 아이가 있다고 했다. 남편이 아이를 돌보지 못해 주말에 자신이 아이를 봐야만 한다고 했다. 선배는 다른 사람들도 모두 가정이 있는데 왜 너만 안 되냐며, 팀원들의 업무 분담에 예외를 둘 수 없다고 여직원의 청을 거절했다고 했다. 다른 팀원들과 똑같이 일하지 못하는 팀원은 자신의 팀에 둘 수 없고, 그와 같은 근로 태도가 용인되는 팀으로 옮기는 문제를 보스와 상의하라며 내쳤다고 했다. 평소에 진중하고 합리적이었던 선배의 단호한 모습을 보며 잠시 머리가 먹먹해졌던 기억이 있다.

그 여성 직원은 어떻게 됐을까? 겨우겨우 아이를 다른 여성에게 맡기고 주말 근무를 무사히 마쳤을까? 애를 두고 주말에 어딜 나가냐는 남편과 한바탕 싸웠을까? 주말 출근을 했다 못했다를 반복하여 다른 팀원들의 눈총받이가 되었을까? 그도 아니면 근무 태도를 문제 삼은 선배의 조치로 다른 팀으로 옮기게 되었을까?

왜 그녀 안에서 충돌하고 있는 엄마의 의무와 노동자의 의무의 막중함을 아무도 돌아봐주지 않았던 걸까? 왜 그녀의 남편은 주말에 자녀를 돌보지 못하는 걸까? 왜 그 문제는 남편, 회사, 사회의 문제가 아니라 오롯이 그녀 혼자서만 감당해야 하는 문제가 되었을까?

이것이 바로 일하는 엄마들이 모두 경험하고 있는 이중 부담의 이야기이자, 일/가족 갈등의 문제인 것이다. 일/가족 문제가 본격적으로 부상한 것은 남성 생계부양자 가족 모델이 위기를 맞기 시작하면서부터였다. 서구의 경우 2차 세계대전 이후 기혼 여성의 취업이 급증했는데, 이때부터 일과 가족과의 관계를 재조정해야 한다는 요구가 전면에 등장하기 시작했다. 여성이 풀타임 노동자인 동시에 풀타임 어머니로 산다는 것은 불가능하고, 일하는 엄마들에게 그러한 요구를 한다는 것 자체가 부당하기 때문에, 일과 가족 영역 모두에서 변화가 필요하다는 것이었다.

한국에서도 마찬가지로 기혼 여성의 취업이 확대된 1987년경부터 일/가족 갈등이 보편적인 사회문제로 거론되기 시작했다. 특히

1990년대 이후 중산층 여성들이 본격적으로 사회에 진출하기 시작하면서부터 일/가족 문제는 더 큰 사회적 파장을 불러일으켰다. 이전에는 주로 한국의 노동계급에 한정된 문제였다. 하지만 이제는 중산층 여성까지 경제활동에 본격적으로 뛰어들면서 전체적인 문제로 확대되었다. 최근 국가는 이 문제에 대해 더 적극적인 대응을 모색하며 일/가족 양립, 일/삶 균형을 위한 정책 대안을 수립하기 위해 노력을 기울이고 있다.[9]

그러나 더 주의를 기울여 살펴봐야 할 것은 여성의 사회 참여가 확대되었다고 해서 바로 '남성은 일, 여성은 가족'이라는 이분법적인 사고방식이 사라진 것은 아니라는 점이다. 여전히 사회에서는 "여성의 위치는 가정이며 가정에서 여성의 임무는 가족 구성원을 돌보고 이들에게 정서적 안정을 제공하는 것"[10]이라는 통념이 강하게 유지되고 있다. 그리고 그러한 통념은 가부장적인 모성 이데올로기와 결부되어 여성을 억압하고 있다. 여성의 경제활동 참여 확대는 당연한 변화로 자연스럽게 수용하면서도, 엄마 노릇을 비롯한 가정에서의 일과 책임은 여전히 여성의 몫으로 그대로 남겨두고 있는 것이다. 즉, '변형된 가정 중심성 이데올로기'가 작동하고 있다.

예컨대 통계청의 조사에 따르면, 2009년 대한민국 맞벌이 부부의 경우 여성은 하루에 3시간 20분 정도 가사 및 돌봄노동을 수행하지만, 남성은 고작 37분만 수행하는 것으로 나타났다.[11] 맞벌이를 함에도 여성이 남성보다 5.4배가량 더 오래 가사와 돌봄노동을 담당하고 있는 것이다. 오히려 맞벌이 부부가 아닌 남성이 39분으로 더 길게 노동하는 것으로 나타났다. 이러한 조사가 여성만의 가사와 돌봄노동 특성을 충분히 드러내지 못한다는 점을 고려한다면[12], 여성의 이중 부담이 얼마나 더 클지 짐작할 수 있다. 여성들이 경제활동에 적극 참여하고 있음에도 가정에서의 책임은 여전히 여성들만의 몫이라는 성차별적인 인식이 지속되고 있는 것이다.

이는 직접적으로 여성이 일과 가족 문제에서 이중 부담을 지게 하며, 결과적으로 여성과 남성 모두의 삶에 불균형을 초래한다. 이중 부담을 지움으로써 여성을 곤경에 빠트리고, 남성이 좋은 아버지가 되는 등 가족 구성원 역할을 다할 기회 역시 빼앗는 것이다. 이 때문에 여성의 경제활동 참여는 급격히 증가했는데도 남성의 가정 책임 분담은 극히 저조한 상태에 머무르는 '지체된 혁명'이 지속되고 있다.[13]

이중 부담은 현재 일하는 엄마들의 발목을 붙잡고 있는 딜레마의 실제이다. 일터와 가정을 분리시키고 가정을 자본주의적 생산성 향상을 위한 도구로 전락시켰던 근대의 사회 조직은 이상적 노동자 규범과 이상적 어머니 규범이라는 쌍둥이를 낳았다. 그러나 이상이 아닌 현실에 살고 있는 수많은 일하는 엄마들은 마미 트랙mommy track과 유리 천정에 갇힌 채 좌절을 겪고, 부족한 어머니로서 죄책감에 눈물을 흘리며, 결코 충족시킬 수 없는 두 개의 규범 사이에서 홀로 고통을 감내하고 있는 것이다.

여성을 짓누르는 '이상적' 규범을 넘어

:

여성들이 상충하는 두 개의 규범, 두 개의 이데올로기 아래에서 홀로 발버둥 치다 제풀에 지쳐 쓰러지지 않도록 이제는 사회가 변화할 필요가 있다. 효율성과 이윤 극대화의 논리에 갇힌 자본주의 사회, 이를 지탱하기 위해 재생산의 도구가 되어버린 가정, 그리고 위대한 어머니라는 이상의 덫에 빠져 있는 여성들을 바로 보아야 한다.

이상적 어머니 규범과 이상적 노동자 규범이 사실상 쌍둥이처럼 서로 닮아 있는 근대의 산물이라는 점을 기억할 필요가 있다. 근대의 공사 분리와 성별 분리는 가정의 주인공과 일터의 주인공으로서 풀타임 전업주부 여성상과 풀타임 남성 노동자상을 만들어냈으며, 이러한 이상에 기반을 두고 여성과 노동자를 규율했다.

여성들은 일터에서는 여성이라는 이유만으로 낮은 임금을 받으며, 경제 불황이라도 닥치면 해고 1순위로 내몰려야 했다. 아이를 위해 일찍 퇴근을 하느라 상사의 눈치를 견뎌야 했고, 혹시 아이에게 문제라도 생기면 직장을 그만두고 육아에 전념해야 하는 것은 아닐까 전전긍긍했다. 전업주부도 마찬가지다. 소득활동을 하지 않는다는 이유만으로 비현실적으로 높은 엄마 노릇 기준의 압력을 받아야 했고, 임금 노동자가 아니라는 이유로 '집에서 노는 여자'라는 시선을 받아야만 했다.

이는 이상적 노동자라는 규범이 일터에서 여성을 주변화하고 배제하기 때문이고, 이상적 어머니라는 규범이 여성에게 자애롭고 헌신적인 풀타임 엄마 노릇을 강요하기 때문이다. 여성들은 단지 여성이라는 이유만으로 이러한 규범들의 압력을 모두 한몸으로 견뎌온 것이다.

오랜 시간 동안 여성이 홀로 감내해왔던 고통을 어깨에서 내려주고, 부모가 그 자신이나 가족을 철저히 희생시키지 않고도 일과 가족생활을 모두 병행해갈 수 있도록 사회가 변화해야 한다. 어머니와 아버지가 부모 그리고 노동자로서 그들 몫의 권리와 즐거움을 포기하지 않을 수 있도록, 자녀가 부모를 모두 빨아들인 노동사회의 희생물이 되지 않고 그들 몫의 행복을 누릴 수 있도록 말이다. 다가오고 있는 사회를 그러한 일과 가족의 원칙하에서 설계할 수 있도록 모두의 지혜를 모아야 할 때이다.

"육아도 삶도 균형이 중요해요"

김연수 씨는 중학교에서 국어를 가르치는 교사로 서른다섯 살이다. 초등학교 2학년 딸과 유치원에 다니는 일곱 살 아들아이를 기르고 있다. 그녀는 두 아이를 낳고 기르며 육아휴직과 복직을 번갈아 했다. 첫째아이를 낳고 10개월 육아휴직을 하고, 둘째아이를 낳고 2년 육아휴직을 했다. 그러다가 다시 육아휴직을 내고 2년째 지내고 있는 건 늦된 첫째아이가 초등학교에 입학해 잘할 수 있도록 도와주기 위해서였다. 자신의 직업을 좋아하고 열심히 하고 싶어 하는 그녀이지만 좋은 엄마로서 역할을 해야 한다는 갈등이 휴직과 복직 사이에 소리 없이 놓여 있다. 정규직으로서 육아휴직을 할 수 있다는 이점에도 불구하고 모성과 직장인의 일 수행은 서로 깊이 충돌했다.

워킹맘으로서 생기는 죄책감, 애착에 대한 문제, 가장 좋은 엄마는 어떤 엄마인가, 감정코칭과 사이코드라마…… 김연수 씨는 좋은 엄마에 대해 고민하고 기존의 통념을 받아들이기도 하고 의문시하기도 하며 자신의 모성 역할을 찾기 위해 고군분투하고 있었다. 자신의 아이에게 맞지 않는 일반적인 이론에 좌절하기도 하고,

여러 가지 태도를 아이에게 취해보면서 괴로운 시행착오를 통해 아이를 가장 위할 수 있고 자신도 긍정할 수 있는 역할은 어떤 것인지 끊임없이 절박하게 찾고 있다.

김연수 씨는 인터뷰를 하면서 명확한 언어를 구사하며 엄마 역할에 대한 자신의 의구심과 고민, 후회와 노력을 조목조목 여러 각도로 이야기했다. 그러나 아이에 대한 죄책감과 노력해도 다다를 수 없는 좋은 엄마의 상을 이야기할 때 목소리를 낮추며 눈물을 흘렸다. 일터에 대한 애착과 자긍심을 드러낼 때도 아이에 대한 책임감 앞에서 어조가 머뭇거렸다. 김연수 씨는 '아이가 행복하지 않으면 엄마도 행복할 수 없다'고 했다. 그녀가 경험한 '엄마'는 아이와 구분되는 개체가 아니라 그 자체로 연결된 존재였다. 아이의 문제는 엄마와의 관계 속에서 일어나는 것이며 그 문제 해결은 엄마의 양육 태도 변화와 맞물린 것으로 여겨졌다. 그리하여 그녀는 좋은 엄마가 되어 아이의 문제를 해결하는 데 혼신의 힘을 쏟았다. 한편으로 나는 그녀가 일에 대해 들떠 이야기하고, 때로 단호한 어조로 자신을 평가하는 말투 속에서 그녀가 혼자의 시공간과 몰두할 수 있는 자기 일로 돌아가기를 갈망한다는 느낌을 받았다.

일터와 가정에서의 자기 역할, 그 가운데에서 경쟁적이고 획일적인 환경에 대한 고민이 깊어져갔다. '거대한 톱니바퀴의 똑같은 부속품 하나를 만들기 위해서 내가 아이를 깎아내야 한다, 그러나 내가 내 아이를 희생시키기는 싫다'는 생각으로 고민한다고 했다. 세상이 통념적으로 인정하는 좋은 엄마가 되는 것과 아이를 진정으로 사랑하는 엄마가 된다는 것 사이의 간극을 느꼈기 때문에 괴로워했던 것 같다. 최선을 다해 좋은 엄마가 되기 위한 교육을 받고 노력하지만, 그것이 자신의 아이에게 적용되지 않는다면 아이에게 맞는 다른 태도를 취하고 싶다고 했다. 그녀는 바람직한 모성에 대해 학습하고 의심하고 다시 정의하기도 하며 어떻게 해야 엄마 역할을 제대로 할 수 있을지 암중모색한다. 아직은 뚜렷하지 않지만 도시를 떠난 곳, 이 나라의 논리를 떠난 곳, 규율과 경쟁을 떠난 곳, 그러한 새로운 길을 찾으면서 아이와의 새로운 관계, 일과 생활의 균형과 조화를 꿈꾼다.

구술 ○ 김연수

기록 ○ 안미선

내 새끼를 내가 왜 못 키우냐!

분만을 하고 나서 초록 포대기에 싸인 아기를 받았을 때 너무 예뻐서 "뽀뽀해도 돼요?" 하고 간호사에게 물어봤어요. 뽀뽀하고 젖을 물려줬는데 갓난아이가 쪽쪽 빠는 거예요. 잊을 수 없어요. 애를 키우면서는 육아휴직을 했어요. 신난 철부지 엄마죠. 아기가 소중하고 예쁘고, 부서질까, 이불 덮어놓으면 숨 못 쉴까, 돌보면서 마냥 행복했어요. 10개월 동안 키우고 복직을 해야 하는데, 베란다에 빨래를 널어놔 아기 내복과 가제 손수건이 바람에 살랑살랑 흔들리는 걸 보니 눈물이 나는 거예요. 이렇게 예쁜 애기를 못 보면 어떡하지. 마치 떼어 보내는 것처럼 눈물이 났어요. 아휴……

저희는 인천 사는데 서울에 사는 시어머니한테 아기를 맡기기로 했어요. 저는 고등학교에 근무하고 있었으니까 아이는 주말에 한 번씩 가서 보는 걸로 하고. 금요일 오후만 되면 칼퇴근을 해서 난폭 운전 하듯이 해서 서울 가서 애기 보고, 일요일 저녁때 밤 10시 돼서 돌아올 때 맨날 계속 울면서 왔어요. "내가 왜 떨어져야 하냐!" "내가 왜 헤어져야 하냐!" "내 새끼를 내가 왜 못 키우냐!"고 막 울면 남편이 옆에서 달랬죠. 6개월 동안 그러다가, '이건 아니다, 제일 중요한 건 가족이 함께 사는 일이다' 생각했죠. 어머님 댁 가까운 데 가려고 이사를 하고 서울에서 출퇴근할 수 있는 가까운 곳으로 학교를 옮겼어요. 나중에 둘째도 낳을 테니까 중학교로 갔죠.

아침에 아이를 맡기려고 시댁 가면 아버님이 빌라 입구에 내려와 계세요. 아버님한테 아이를 넘겨드리고 난 출근을 하고 저녁때 시댁 와서 애를 집에 데리고 오고……

둘째를 낳고 다시 육아휴직을 하고 버거웠어요. 난 밖에서 왕성하게 일했던 사람이라 살림도 그렇고 아이를 보는 것도 일단 서투르잖아요. 또 애를 다섯 살까지는 내가 데리고 있어야 한다 생각해서 큰애를 어린이집에 보내지 않았어요. 잘못된 생각이었죠. 둘째를 낳으면서부터는 거의 죽음이었죠. 둘째 안고 젖 물리는데 큰애가 앵기면 둘 다 안고 몸은 안 따라주고요. 둘을 갑자기 보는 건, 자동차 두 대를 동시에 운전하는 것 같았어요. 마음대로 잘 안 돼요. 애를 키워보니 나의 바닥이 보여요. '내가 이런 사람이었어? 내가 이거밖에 안 되는 사람이었어?' 그런 생각 많이 했어요. 내가 괜찮은 사람인 줄 알았는데 아이는 엉망진창으로 키우는 거예요. 일관성도 없고 기분 내키는 대로 그러죠. 욱하기도 하고. 아이를 이성으로 키우는 게 아니라 감성으로 키우니 아이는 얼마나 힘들겠어요. 둘째 낳고 2년 키우고 나서 일터에 복직했어요. 이제 자는 애들을 6시 반에 꽁꽁 싸매서 수면양말 두 개 신기고 차에 태워서 카시트 채워서 시댁에 내려놓고 난 출근을 급하게 했어요. 남편은 더 일찍 출근하니까 할 수 없고 내가 실어 날랐죠. 그때 시댁 5층까지 애들을 안고 가고, 팔이 떨어질 것 같죠. 자다 깬 애들은 안 자고 텔레비전 보면서 찡찡거리고 아이들이 아침 먹고 졸릴 때쯤 시부모님이 애들 어린이집 보내고. 큰애가 10개월 동안 어린이집 안 간다고 보챘어요.

워킹맘의 아킬레스건

아는 엄마가 자기 아이 놀이치료를 하러 간다고 했는데 내가 차를 태워다주러 갔다가 우리 큰애도 우연히 검사했어요. 의사 선생님이 '아이가 (발달이) 6개월에서 1년 정도 느리다, 놀이치료를 시작하면 좋겠다, 그 정도 하면 좋아질 거다' 말씀하셔서 치료를 시작했어요. 치료를 시작한다는 거 자체가 심리적으로 굉장히 어려워요. 덜컥 겁나고 걱정되고 충격적으로 느껴졌어요. 놀이치료를 시작할 즈음 복직한 거예요. 2년 만에 복직을 해서 업무도 힘든 것 맡았고 밤 9시까지 일할 때도 많았어요. 시부모님이 일주일에 한 번씩 아이를 데리고 치료를 다니고 저는 아이에 대해 치료사랑 통화를 하고. 그런 치료를 할 때 부모가 치료사와 상담하는 과정이 중요해요. 아이 상태에 대해 주고받고 선생님한테 피드백 받고 아이 상황을 전달하는 게 중요한데, 전화 상담은 한계가 있었어요. 관리가 안 되더라구요. 그래서 헛수고였다고 생각해요. 치료비가 한 시간에 7만 원인데, 돈 버리고 시간 버리고 소중한 세월을 버렸어요. 저는 1년 동안 일터 가서 늦게 퇴근하고 집과 학교를 오가면서 졸음운전도 많이 하고 체력도 많이 떨어지고 예민해지고. 애들한테도 미안하고. 워킹맘은 밖에서 해야 하는 일에 책임이 있으니까 집에 오면 방전되지, 새로운 에너지가 솟아나는 게 아니에요. 아이가 어릴 때일수록 내 도움이 더 많이 필요하겠지만 도와주는 데 한계가 있어요. 짧은 시간 동안 아이가 하는 말, 한두 마디 알림장 말 갖고 아이를 이해할 수 없어요. 전 엄마가 아이에게 벌어진 일 열 가지 중 다섯 가지는 알아야 한다고 생각해요. 열 가지 중 다섯 가지는 알아야 엄마지요. 아이가 혼자 감당 못할 때 다섯 가지는 알아야 공감이라도 하고 묵묵히 안아줄 수 있지요. 이해하면 더 많이 사랑할 수 있잖아요. 아이에 대해 모르면서 책으로 이해하는 사랑은 사랑이 아니야.(울음) 또 휴직을 했죠. 내가 다시 휴직을 하고 아이를 봤을 때 내가 알고 있던 것보다 아이가 훨씬 심각한 상태였어요.

일곱 살인데 취학 준비가 안 되어 있는 거예요. 나는 조기교육을 반대하고 조기교육의 부작용이 뭔지 잘 알고 있는 사람이기 때문에 인지 교육을 시키지 않았지만, 내 아이한테는 호기심이나 동기 유발시킬 것까지 싹을 제거했다는 생각이 들었어요. 마음은 급하고 애는 버겁고. 일곱 살인데 한글 급하게 시켰고. 애가 한글 안 떼었다면 학교에 가서 더 많이 주눅 들고 괴로웠을 거예요. 내가 만약 휴직 안 하고 직장에 힘썼다면 애를 학교에 적응시킬 수 있었을까요? 늦된 애냐 아니냐, 애 특수성을 생각하기 전에 엄마가 애를 너무 방치한 게 아닌가, 힘들게 한 거 아닌가 미안했어요. 또 아이는 아이만의 속도가 있는데 그 속도를 엄마가 몰랐던 게, 그래서 너무 급하게 다그치게 만들어버린 게 미안했어요.

심리학에서 애착이 중요하다 하는데 워킹맘으로서는 그 말이 아킬레스건 같은 거예요. 전 퇴근하고 나서 먼저 애를 들여다보고 예뻐해줬지만 생각해보면 절대적으로 함께 보낼 시간이 적었던 것 같아요. 모든 워킹맘들한테 "당신과 아이의 애착관계에 백 프로 자신 있습니까?" 하면 대부분 워킹맘들은 죄책감을 가지잖아요.

애착관계는 엄마가 아니어도 괜찮다고 하지만 아이가 어릴 때 양육자가 바뀌는 건 큰일이라 여겨요. 다 알지만 상황이 안 돼서 남한테 어쩔 수 없이 맡기고 일터에 간 거잖아요. 나의 삶이 중요해, 하면서 애들 버리고 가는 엄마가 몇 명이나 있어요? 사실 안 그러잖아요. 제가 방심했어요. 큰애가 할머니랑 길들여지고 전 제 스타일이 있으니까 엄격한 엄마가 되고, 애는 힘들어지고. 그 상처가 결국 다 애한테 가는 거죠. 엄마가 스트레스 받으면 아이는 그릇이 작은데 얼마나 힘들겠냐 하지만 엄마도 힘들어요, 사실.

아이의 문제는 아이의 문제뿐만이 아니라 엄마와 아이의 관계, 가족과 아이의 관계, 전체 상황을 봐야지, 아이가 이런 상태다 하면서 아이만 해결하려는 게 상당히 위험할 수 있다고 생각해요. 잘 키워야 할 것 같고 경쟁과 비교를 반강요당하는 환경에서 아이를 지키고 안심시켜줄 수 있는 부모가 되는 것이 쉽지 않아요. 내 양육 태도는 바꾸지 않고 아이의 문제를 해결해야 하는 게 먼저일까요? 애들이 잘못될까 걱정되니까 애들한테 초점을 맞추지만 사실은 부모에게 초점을 맞춰야지요. 부모가 바로 서야 아이를 온전히 건강하게 키울 수 있을 거라 생각해요. 내 애가 잘못될까봐 부담감이 크니까 나는 돌보지 않고 애를 돌보지만 정작 부모가 변화되어야 할 때가 많은 것 같아요. 깨닫지 못하는 사이 부모가 많이 힘들어져서 아이들까지 덩달아 힘들어지는 경우가 많은 것 같아요.

적당히 일하고 적당히 돌볼 수 있다면

'엄마가 행복해야 애가 행복하다'고 하는데 그걸 무슨 공식처럼 마음에 새기고 실천하려고 노력했는데, 그것도 억지라는 생각이 들어요. 애가 갖고 있는 어려움이 있다면 그게 해결되지 않고 나아지지 않은 상태에서 혼자 행복할 엄마는 없어요. 애가 학교 가서 힘든 일을 겪고 오거나 어려움이 있는데 내가 좋은 강의 듣고 쇼핑하고 기도 잘해서 행복할 사람이 어디 있겠어요. 아이가 하나의 인격체니까 엄마와 분리되어야 한다지만 엄마는 그렇게 분리되지 않아요. 싸늘한 마음을 가졌을 때나 '힘든 것도 니 인생이야' 하고 체념하고 싶은 거지, 사실은 아이에게 기쁜 일 있으면 내가 뛸 듯이 기쁘고, 아이가 힘들다고 한다면 내가 무슨 짓을 해도 나 혼자 행복해지지 않는 거예요.(울음) 가족이고 한집에서 사는 사람이기 때문에 같이 행복해야 행복해질 수 있는 거지, 엄마가 행복해야 아이도 행복하다는 공식이 모든 상황에 적용되지 않아요. 그 말을 나에게 적용하려 할 때 그 또한 힘들어졌어요. 그걸 깨닫는 데 또 시간이 걸렸어요. '준비 안 된 엄마, 고통받는 아이' 같은 책 제목들이 있는데, 준비 다 된 엄마가 어디 있어요? 이 세상에. 다들 키우면서 크는 거고 같이 성장하는 거고…… 물론 엄마로서 가장 가슴 아픈 건 좀 더 마음이 너그럽고 따뜻한 엄마한테 자라는 환경이면 애가 덜 힘들었을 텐데. 사람이 노력해서 이룰 수 없는 일이라는 걸 내가 알았을 때, 내가 모든 시행착오를 겪고 과정을 겪으면서 애가 더 멍들고 있다는 것을 알았을 때, 그런데도 내가 쉽게 나를 바꾸지 못하는 게 정말 미안한 일이지.(울음)

준비는 평생 안 될 거 같아요. 한동안 짐이 너무 무거울 때는 '나는 얼떨결에 애를 낳았지만 애를 키울 수 있는 엄마의 자격은 없구나' 생각했어요. 얼마 전에 사이코드라마를 할 기회가 있었어요. 종이방망이로 배낭을 때리면서 속 얘기를 하는 거예요. 애를 키우고 내가 온전하게 잘 서서 살려면 내가 잘해야 하잖아요. "왜 혼자 착한 현모양처, 착한 성인군자를 다 하려고 드냐! 다 내 탓이다! 왜 그렇게 하려고 하냐!"고 외쳤어요. "왜 아이를 이렇게 힘들게 하느냐? 네 아이가 얼마나 힘든지 넌 알고 있잖냐? 그런데도 아이를 누구보다 제일 많이 아는 사람인 니가 제일 힘들게 하면 어떡하냐!" 저를 많이 혼내주고 싶었는데 선생님이 자학은 하지 말라고 해서 참았죠. 그래서 어느 정도까지 하고 왔어요. 돌아오니 가슴이 너무 허하고 아프더라고요.

엄마라는 자리 자체가 아이랑 가장 가까운 사람이고 가장 큰 영향을 미칠 수 있는 자리예요. 그래서 아이에게 뭔가 하기가 굉장히 손쉬워요. 가장 가까운 곳에서 따뜻하게 해줄 수 있고 가장 가까운 곳에서 힘들게 할 수 있는 거 같아요. 어쨌든 내가 갖고 있는 어려움들을 아이에게 풀어내는 것도 많고. 그게 조심스러울 거 같은데 너무 쉽게쉽게 되는 거죠. 짜증도 쉽게 내고 혼도 쉽게 내고.

휴직을 해보니 뭐든지 지나치면 소용이 없고 밸런스를 유지하는 게 중요하구나 생각해요. 아이를 키우는 것뿐 아니고 삶 자체가. 적당히 할 수 있다면 적당히 일하고 아이를 돌보고 그랬으면 좋겠어요. 전처럼 풀타임으로 아침 6시에 애들 실어 나르고 밤에 들어와서 밥하고 책 한 권 못 읽어주고 먼저 잠들고 놀 시간도 없고 이런 것보다, 적당히 일하고 적당히 돌볼 수 있으면 차라리 그게 더 나한테도 아이한테도 도움이 될 거예요. '헬리콥터맘'처럼 너무 들여다보는 것도 아이한테 안 좋고 나한테도 힘든 일이고, 그렇다고 아이를 보지 않고 풀타임으로 밤늦게까지 일하면서 마음은 '정말 사랑해, 양보다 질이야, 하루에 30분만 잘 보면 돼'라고 하는 건 아닌 거예요.

죽기 살기로 쫓아다닌 부모교육

2년 휴직하면서 첫해는 큰애 학교 보낼 준비 때문에 치료에 올인을 했어요. 뭐든 저절로 쉽게 배우기보다는 남들보다 더 많은 노력으로 배우는 아이니까, 치료에 매달렸어요. 올해는 죽기 살기로 부모교육을 쫓아다녔어요. 서울에서 다닐 수 있는 곳은 어디든 다 다니면서 1년 동안 부모교육을 받았어요.

엄마 등급에는 세 가지 부류가 있다고 배웠어요. 첫째 등급은 하위 레벨로 엄마는 공부하지 않으면서 애만 공부시키는 엄마, 무지한 엄마예요. 그다음에는 중간 등급, 엄마도 공부하고 애도 공부시키는 거예요. 이건 보통이에요. 대부분 경우들이 이럴 거예요. 1순위 엄마는 애는 공부 안 시키고 엄마만 공부하는 거예요. 엄마가 좋은 공부를 해서 아이가 스스로 자기 공부를 하게 지지해주는 게 가장 이상적이죠. 엄마가 클수록 아이는 작아지게 마련이니까요. 어떤 분이 말씀하시기를, 당신은 아이가 너무 소중해서 잔소리하고 다그치고 싶은 걸 죽기 살기로 참았다고…… 결국은 엄마의 계획대로 독립적이고 자신 있는 아이로 자라났다고 하셨던 말씀이 생각나요.

저 같은 경우에는 부모교육 열심히 듣고 도움이 되지만 이건 다 내 아이를 내가 얼마만큼 아느냐에 따라 다르다고 생각해요. 둘째 아이는 알아서 잘 크니까 교육에서 배운 대로 하면 돼요. 첫째아이는 그렇게 하면 안 돼요. 이 애는 저절로 안 크니까. 힘들게 어렵게 배우는 스타일이니까 내가 쉽게 배울 수 있게 옆에서 도와줘야 해요. 한번은 좋은 부모교육 듣고 와서 하는데 안 되는 거예요. 그게 되는 애가 있고 안 되는 애가 있는데 그걸 파악하기까지 시간이 걸렸고 나는 또 '좋은 강의 듣고 와서 애를 잡는구나' 자학이 괴롭게 반복이 됐던 것 같아요.

내가 내 아이의 성향, 상태를 객관적으로 볼 필요가 있고, 어떻게 행동하고 키워줄 것인가, 다 내려놓고 멀리 봐야 하는데 성격상 힘들어요. 더 많이 낮아지고 더 많이 기다리고 더 많이 멀리 봐야 하고, 부모가 되는 게 진짜 힘든 일이라는 생각이 들어요. 나는 일반 엄마들보다 더 급하고 큰애는 일반 아이들보다 더 천천히 가는 아이여서 그런 거에 대한 어려움이 정말 컸던 것 같아요.

그 때문에 계속 고민하고. 나도 바뀔 수 없고 아이도 바뀔 수 없다면 환경을 바꿔줄까 생각하는데 시골로 갈까…… 올해 초에 캐나다에 이민 가자는 얘기가 나왔어요. 결국 가서 먹고사는 데 어려움이 있을 거 같아서 포기한 상태지만 가장 큰 이유는 내가 다시 학교로 돌아가지 못하는 것을 너무너무 후회할 거 같은 거예요. 지금도 학교 생각하면 내가 가서 학생들을 안아줘야 하는데 아직도 그런 생각이 있고.(눈물) 또(침묵) 우리 딸처럼 좀 더 사랑이 필요한 애가 있으면 내가 가서 좀 더 잘해줘야 하는데, 그런 생각. 그래서 내가 한참 아이를 사랑하고 예뻐했을 때처럼 다시 하고 싶은데 그거 접고 캐나다에 가서 살면 후회하지 않을까? 그 생각이 제일 컸어요.

제가 이제 부모교육을 다니면서 디스크 검사, MBTI 검사, 애니어그램, 나를 파악하는 검사를 많이 해보니 제가 사람과의 관계를 중시하는 사람이더라고요. 내 에너지 원천도 그런 거였구나, 학생과 교감하고 동기부여해주고 길을 도와주고 일하면서 굉장히 행복해했구나. 그런 거를 못한다고 생각하면 어렵더라구요. 전 제 일에 애착이 있어요. 복직과 동시에 애들을 새벽에 나르고, 학부형이랑 학생들과 씨름해야 하지만, 아직은 애착이 있는 거 같아요. 내 직업을 내가 버리고 싶지 않아요. 일할 때 제일 행복했고 아직도 일을 동경하고 그리워하고. 정체성에 대한 생각을 근래에 하게 되는데 근래 3년을 통틀어 가장 행복했던 게, 한 달 합숙 연수를 간 거였어요. 그때 오랜만에 공부하고 선생님들과 같이 학생 지도를 밤새 고민한 게 너무 행복했어요. 재충전의 기회도 갖고. 지금은 스스로를 위해 온전히 시간을 쓸 수 없잖아요.

지금은 이 상황에서 제일 맘 편하고 즐거운 시간이 부모교육 들으러 갈 때예요. 배워서 나도 써먹을 수 있을 거 같고 남 줄 수 있을 거 같고, 언젠가 내가 누군가를, 혹은 내 아이를 도울 수 있지 않을까, 지금도 매달리고 있는 거 같아요. 한동안은 주변에서 '부모교육을 왜 그렇게 들으러 다니지?' 말들 많이 했어요. 몸도 안 좋은데 집에서 쉬지, 극성맞게 다니니까. 그때 저는 사람들이 힘들면 종교에 매달리듯이 살려고 교육 들으러 다닌 것 같아요. 어떻게든 내가 나를 돌아보는 시간을 갖고 좋은 얘기 듣고 배우고 충전이 돼야 할 것 같아서 다녔어요.

바라는 거는 몇 년 후에라도 다시 일을 하고 아이를 돌보고 양쪽에서 균형을 잡는 일이에요. 균형을 잡는 게 어렵다는 생각이 들어요. 삶이 호락호락하지 않으니까, 최선을 다해서 균형 있게 잘 살려면 정신을 똑바로 차리고 잘 살아야겠구나 싶어요. 어렸을 때 할머니에게 아이를 맡기고 일한 건 마음 편했지만 방심했던 거구나, 지금 아이만 보는 건 너무 밀착되고 힘들구나, 모든 걸 다 알고 열 가지를 다 아는 게 해로울 수 있어요. 미쳐버릴 수 있으니까요. '엄마로서 내가 뭔가 해야겠다, 내 아이를 어떻게 만들리라'라는 생각만 버려도 훨씬 행복해진다는 말을 들었어요. 큰 그림은 그렇지만 현실은 어렵고 곤란하고 더 괴로워요. 내 철학과 이상이 현실에 맞지 않아요.

아이는 평생 자라야 하니까

전 원래 일을 하는 게 좋고, 교사가 아니라도 의미를 찾는 일, 사람들 돕는 일을 하고 싶어요. 처음 휴직했을 때는 '딜레마다, 내가 내 아이를 키우지 못하면서 감히 누구를 가르쳐?' 이렇게 생각했어요. 근데 지금 생각해보면 사람이 하는 일이니까 학생이나 내 아이와 관계를 맺으려면 내가 좋은 사람이 되어야 하는 건 맞지만 두 가지는 다른 일인 거예요. 하나는 직업이에요. 기꺼이 안아줘도 그건 내 아이가 아니기 때문에 내가 더 가능한 게 있어요. 기본적으로 내가 좋은 사람이어야 한다는 건 당연한 전제이지만 그렇다고 성격이 다른 두 일을 같이 판단할 필요는 없는 거 같아요. 그래서 제가 더 부모교육을 찾아다녔던 것 같아요. 세상이 원하는 기준에 휘둘려서 욕심내지 않고, 내 아이를 믿어주고, 내 아이에게 든든한 안식처가 되어주는 엄마. 그게 이상이죠.

현실을 보면 우리나라가 너무 살기 힘든 곳이에요. 모든 게 빨리 돌아가고 다 과열되어 있어요. 강의 들으면서 인상 깊었던 게 우리나라는 비교의 뇌가 작용을 한대요. 서로 점수 비교하고 경쟁하고, 전쟁이 있었던 나라라 생존의 법칙이 강하게 적용되고 획일화되어야 하고 통일성, 단일성 강조하는 문화가 뿌리 깊은 나라고. 그런데 내가 내 아이를 희생시키기 싫은 거예요. 거대한 톱니바퀴의 똑같은 부속품 하나를 만들기 위해서 내가 아이를 깎아내야 한다는 게 너무 괴로운 거죠. 이민도 가고 싶고 시골로도 가고 싶고 대안학교도 보낼까 여러 가지로 생각하는데 답은 없고 먹고사는 게 가장 큰 문제예요. 먹고사는 게 된다면 어디든 가겠죠, 여기 있진 않을 거예요.

지금도 생각이 드는 게 아이가 여섯 살 때 혼자 두발자전거를 타고 싶다면서 매일 연습을 하더니 두발자전거를 타는 거예요. 연습하는 과정을 보지 않았는데 타고 있는 거예요. 조그만 자전거를 타고 헬멧을 쓰고 넓은 광장에서 혼자 밤에 쫙 연습을 하고 달리는 모습을 보니까 너무 기특한 거예요. 아니, 가르쳐주지 않았는데 혼자 열심히 하다니. 그때 드는 생각이 뭐였냐면,(눈물) 봐라, 쟤는 증명해 보이고 있지 않냐. 놔두고 기다려주면 혼자 잘하고 있지 않냐. 증명해서 보여주는데 뭘 더 불안해하느냐. 작은 자전거를 작은 체구로 작은 헬멧을 쓰고 쌩 달리는 모습을 보니, '엄마, 나를 봐라, 시키지 않아도 나 혼자 할 수 있는 아이니까 나를 보고 그냥 기뻐해라' 증명해 보이는 것 같은 느낌이 들었어요. 그걸 보면서 '내 불안과 조바심이 얼마나 나를 멍들게 하고 아이를 멍들게 하는가, 그게 얼마나 해로운가, 이렇게 힌트를 주는데도 알아채지 못하면 정말 그건 무능한 엄마, 나쁜 엄마지' 그런 생각이 들었어요.

세상에 맞서 내 아이를 응원해주는 게 가장 최선의 역할이에요. 애가 느리냐 아니냐 고민도 많이 했지만, 어떤 부분은 애가 잘해내고 있는데 내가 존재만으로 감사하는 마음을 갖지 못했어요. 더 느린 아이라고 과소평가하거나 자랑할 만한 애를 만들기 위해 얘를 더 다그치지 않는 게 중요하겠지요. 지금 생각해보면 큰아이의 경우, 아직도 마음이 안 놓이는 부분도 있지만, 고맙게 잘해주는 면도 있고…… 내가 옆에서 잘 도와줘서 아이가 많이 자란 것인지 아니면 처음부터 자기만의 속도로 잘 자랄 아이였는데 늦다는 의사의 말에 엄마의 불안이 아이를 더 힘들게 한 건 아닌지 헷갈리는 면이 있어요.

앞으로 꿈은 밖에 나가서 신명나게 아이들을 가르치고 싶고 긍정적인 에너지를 갖고 내 아이들한테 와서 따뜻한 엄마 하고 싶어요. 밖에서 가르치고 안에서는 애들이 푹 안길 수 있는 따뜻한 엄마. 아이가 열 살까지 살고 어떻게 될 것도 아니고 평생 자라야 하니까요. 천천히 시작하고 천천히 데워지는 게 굉장히 중요한 건데 그런 가치를 잘 알았으면 좋겠어요. 내가 너무 양은냄비 같으면 애들도 다 양은그릇으로 자랄 거니까 내가 뚝배기처럼 느긋하게 나이가 들어갔으면 좋겠다 생각해요. 다 자라고 보니 긍정적인 영향을 주는 사람이었다, 아이들에게 이 정도로만 기억돼도 훌륭한 엄마 아닐까 하는 생각도 들어요.

엄마들은 이미 투쟁 중

:

2012년 여름에 시작한 작업을 드디어 마무리 짓는다. 세 명의 페미니스트가 대한민국에서 엄마로 살아가며 보고 겪은 갖가지 일들이 이 작업을 시작하게 된 계기다. 공감하고, 고민을 나누고, 부족한 원고를 읽어주는 서로가 없었다면, 아마 시작하지도 끝내지도 못했을 것이다.

2000년대에 들어 출산율 1.3명 이하의 초저출산국이 된 한국. 지난 10년간 정부는 각종 보육 정책과 일/가정 양립 정책을 쏟아냈다. 지방자치단체마다 "아이 키우기 좋은 도시, 엄마와 아이가 행복한 도시"라는 슬로건을 내세우고 있다. 자녀 양육에 대한 경제적, 사회적 지원은 분명 필요한 것이지만, 쏟아져 나오고 있는 제도들이 여러 상황들 속에서 아이를 낳고 키우느라 애쓰고 있는 엄마, 아빠들을 얼마나 세심하게 고려하고 있는지는 미지수다.

돌봄 지원이 이전보다 늘어나면서, 한국의 엄마들은 여성 혐오의 새로운 표적이 되었다. 저출산의 원인은 제 새끼 키우는 것마저 힘들다고 징징대는, 저밖에 모르고 나약한 젊은 엄마들 탓으로 돌려졌다. 마치 미국의 빈곤 한부모 여성들이 복지 여왕이라는 비난을 받았던 것처럼, 한국의 젊은 엄마들은 제 할 일도 다하지 못한 채 사회에 경제적 부담만 늘리는 무책임하고 짐스러운 존재로 손가락질을 받고 있다.

엄마들을 위한다는 정책과 엄마들을 향한 비난 사이에서 우리들은 혼란스러웠다. '출산은 애국'이라는 공공연한 설교 속에서, '아이와 엄마가 행복한 사회 만들기'라는 설익은 호들갑 속에서, 정작 엄마들은 입을 떼기 힘들었다. 저출산 위기 담론 속에서 출산은 여성의 의무로 규정되었고, 임신과 출산과 육아가 여성의 생애사에서 가질 수 있는 수많은 의미들은 밀려나버렸다. 기본적인 보육복지의 확충마저도 '전업주부 종말'의 신호로 여겨지는 사회에서, 아이를 낳고 기르는 고됨에 대한 엄마들의 토로는 이기적이고 사치스러운 불평으로 여겨졌다. '여자라면 아이를 낳고 엄마가 되어야지'라고 속삭일 뿐 그녀들의 이야기에 귀 기울이려 하지 않는 사회에서, 엄마들의 목소리는 쉽게 묻히고 가려졌다.

그러나 엄마가 된다는 것, 엄마로 살아간다는 것은 여성의 삶에서 여전히 큰 도전이다. 아이를 기르는 일의 수고로움은 시대에 따라 그 양상이 달라졌을 뿐 조금도 덜어지지 않은 것 같다. 오히려 사회의 구조적 불안과 위험 속에서, 신자유주의 시대 경쟁의 광풍 속에서, 자녀를 안전하고 바르게 키울 뿐만 아니라 무한 경쟁이라는 미친 소용돌이에서 생존자로 만들어내야 한다는 더 막중한 의무가 엄마 노릇의 핵심으로 부각되었다.

이제 엄마는 신자유주의 자기관리 시대에 아이의 스펙을 기획하고 실행해야 하는 관리자가 되었다. 아이가 태어난 지 얼마 지나지 않아서부터 '결정적 시기를 놓치면 안 된다'는 협박이 시작된다. 아이의 다중지능을 높인다는 다양한 교재와 교구를 선택하고 발달 단계마다 적절한 자극을 주는 일도 엄마의 역할이 되었다. 수면 습관을 잡아주고 배변 훈련을 하는 등 기본적인 발달 과업을 '과학적' 방법을 통해 성공적으로 수행해내야 하는 것은 두말할 나위 없다. 아이를 질병과 사회적 위험에서 지켜내고 안전하게 성장시키는 것도 엄마의 책임이 되었다. 엄마 노릇을 완벽히 해내지 못하면 아이에게 문제가 생길 거라고, 아이의 문제는 엄마의 실패 때문이라고 말하는 사회 속에서, 한국 엄마들은 고품질 자녀를 만들어내기 위해 사력을 다하고 있다. 신자유주의 무한 경쟁 사회 속에서, 먹거리와 입을 거리에서부터 각종 질병과 사고, 재난까지 도처에 위험이 산재한 현대 한국 사회 속에서, 엄마는 이제 자신의 모든 자원을 동원해 아이를 성공적으로 키워내야만 하는 CEO가 되었다.

그러나 이러한 엄마 노릇의 사회적 규범과 압박에서 비롯되는 엄마들의 눈물과 한숨, 우울과 히스테리는 엄마 개인의 문제로만 치부되고 있다. 아이와 함께 가족이라는 아름다운 섬으로 유배된 엄마들의 호소는 '돈을 못 벌면 애라도 제대로 키워야지'라는 손가락질에 주눅 들게 된다. 워킹맘들에게 지워진 일과 가정이라는 두 개의 책임, 두 개의 짐도, 친족을 동원하든 가사나 돌봄 서비스 시장을 활용하든 여성 개인이 알아서 해결해야 할 일로 여겨질 뿐이다.

'자애롭고 헌신적'인 이상적 엄마에 대한 찬양은 여전히 열렬하며, 그러한 이상에 도달하지 못하는 현실의 엄마들은 '이기적인 엄마' '무능력한 엄마' '자녀를 경주마로 키워내는 미친 엄마'로 낙인찍힐 뿐이다. 엄마에게 안긴 아기의 평화로운 모습은 미디어에 의해 쉽게 재현되지만, 그러한 평화로움 뒤에 고된 주부 노동과 엄마 노동으로 채워진 전쟁 같은 일상이 있다는 점은 주목되지 않는다. 자녀를 경주마로 키워내는 엄마들의 미친 교육열 역시 쉽게 문제시되지만, 미친 엄마를 만들어내는 극심한 경쟁 구조와 새로운 엄마 노릇의 압박은 함께 이야기되지 않는다.

그래서 다시 엄마들의 목소리에 귀 기울여야 한다. 우리가 만난 엄마들은 평범하지만 처절했다. 이러한 엄마 노릇의 사회적 압박과 손쉬운 비난과 조소 속에서도, 엄마의 역할 그리고 아이와의 관계에 대해 깊이 고민하고 성찰했다. 자신만의 답을 찾아나가며 좋은 엄마가 되기 위해 노력했다. 그 과정에서 그녀들 역시 지치고 소진됐으나, 그녀들의 눈물과 한숨은 이미 현대 한국에서 엄마의 삶과 여성의 삶에 대한 근원적 질문으로 나아가고 있었다. 그녀들은 이미 자신을 둘러싼 엄마 노릇의 규범과 압박에 의문을 던지며 '완벽한 엄마'라는 환상에 대해 의미투쟁 중이었다. 이러한 투쟁을 통해 자신의 삶을 되돌아보고 한 사람의 인간으로서 자아를 되찾고자 고투 중이었다. 그러한 과정 속에서 모성과 육아를 둘러싼 현대 한국 사회의 여러 문제들에 대해 도전적인 질문을 이미 하고 있었다.

이 책은 세 명의 페미니스트 엄마들의 모성적 사유인 동시에, 저자들을 포함한 수많은 동시대 엄마들의 모성적 성찰과 소리 없는 외침에 대한 기록이다. 또한 이에 귀 기울여줄 것을 촉구하는 지적, 정치적 노력의 일환이다.

이 책이 또 다른 시작이 될 수 있으리라 믿는다. 무엇이 문제이고, 어디에 그 원인이 있는지에 대한 토론은 우리들 각자의 모성을 재구성하고 사회적 변화를 만들어나가기 위한 출발이 될 수 있을 것이다.

참고문헌

1장 산후조리원, '엄마'를 찍어내다

김선향, 〈여자들—산후조리원〉, 《실천문학》 제79호, 2005

김승권 · 조애저 · 김유경 · 도세록 · 이건우, 〈2006년 전국 출산력 및 가족 보건 · 복지 실태조사〉, 한국보건사회연구원, 2012

김연정 · 정미라, 〈한국 산후조리 문화의 변화에 관한 연구〉, 《아시아 문화 연구》 제26호, 2012, 217~240쪽

김윤희, 〈산후조리원 경험과 산후조리원 동창생 모임을 통해 본 어머니 되기 의미 고찰: 서민층 여성들을 중심으로〉, 전남대학교 인류학과 석사학위논문, 2012

김융희, 〈모유수유를 중심으로 '어머니 되어가기'의 심리적 과정: 근거이론 접근방법으로〉, 《여성건강》 제8권 1호, 2007

김혜련, 〈한국의 모유수유 실천양상과 영향요인 및 정책과제〉, 보건복지포럼, 2013. 7.

엘리자베트 바댕테르, 《만들어진 모성》, 심성은 옮김, 동녘, 2009

서영준 외, 〈산후조리원 소비자가격 실태조사〉, 보건복지부, 2010

유은광, 〈산후조리원의 역할과 제도 정비를 위한 방안〉, 한국모자보건학회 제9차 춘계학술대회 연제집, 2001, 26~58쪽

이연정, 〈여성의 시각에서 본 모성론〉, 《모성의 담론과 현실: 어머니의 성 · 삶 · 정체성》, 나남, 2000

조주은, 《기획된 가족》, 서해문집, 2013

Sharon Hays, The Cultural Contradictions of Motherhood, Yale University Press,

1996.

2장 '나'와 '엄마' 사이에 가로놓인 산후우울

아리얼 달펜,《아기와 함께 찾아온 눈물》, 박보영 옮김, 21세기북스, 2010
바바라 아몬드,《어머니는 아이를 사랑하고 미워한다》, 김윤창 · 김진 옮김, 간장, 2013
발레리 위펜,《여자를 우울하게 하는 것들》, 유숙렬 옮김, 레드박스, 2009
로렌 도켓,《우울증, 내 안의 파란 열정》, 이수빈 옮김, 현실문화연구, 2006
베티 프리던,《여성의 신비》, 김행자 옮김, 평민사, 1996
윌리엄 스타이런,《보이는 어둠》, 임옥희 옮김, 문학동네, 2002
차현숙,《자유로에서 길을 잃다》, 이룸, 2008
배리 소온 외 엮음,《페미니즘의 시각으로 본 가족》, 권오주 외 옮김, 한울아카데미, 1991
문현아,《엄마도 때로 사표 내고 싶다》, 지식노마드, 2012
이경아,《엄마는 괴로워》, 동녘, 2011
EBS 마더쇼크 제작팀,《마더쇼크》, 중앙books, 2012
엘리자베트 바댕테르,《만들어진 모성》, 심성은 옮김, 동녘, 2009
엘리자베트 벡 게른스하임,《내 모든 사랑을 아이에게?》, 이재원 옮김, 새물결, 2000
이진희(서울대여성연구소 연구원), '우울증에는 배후가 있다', 2013민우여성학교 강좌, 2013. 4. 16.

3장 전문적으로 키우고 있나요?

김혜경,《식민지하 근대가족의 형성과 젠더》, 창비, 2006

마고 선더랜드, 《육아는 과학이다》, 노혜숙 옮김, 프리미엄북스, 2009
이재경, 《가족의 이름으로: 한국 근대가족과 페미니즘》, 또하나의문화, 2003
Rima D. Apple, "Constructing Mothers: Scientific Motherhood in the Nineteenth and Twentieth Centuries", Social History of Medicine 8 (2): 161-178, 1995.
Kerreen M. Reiger, The disenchantment of the home: Modernizing the Australian Family 1880-1940, Oxford University Press, 1985.

4장 도시에서 아이 키우기

강식 · 김성주, 〈아파트문화, 계속될 것인가〉, 《이슈 & 진단》 제17호, 경기개발연구원, 2011
국토교통부, 〈2013년도 국토의 계획 및 이용에 관한 연차보고서〉, 2013
김왕배, 《도시, 공간, 생활세계》, 한울, 2000
문자영 · 신경주, 〈키즈카페의 유형별 공간 특성과 이용자 만족도 분석 연구〉, 《한국실내디자인학회논문집》, 제21권 6호, 통권 95호, 2012
발레리 줄레조, 《아파트 공화국》, 길혜연 옮김, 후마니타스, 2007
전상인, 〈우리 시대 도시담론 비판: 동네의 소멸과 감옥도시에의 전조〉, 《한국지역개발학회지》 제22권 3호, 2010
전상인, 《아파트에 미치다》, 이숲, 2009
전상인, 〈도시화와 아파트 주거문화〉, 한국사회학회 건국 60주년 기념 특별심포지엄, 2008
줄리엣 B. 쇼어, 《쇼핑하기 위해 태어났다》, 정준희 옮김, 해냄, 2005

5장 엄마가 깐깐할수록 아이는 건강해진다?

김향수, 〈아토피 자녀를 둔 여성의 모성경험: 엄마 비난과 젠더 정치를 중심으

로〉, 서울대학교 석사학위논문, 2012
다음을지키는사람들,《우리 집에서 아토피를 치료하는 99가지 방법: 아토피를 잡아라》, 시공사, 2003
박석순,《살생의 부메랑: 환경재난과 인류의 생존전략》, 에코리브르, 2005
박재묵,〈미국 환경운동의 전개 과정〉,《사회와 역사》 제56권, 1999, 215~247쪽
함인희,〈가족 주기의 변화와 주부 역할의 딜레마: 여성잡지 광고의 내용 분석을 중심으로〉,《가족과 문화》 제11집 2호, 1999
함인희 · 정세경,〈먹거리 위험 담론과 성별 분업의 정교화〉,《여성학 논집》, 제28집 1호, 2011, 27~231쪽
울리히 벡,《글로벌 위험사회》, 박미애 · 이진우 옮김, 길, 2010, 26쪽
클리퍼드 코너,《과학의 민중사: 과학기술의 발전을 이끈 보통 사람들의 이야기》, 김명진 · 안성우 · 최형섭 옮김, 사이언스북스, 2010, 516쪽
W. R. Freudenburg, "Risk and recreancy: Weber, the division of labor, and the rationality of risk perception." Social forces 71: 909-932, 1993.
린 넬슨,〈생태여성주의와 여성론〉,《다시 꾸며보는 세상: 생태여성주의의 대두》, 아이린 다이아몬드 엮음, 정현경 · 황혜숙 옮김, 이화여자대학교출판부, 1996, 262~285쪽
Joni Seager, "'Hysterical Housewives' and Other Mad Women: Grassroots environmental organizing in the United States" pp. 271-286, in Feminist Political Ecology, edited by Dianne Rocheleau, Barbara Thomas-Slayter and Esteher Wangari, Routledge, 1996.

6장 아기는 언제나 이벤트 중

롤랑 바르트 · 수전 손택,《사진론 — 바르트와 손탁》, 송숙자 옮김, 현대미학사, 1994

윤여송 · 서해숙, 〈출생과 관혼상제〉, 《남도민속연구》 제5집, 1998, 201~224쪽
Nicole Hudgins, "Historical approach of family photography: class and individuality in manchester and life, 1850-1914", Journal of social history, 43(3): 559-586, 2010.

7장 지금 시작하지 않으면 늦어요!

배은경, 《현대 한국의 인간 재생산: 여성, 모성, 가족계획사업》, 시간여행, 2012
우남희 · 김유미 · 신은수, 〈조기교육/사교육(Early Private Learning)〉, 《아동학회지》 제30권 5호, 2009, 246~265쪽
윤택림, 《한국의 모성》, 미래인력연구센터, 2001
이부미 · 이수정, 〈조기교육: 불안한 부모와 바쁜 아이들〉, 《시민인문학》 제18호, 2010, 85~107쪽
아네트 라루, 《불평등한 어린시절: 부모의 사회적 지위와 불평등의 대물림》, 박상은 옮김, 에코리브르, 2012
교육부 e-유치원시스템 http://childschool.moe.go.kr

8장 일하는 엄마와 살림하는 엄마의 끙끙앓이

통계청, 〈2009년 생활시간 조사〉
문소정, 〈여성운동과 모성담론〉, 《여성학 연구》 제7권 1호, 1997
박혜란, 《다시 아이를 키운다면》, 나무를심는사람들, 2013
이연정, 〈여성의 시각에서 본 모성론〉, 《모성의 담론과 현실: 어머니의 성 · 삶 · 정체성》, 나남, 2000

장미경, 〈취업 여성의 일/가족 갈등과 국가〉, 《여성학 논집》 제24권 2호, 2007
세라 블래퍼 허디, 《어머니의 탄생: 모성, 여성, 그리고 가족의 기원과 진화》, 황희선 옮김, 사이언스북스, 2010
Sharon Hays, The Cultural Contradictions of Motherhood, Yale University Press, 1996.
Arlie Hochschild, The Second Shift: Working Parents and the Revolution at Home, Viking Penguin, 1989.

미주

1장 산후조리원, '엄마'를 찍어내다

1 서영준 외, 〈산후조리원 소비자가격 실태조사〉, 보건복지부, 2010 ; 김혜련, 〈한국의 모유수유 실천 양상과 영향요인 및 정책과제〉, 보건복지포럼 2013. 7, 전국 출산력 및 가족보건 · 복지 실태조사 결과 참조.

2 보건복지부의 조사에 따르면 2009년 현재 산후조리원에서 실시되는 프로그램 수는 전국 평균 6.9종으로 나타났다. 전체(전국 409개소)의 83.4%가 산모체형관리(요가, 골반 교정, 산후 체조), 82.6%가 마사지(전신, 유방, 복부, 발), 72.1%가 피부 관리(얼굴, 튼살), 71.1%가 만들기(모빌, 탯줄 보관함), 71.1%가 신생아 관리 교육(이유식, 목욕법, 육아교육), 70.1%가 모유수유 교육, 63.1%가 전문의 진찰 및 상담(소아과, 산부인과, 한의과), 62.6%가 아기 사진 촬영 및 동영상 제작 프로그램을 제공하고 있는 것으로 확인된다. 서영준 외, 같은 글, 2010.

3 김윤희, 〈산후조리원 경험과 산후조리원 동창생 모임을 통해 본 어머니 되기 의미 고찰: 서민층 여성들을 중심으로〉, 전남대학교 인류학과 석사학위 논문, 2012

4 김승권 외, 〈2012년 전국 출산력 및 가족 보건 · 복지 실태조사〉, 한국보건사회연구원, 2012. 김승권 외 필자는 〈전국 출산력 및 가족 보건 · 복지 실태조사〉 자료를 바탕으로 15세~44세 유배우 부인의 최종 출생아 모유수유 실태를 조사했다. 여기서 모유수유율은 12개월 미만아의 '완전 모유수유'와 '모유와 이유식(인공유 제외) 병행' 실천 비율을 뜻한다. 모유수유율은 2000년 9.4%, 2003년 15.5%, 2006년 30.9%, 2009년 34.5%, 2012년에 33.7%를 기록했다.

5 최재희 외, 〈산후조리원에서의 모유수유 저해 요인〉, 《대한주산회지》, 제23

권 3호, 2012

6 김윤희, 같은 글, 2012

7 이연정, 〈여성의 시각에서 본 모성론〉, 《모성의 담론과 현실: 어머니의 성 · 삶 · 정체성》, 나남, 2000

8 Sharon Hays, The Cultural Contradictions of Motherhood, Yale University Press, 1996.

9 분유수유 열풍과 모유수유 재등장에 관해서는 김융희, 〈모유수유를 중심으로 '어머니 되어가기'의 심리적 과정: 근거이론 접근방법으로〉, 《여성건강》 제8권 1호, 2007 참조.

10 엘리자베트 바댕테르, 《만들어진 모성》, 심성은 옮김, 동녘, 2009

11 김윤희, 같은 글, 2012

2장 '나'와 '엄마' 사이에 가로놓인 산후우울

1 《주간동아》 제728호, 2010. 3. 23. 재인용

2 "육아휴직 끝나면 1만 명이 집으로", 한겨레, 2014. 6. 16.

3 엘리자베트 벡 게른스하임, 《내 모든 사랑을 아이에게?》, 이재원 옮김, 새물결, 2000, 109쪽

4 "어머니를 실제보다 과장되고 전능하게 혹은 무력하게 다룬다면 어머니의 다양한 삶과 동인들을 부정하게 되는 것이고 이는 어머니가 자녀와 상호 관계를 가지며 세상과 맺는 다면적 관계를 부정하는 것이 된다." 배리 쏘온, 《페미니즘의 시각에서 본 가족》, 권오주 옮김, 한울아카데미, 2013, 87쪽

5 "재난 뒤 꽃핀 '비영리+영리' 콜라보", 《한겨레 21》, 2014. 6. 16.

3장 전문적으로 키우고 있나요?

1 마고 선더랜드, 《육아는 과학이다》, 노혜숙 옮김, 프리미엄북스, 2006, 42~47쪽
2 황선영, 〈다큐프라임 '퍼펙트 베이비(Perfect Baby)': 아이 미래 결정, 자궁 속 280일의 비밀〉, 《베스트베이비》, 2013년 8월 호
3 Kerreen M. Reiger, The disenchantment of the home: Modernizing the Australian Family 1880-1940, Oxford University Press, 1985.
4 Rima D. Apple, "Constructing Mothers: Scientific Motherhood in the Nineteenth and Twentieth Centuries", Social History of Medicine 8 (2): 161-178, 1995.
5 김혜경, 《식민지하 근대가족의 형성과 젠더》, 창비, 2006, 351~352쪽
6 이재경, 《가족의 이름으로: 한국 근대가족과 페미니즘》, 또하나의문화, 2003, 153~170쪽
7 이재경, 같은 책, 164~167쪽
8 http://bosomi.co.kr/comm/repl/last_view.bo?aligns=reg_date&page=9&seq=200
9 권오성, "'유모차' 얼마나 많이 팔렸으면 한국 지사까지?", 한겨레, 2012. 11. 8.
10 도현정, "온라인몰, 'VIB(Very Important Baby) 족을 모셔라!", 헤럴드경제, 2012. 3. 21.
11 이영진, "아기 울음 늘자, 유아용품 시장 '방실'", 머니투데이, 2012. 3. 8.
12 유현희, "한국 엄마들 유아용품 시장 키웠다", 파이낸셜뉴스, 2012. 2. 6.
13 권오성, 같은 글, 2012 ; 하대석, "고가 유모차 불티… '유아용품' 나 홀로 호황", SBS TV, 2012. 8. 24.
14 "'식스포켓' 시대… 명품 유모차 시장 '활활'", SBS CNBC, 2013.
15 신원경, "유아용품 시장, 양극화 현상 나타나", 한국일보, 2013. 7. 2.

4장 도시에서 아이 키우기

1 키즈카페의 개념과 유형에 관해서는 문자영 · 신경주, 〈키즈카페의 유형별 공간 특성과 이용자 만족도 분석 연구〉, 《한국실내디자인학회논문집》, 제21권 6호, 통권 95호, 2012 참조.

2 변진경, "키즈카페 9곳 중 5곳 중금속 검출", 《시사인》, 2013. 4. 15.

3 문자영 · 신경주, 같은 글, 2012. 네 가지 유형의 키즈카페를 이용하는 120명의 소비자를 대상으로 2주간 설문조사를 한 결과, 방문 목적은 1순위 "아이와 함께 시간을 보내기 위해"(35.0%), 2순위 "놀이시설을 이용하기 위해"(25.0%), 3순위 "부모의 모임을 위해"(20.0%), 4순위 "아이가 친구들과 놀기 위해"(10.8%), 5순위 "아이의 교육 프로그램을 위해"(6.7%), 6순위 "아이의 파티 등 행사를 위해"(1.7%), "식사를 즐기기 위해"(0.8%)로 나타났다.

4 한국키즈테마카페연구소 김상한 소장의 말. 변진경, 같은 글, 2013에서 인용.

5 김왕배, 《도시, 공간, 생활세계》, 한울, 2000

6 발레리 줄레조, 《아파트 공화국》, 길혜연 옮김, 후마니타스, 2007 참조.

7 전상인, 〈도시화와 아파트 주거문화〉, 한국사회학회 건국 60주년 기념 특별 심포지엄, 2008

8 강식 · 김성주, 〈아파트문화, 계속될 것인가〉, 《이슈 & 진단》 제17호, 경기개발연구원, 2011

9 전상인, 〈우리 시대 도시담론 비판: 동네의 소멸과 감옥도시에의 전조〉, 《한국지역개발학회지》 제22권 3호, 2010 ; 전상인, 《아파트에 미치다》, 이숲, 2009

10 줄리엣 B. 쇼어, 《쇼핑하기 위해 태어났다》, 정준희 옮김, 해냄, 2005

5장 엄마가 깐깐할수록 아이는 건강해진다?

1 김아로미, "'화신' MC-게스트 '방사능 걱정에도 생선 잘 먹는다?' 시청자와 대답 엇갈렸다", 서울경제, 2013. 9. 25.

2 울리히 벡, 《글로벌 위험사회》, 박미애 · 이진우 옮김, 길, 2010, 26쪽

3 러브 캐널(Love Canal)은 뉴욕 주 버팔로의 화학폐기물처분장이 있었던 곳이다. 이후 이 부지에 학교와 주택이 건설되었다. 로이스 깁스(Lois Gibbs)는 1978년 지방신문 나이아가라 가제트(Niagara Gazette) 기사를 읽고, 유독성 화학물질 때문에 주민들이 아플 수 있다는 점을 알았다. 그녀는 아들의 만성천식과 신장질환, 간질환이 유독화학물질 위에 세워진 학교 때문이라고 생각했다. 학교는 이들의 전학 신청을 거절했다. 깁스는 동네 아이들이 각종 질환에 시달린다는 것을 알게 되었고, 주민대책위원회를 만들었다. 주민대책위의 요구에 뉴욕 주 보건당국이 역학조사를 실시했고, 그 결과에 따르면 이 지역 주민들의 유산율은 다른 지역보다 4배나 높고, 1973년에서 78년 사이 출생한 16명 중 9명이 선천성 장애아였다. 환경보호청은 1978년 8월 러브 캐널 지역을 환경재난지역으로 정하고, 주민들을 이주시켰다(박석순, 《살생의 부메랑: 환경재난과 인류의 생존전략》, 에코리브르, 2005, 152~230쪽).

4 워번(Woburn)은 각종 화학 공장이 밀집된 지역이다. 1979년 봄, 워번 경찰은 산업 폐기물 드럼통 184개를 공터에서 발견했다. 정부는 인근 우물 수질을 조사했는데, 공업용 용매제인 트리클로로에틸렌(TCE: Tri-chloroethylene) 오염의 심각성이 드러났다. 역학조사 결과 이 지역 주민들은 백혈병 발생률이 7배나 높았고, 백혈병 환자들 대부분이 오염된 물 가까이에 살며 이 물을 식수로 마셨다. 1981년 앤 앤더슨(Anne Anderson)은 열두 살 아들이 백혈병으로 사망하자 이웃들과 함께 오염 제공자인 세 기업을 고소했다. 앤 앤더슨의 이야기는 1995년 《시빌 액션(Civil Action)》이라는 책으로 출간되었고, 이 책은 1999년 존 트라볼타 주연의 〈시빌 액션〉으로 영화화되었다(박석순, 같은 책, 93~99쪽).

5 클리퍼드 코너, 《과학의 민중사: 과학기술의 발전을 이끈 보통 사람들의 이야기》, 김명진 · 안성우 · 최형섭 옮김, 사이언스북스, 2010, 516쪽

6 뉴질랜드발 멜라민 파동은 국산 분유에까지 여파를 미쳤다. 국산 분유와 이유식에 사용된 뉴질랜드산 우유 단백질 '락토페린'에서 멜라민이 검출되었다고 뉴질랜드 언론이 보도했다. 식품의약품안전청은 외신 보도에 따라 이 원료를 사용하는 국내 업체 네 곳의 9가지 제품 원료를 수거 조사했다. 그 결과, 두 제품에서 3.3ppm, 1.9ppm의 멜라민이 검출되었다. 식약청은 "전체 분유에서 락토페린 비중이 워낙 적어, 국내산 분유와 이유식에서는 검출되지 않은 것으로 보인다"며 완제품에서는 멜라민이 나오지 않았다고 발표했다(한겨레, 2008. 10. 1 ; 경향신문, 2008. 10. 2).

7 2008년 4월 1일 식품의약품안전청은 시판 베이비파우더 및 어린이용 파우더 중 '탈크'가 함유된 14개 업체 30종을 발표했다. 석면은 8개 업체 11개 제품과 1개 원료에서 검출됐다. 식약청은 제품 판매를 중지하고 즉각 회수했다. 식약청은 탈크 함유 제품 사용의 건강 영향은 크지 않다고 발표했다. 식약청 발표에 따르면, "베이비파우더를 사용할 때 가루가 분산되기 때문에 실제 들이마신 양은 미미하며 유해성은 크지 않을 것으로 본다". 일부 전문가들은 미량이라도 석면이 암을 발생시킨 사례가 있으며, 문제 제품 사용자인 어린이들의 피해는 더 클 수 있다며 식약청의 주장을 반박했다(한겨레, 2009. 4. 1).

8 식품의약품안전청은 석면 오염 우려 의약품을 발표했다. 이중 임산부 철분제도 포함되었다. 해당 철분제는 전국 보건소에서 무료로 제공된 제품 중 하나였다. 식약청 발표 후 보건복지부는 보건소에 긴급 회수를 지시했다. 당시 포털사이트 임산부 카페에서 석면 검출 철분제 제품명을 확인하는 글과 '복용을 했는데 어찌 해야 하냐'는 글이 계속 올라왔다. 보건소의 대응 조치가 지역마다 달라 임산부들은 더 큰 혼란을 겪었다. 보건복지가족부는 공문 전달 과정에서의 시간, 대체 의약품 비치 유무에 따라 처리 시간이 조금씩 다르다고 해명했다(국민일보, 2009. 4. 10).

9 식품의약품안전청은 '다소비 100대 식품에 대한 유해물질 집중검사'로 영유아 곡류조제식 28건을 검사했다. 그 결과 한 조제 이유식 제품에서 바실루스 세레우스균이 기준치 초과 검출되었다. 식약청은 해당 제품에 대한 유통 및 판매 금지, 회수 조치했다(한겨레, 2009. 4. 24).

10 2010년 8월 20일 방영된 KBS 〈소비자 고발〉은 친환경 가구의 안전성을 다뤘다. 방송에 따르면, 친환경 가구로 팔린 가구 중 기준치 이상 포름알데히드가 방출된 가구도 있었다(조애경, "'소비자고발' 친환경 가구, 알고보니 발암물질 우글?", TV리포트, 2010. 8. 21).

11 2011년 8월 4일 국립수의과학검역원은 국산 분유 한 제품에서 식중독을 유발하는 황색포도상구균이 검출되었다고 발표했다. 검역원은 시중에 유통된 3만 7,714캔을 긴급 회수 조치했다(노컷뉴스, 2011. 8. 4).

12 후쿠시마 원전 사고 이후 세슘 분유 논란이 일었다. 2011년 12월 일본 메이지사는 9개월 이상 유아용으로 판매되는 '메이지 스텝'에서 세슘이 검출되었다고 밝혔다. 검출된 세슘 양이 일본 정부의 잠정 기준치(200bq/kg)에 크게 못 미치지만, 회사는 40만 통을 무상 교환 수거했다. 이 제품은 한국에서도 판매되는 제품이었다(한겨레, 2011. 12. 6). 일본발 세슘 분유는 한국산 분유의 방사성 물질 안전에 대해 의구심을 품게 했다. 2012년 8월 환경운동연합은 자체 검사를 통해 국산 분유 한 제품에서 "인공방사성 물질인 세슘137이 검출되었다"고 발표했다. 이후 환경운동연합과 해당 기업은 첫째 검사 방식, 둘째 검출된 방사성 물질이 영아의 건강에 영향을 미치는가에 대해 공방을 이어왔다. 논란이 일자 서울시는 영유아 가공식품 10건을 대상으로 요오드와 세슘 등 방사성 물질 검사를 했고, 해당 기업의 한 제품에서 세슘 137이 또 검출되었다(경향신문, 2012. 8. 21).

13 2012년 10월 소비자시민모임은 섬유유연제 10개 제품 검사 결과, 한 섬유유연제에서 "유독물질인 글루타알데히드와 개미산 등이 검출됐다"고 발표했다. 해당 기업은 "현행 품질경영 및 공산품안전관리법에 따라 해당 제품은 섬유유연제 안전기준에 적합한 제품임을 확인받았다"고 반박하면서, 섬유유연제의 안전성 공방이 시작됐다. 글루타알데히드는 기술표준원의 관리대상물질로 규정되지 않았고 사용 기준도 없다. 하지만 글루타알데히드는 환경부의 과민성 물질 목록에, 농림수산식품부의 생체 사용 금지 목록에 있어 논란이 일었다(경향신문, 2012. 10. 9).

14 2012년 12월 14일 자 TV 소비자 고발 프로그램은 유아 놀이방 매트의 발암

물질에 대해 보도했다. 해당 업체들은 친환경 무독성 제품이라 광고했지만, 방송에 따르면 무작위 검사 결과 "암모니아 수치가 산업허용기준인 20ppm을 훨씬 넘어선 40ppm이 검출되었다". 높은 온도에서 실험하면 암모니아와 발암물질의 배출량은 증가했다(헤럴드경제, 2013. 1. 8).

15 다음을지키는사람들, 《우리 집에서 아토피를 치료하는 99가지 방법: 아토피를 잡아라》, 시공사, 2003

16 김경태, "물티슈 안심하고 써도 될까?", 환경일보, 2014. 1. 17.

17 임수정, "석면 베이비파우더, 국가제조사 배상책임 없다", 연합뉴스, 2010. 6. 25.

18 다음을지키는사람들, 같은 책, 2003

19 함인희 · 정세경, 〈먹거리 위험 담론과 성별 분업의 정교화〉, 《여성학 논집》, 제28집 1호, 2011, 27~231쪽

20 이 사례는 김향수, 〈아토피 자녀를 둔 여성의 모성경험: 엄마 비난과 젠더 정치를 중심으로〉, 서울대학교 석사학위논문, 2012에서 인용했다. 원자료의 의미를 훼손하지 않으며, 읽기 쉽게 전달하기 위해 일부 수정했다.

21 김지혜, "아파 울지도 못하는 아이 앞에서 저는 너무 외로웠어요", 인터넷 은평시민신문, 2010. 2. 12.

6장 아기는 언제나 이벤트 중

1 Nicole Hudgins, "Historical approach of family photography: class and individuality in manchester and life, 1850-1914", Journal of social history, 43(3): 564, 2010.

2 롤랑 바르트 · 수전 손택, 《사진론 — 바르트와 손탁》, 송숙자 옮김, 현대미학사, 1994, 8쪽

3 롤랑 바르트 · 수전 손택, 같은 책, 129~132쪽

4 "백일사진? 이제 만삭, 30일, 50일 사진", 한겨레, 2005. 10. 21.

5 임지선, "[곤란해도 괜찮아] 돌잔치, 어떡할 거야?", 《한겨레 21》, 2012. 12. 7.
6 김다슬, "호텔 뷔페에 가든파티, 돈 잔치로 변질된 돌잔치", 경향신문, 2007. 8. 27.
7 이창환 · 황수영, "[돈 없으면 애 못 키우는 시대] 베이비 앨범부터 녹아나는 신혼", 매일신문, 2013. 2. 28.
8 김다슬, 같은 글, 2007. 8. 27.
9 "불황에 '엄마표 DIY 돌잔치' 인기". 뉴스와이어, 2009. 3. 2.
10 김영숙, "부모가 직접 해주는 알뜰 돌잔치 뜬다!", 스포츠서울, 2008. 4. 13.
11 박주희, "[육아낑낑백서 14] 돌잔치야, 돈잔치야? 부모도 손님들도 '부담'", 한겨레, 2007. 3. 31.
12 정수현, "집에서 엄마표로 정성스럽게 준비한다 — 홈메이드 돌상", 《레이디경향》, 2009. 12.
13 김영숙, 같은 글, 2008. 4. 13.
14 김다슬, 같은 글, 2007. 8. 27.
15 윤여송 · 서해숙, 〈출생과 관혼상제〉, 《남도민속연구》 제5집, 1998, 201쪽
16 김다슬, 같은 글, 2007. 8. 27.
17 송현숙, "즐겨라, 행복한 임신", 경향신문, 2005. 5. 16.
18 롤랑 바르트 · 수전 손택, 같은 책, 128~129쪽
19 윤여송 · 서해숙, 같은 글, 206쪽

7장 지금 시작하지 않으면 늦어요!

1 윤택림, 《한국의 모성》, 미래인력연구센터, 2001
2 배은경, 《현대 한국의 인간 재생산: 여성, 모성, 가족계획사업》, 시간여행, 2012, 250쪽
3 우남희 · 김유미 · 신은수, 〈조기교육/사교육(Early Private Learning)〉, 《아동학회

지》제30권 5호, 2009, 251~252쪽

4 송윤경, "영유아 사교육비 2조 7,000억… 가구당 월 11만 원", 경향신문, 2012. 12. 24.

5 이혜리 · 송현숙, "영어 비디오 틀어주고 한눈팔면 안 돼… 말 잃거나 오줌 싸기도", 경향신문, 2013. 5. 2.

6 우남희 · 김유미 · 신은수, 같은 글, 253~258쪽

7 송현숙, "피 뚝뚝 떨어지는 칼 그림… 영어유치원 2년 차 태민이의 변화", 경향신문, 2013. 5. 6.

8 박주희, "생후 10달부터 학습… 하자니 부담, 안 하자니 불안", 한겨레, 2007. 4. 6.

9 이대희, "영어 조기교육, 아이 말더듬이 만들 수 있다", 프레시안, 2012. 6. 11.

10 이부미 · 이수정, 〈조기교육: 불안한 부모와 바쁜 아이들〉,《시민인문학》제18호, 2010, 102~103쪽

11 박시진 · 이성우, "공부 적기를 앞당기는 육아의 기술",《베스트베이비》, 2013년 2월 호

12 이선민 · 박미란, "영어 성장판 쑥쑥 키우는 교육법: 영어 성장판 자극의 주역은 엄마와 아이",《리빙센스》, 2013년 3월 호

13 이명희, "내 아이 첫 문화생활, 언제 시작할까",《베스트베이비》, 2012년 6월 호

8장 일하는 엄마와 살림하는 엄마의 끙끙앓이

1 세라 블래퍼 허디,《어머니의 탄생: 모성, 여성, 그리고 가족의 기원과 진화》, 황희선 옮김, 사이언스북스, 2010

2 강홍준 · 박수련 · 박유미 · 김민상, "'직장맘은 숟가락도 못 얹어' 엄마 네트워크서 왕따", 중앙일보, 2011. 1. 7 ; 2010년 일하는 어머니 1,931명을 대상으

로 한 삼성경제연구소 조사 결과 재인용.

3 박혜란, 《다시 아이를 키운다면》, 나무를심는사람들, 2013

4 이 책 2장 '내가 세상에 혼자 남겨진 느낌이 들어요'의 인터뷰이 김은미 씨는 자녀 성적이 안 나오는 것, 집 안 정리정돈이 안 되어 있는 것, 가산이 불어나지 않는 것까지 모두 아내 탓으로 돌리는 남편의 사고방식을 "지극히 평범한 대한민국 남성"의 생각이라 말한다. 유감스럽게도 그녀의 통찰은 우리 사회의 현실을 일면 정확하게 반영하고 있다.

5 인터넷 주부 커뮤니티 '맘스홀릭 베이비'에 올라온 게시판 글들 참조.

6 〈어머니의 마음〉 1절과 3절 가사. 양주동 작시, 이흥렬 작곡.

7 문소정, 〈여성운동과 모성담론〉, 《여성학 연구》 제7권 1호, 1997

8 Sharon Hays, The Cultural Contradictions of Motherhood, Yale University Press, 1996.

9 한국의 일/가족 갈등의 전개과정에 관해서는 장미경, 〈취업 여성의 일/가족 갈등과 국가〉, 《여성학 논집》 제24권 2호, 2007을 참조.

10 이연정, 〈여성의 시각에서 본 모성론〉, 《모성의 담론과 현실: 어머니의 성·삶·정체성》, 나남, 2000

11 통계청, 〈2009년 생활시간 조사〉 결과. 생활시간 조사는 5년마다 한 번씩 이루어진다.

12 예컨대 여성들은 요리를 하는 동시에 아이와 놀아주고, 빨래와 청소를 하는 동시에 아이 숙제를 봐주는 등 동시적이고 시간 압축적으로 가사와 돌봄노동을 하는 경우가 많다.

13 Arlie Hochschild, The Second Shift: Working Parents and the Revolution at Home, Viking Penguin, 1989.

엄마의 탄생

초판 1쇄 펴낸날 2014년 11월 28일
초판 3쇄 펴낸날 2016년 11월 11일

지은이 김보성 김향수 안미선
펴낸이 박재영
편집 양선화 강곤
디자인 나윤영

펴낸곳 도서출판 오월의봄
주소 04032 서울시 마포구 양화로 133, 1605호
등록 제406-2010-000111호
전화 070-7704-2131
팩스 0505-300-0518

이메일 maybook05@naver.com
트위터 @oohbom
블로그 blog.naver.com/maybook05
페이스북 facebook.com/maybook05

ISBN 978-89-97889-48-8 03300

이 도서의 국립중앙도서관 출판시도서목록(CIP)은 e-CIP홈페이지(http://nl.go.kr/ecip)와 국가자료공동목록시스템(http://www.nl.go.kr/kolisnet)에서 이용하실 수 있습니다.
(CIP 제어번호 : CIP2014033005)

• 책값은 뒤표지에 있습니다. 잘못된 책은 바꾸어 드립니다.

※ 이 책은 한국출판문화산업진흥원의 출판지원사업 지원을 받아 발행되었습니다.